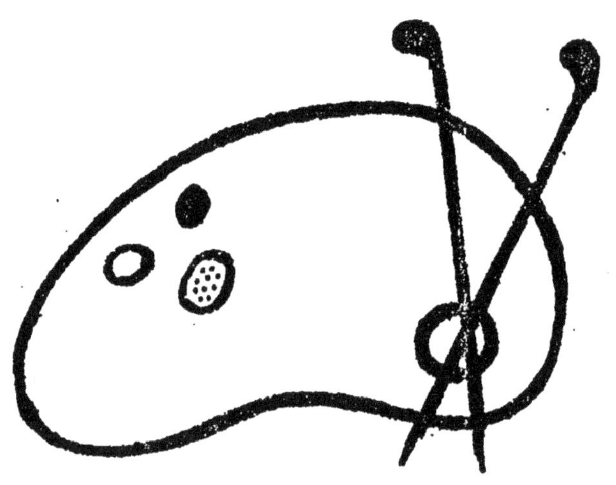

Original en couleur

NF Z 43-120-8

MAXIME DU CAMP

LE NIL

ÉGYPTE ET NUBIE

AVEC UNE CARTE SPÉCIALE

DRESSÉE PAR SAGANSAN

CINQUIÈME ÉDITION

PARIS

LIBRAIRIE HACHETTE ET Cie

79, BOULEVARD SAINT-GERMAIN, 79

1889

LE NIL

ÉGYPTE ET NUBIE

Coulommiers. — Typog. P. BRODARD et GALLOIS

MAXIME DU CAMP

LE NIL

ÉGYPTE ET NUBIE

AVEC UNE CARTE SPÉCIALE

DRESSÉE PAR SAGANSAN

CINQUIÈME ÉDITION

PARIS

LIBRAIRIE HACHETTE ET Cie

79, BOULEVARD SAINT-GERMAIN, 79

1889

A

THÉOPHILE GAUTIER

Je laisse le nom de Théophile Gautier en tête de ce volume qui lui fut dédié jadis, lorsque je le publiai pour la première fois, il y a quelque vingt ans passés. Que ce nom protége ce livre et soit une preuve de l'affection profonde qui m'unissait au poëte impeccable dont je m'honore d'avoir été l'ami.

M. D.

Janvier 1877.

LE NIL

CHAPITRE PREMIER

O Ægypte! Ægypte! religionum tuarum solæ supererunt fabulæ, æque incredibiles posteris, solaque supererunt verba lapidibus incisa tua pia facta narrantibus, et inhabitabit Ægyptum Scythes, aut Indus, aut aliquis talis, id est vicina barbaria.

APULEII ASCLEPIUS, HERMETIS TRISMEGISTI *Dialog.*

LE KAIRE ET LES PYRAMIDES

Terre! — Rivage d'Égypte. — La quarantaine. — Débarquement. — Alexandrie. — Méhémet-Ali. — Cortége et fêtes de circoncision. — Les obélisques. — La colonne de Pompée. — Route de Rosette. — Le Nil. — *Abou-Mandour.* — Botanique. — Paysages. — D'Alexandrie au Kaire. — Le barrage. — Le Kaire. — *Ezbekyeh.* — Fêtes de mariage. — Ablutions et prières. — Mosquée de Sultan-Haçan. — Tombeau de Méhémet-Ali. — Mosquée de Touloun. — Hôpital. — Un rachitique. — Bazars.— Saltimbanques. — Psylles. — Mosquée d'Amr-ben-el-âs. — Église copte. — Repos en Égypte. — Héliopolis. — La pluie au Kaire. — Arrivée de la caravane de la Mecque. — Le *Dosseh.* — Le sphinx. — Les pyramides. — Le désert Libyque. — *Sakkara.* — Memphis. — La citadelle. — Les Mameluks. — Le Kaire à vol d'oiseau.

Le jeudi 15 novembre 1849, vers dix heures du matin, la terre fut signalée. Notre traversée avait été mauvaise; un vent violent de sud-ouest avait sans cesse contrarié notre marche; deux fois nous avions été obligés de relâcher à Malte, en fuyant dans la bourrasque, et depuis douze longs jours que nous avions quitté Marseille, nous n'avions eu que quelques rares instants de repos. Tu sais, mon cher Théophile, que si j'ai su m'accoutumer à être malade, je n'ai jamais pu m'habituer à supporter la mer; à l'heure qu'il est, j'ai fait bien des traversées, courtes et longues, la dernière m'a trouvé moins aguerri que la première. J'en prends mon parti : avant de m'embarquer, je fais mon compte de jours de jeûne et de souffrances; je les double en prévision de retards toujours probables, et j'attends le moment heureux de reprendre pied sur ce bon élément solide qu'on appelle assez spirituellement le plancher des vaches.

Toutes les fois qu'une vigie a crié : Terre! je me suis senti le cœur joyeux, car c'est pour moi la fin de douleurs ridicules; c'était, cette fois, plus que la délivrance d'un malaise, c'était l'approche de la vieille contrée mystérieuse, patrie du sphinx, des pharaons, des pyramides, de Moïse, de Cléopâtre, du désert, des palmiers et du Nil. Je me traînai, comme je pus, hors de ma cabine, je gagnai l'avant du navire, je m'appuyai près du bossoir de babord et je regardai en face de moi.

Au niveau de la mer s'allongeait un rivage d'un gris sombre, au milieu duquel s'arrondissait en brillant un dôme vitré du palais du vice-roi. Près de là s'élançait une colonne isolée, très-haute et qui semblait noire : c'était la colonne de Pompée; nous avions le cap droit sur Alexandrie. Des blanchissements d'écume se faisaient sur la passe de récifs qui défend l'entrée du port. Vers l'est on apercevait quelques verdures et dans l'ouest une ligne pâle, uniforme, plate, qui tranchait durement sur le bleu cru de la mer : c'était le désert Libyque.

A mesure que nous approchions, les mille aspects de la côte semblaient sortir des flots, comme évoqués l'un après l'autre ; la rive se dessinait avec ses anfractuosités et ses mamelons de sable; la ville s'élevait peu à peu et nous montrait ses phares, son palais lourdement épaté sur la languette de terre nommée *Ras-et-tin* (le cap du Figuier), ses casernes noirâtres construites en limon du Nil, ses fortifications où quelques maigres canons tendaient leur cou dans les embrasures, les minarets bulbeux de ses mosquées, ses maisons à terrasses, sa douane, son arsenal, les navires de toutes nations qui remplissaient ses bassins, ses bandes de pigeons sauvages qui volaient à tire-d'aile, et tout au fond, dans la ville, un pavillon tricolore flottant au mât du consulat de France pour annoncer notre arrivée.

Un pilote monta à bord, nous fit franchir les brisants, nous guida jusqu'au milieu du port, à travers les vaisseaux de la flotte égyptienne, et nous plaça près de trois ou quatre bateaux à vapeur turcs et anglais. Au commandement : Mouille ! l'ancre déroula sa chaîne avec fracas et alla mordre le sable, là même peut-être où s'arrêta jadis la galère à voiles de pourpre qui revenait d'Actium ! « Salut ! salut ! terre noire d'Égypte ! »

Tu as assisté souvent sans doute, mon cher Théophile, aux cérémonies risiblement minutieuses de messieurs les membres du conseil sanitaire. Quelle que soit la provenance d'un navire, il est toujours soupçonné de porter dans ses flancs le choléra, la fièvre jaune ou la peste. Des barques de *la santé* entourent le prévenu et empêchent les autres batelets de s'en approcher. Un canot portant pavillon national, et monté par un monsieur tout en noir, accoste à longueur de gaffe; le commissaire du bord remet au monsieur noir un papier que celui-ci reçoit dans une pelle en cuivre; il l'ouvre précieusement avec des pincettes en même métal, et, après en avoir pris connaissance, il abandonne son instrument devenu inutile; il plie courageusement, avec ses propres mains, cette patente tout à l'heure si dangereuse et la rend au commissaire, en déclarant le navire et ses passagers en libre pratique. Ceci est un vieux reste de barbarie qui ne subsistera pas longtemps. Les quarantaines, réduites presque partout à quatre ou cinq jours, tendent à s'effacer, et ne sont plus guère, dans les ports musulmans, qu'une sorte d'impôt forcé levé sur les voyageurs et les marchandises. L'envoi que la France a fait en Orient de médecins sanitaires a déjà eu de bons résultats, qui sans doute se poursuivront. Peut-être même serait-on arrivé en France à l'abolition pure et simple des quarantaines, sans les terreurs folles de cette bonne ville de Marseille, qui se souvient avec trop d'épouvante de sa peste de 1720 et du dévouement de M. de Belzunce, l'implacable ennemi des jansénistes.

Heureusement nous fûmes reconnus purs de toute maladie contagieuse, et il nous fut permis de débarquer; aussi notre pont fut-il vite envahi par des bandes de portefaix arabes, de drogmans, de domestiques de place, baragouinant tous un langage impossible, évidemment emprunté aux cérémonies du *Bourgeois gentilhomme*.

Je laissai mon domestique se reconnaître au milieu des vociférations, des demandes de *bakhchich* (pourboire), des cris de toutes sortes qui l'environnaient; je pris une barque manœuvrée par deux solides mariniers, et après avoir passé près d'une petite jetée où deux soldats égyptiens pêchaient à la ligne, je descendis sur le port à un étroit escalier poli par le remous des vagues.

A quelques pas de là, une fontaine laissait couler son eau gazouillante par quatre robinets de bronze; des femmes vêtues de longues robes bleues y apportaient des vases de forme antique; de grands chameaux promenaient sur la foule un regard pacifique, en attendant que leurs conducteurs aient rempli les outres en peaux de bouc; les chiens hargneux passaient en grognant; des bourriquiers poussaient au-devant de moi des ânes harnachés de selles rouges; des militaires habillés de blanc et coiffés d'un tarbouch à plaquette de cuivre se promenaient en se tenant par le petit doigt; des commissionnaires à demi nus se précipitaient autour de moi et se disputaient dans l'espoir du bagage que j'avais précédé; quelques pigeons hardis s'abattaient parmi ce tumulte et picoraient les graines tombées près d'un monceau de sacs; des marchands ambulants criaient des dattes, du *doura* (maïs), des confitures, des sorbets, des fruits et des morceaux de canne à sucre; sur une caserne flottait le drapeau rouge à croissant d'argent; au-dessus de ma tête le ciel était tout bleu.

Un char-à-bancs, qui, pour être véridique, ressemblait fort à un omnibus, stationnait au coin d'une rue voisine; sur la caisse peinte en jaune on lisait en grosses lettres ces mots : *Hôtel d'Orient :* un cocher arabe était sur le siége; je montai dans ce véhicule civilisé, qui, en dix minutes, me déposa à la porte de l'auberge, sur la place des Consuls.

Très-grande, en forme de carré long, découverte de

toutes parts, sans galeries ni portiques, la place des Consuls devient impraticable dès que le soleil est levé; c'est une vaste fournaise où se hasardent seulement quelques intrépides âniers à la piste des voyageurs; le soir, lorsque le crépuscule arrive rafraîchi par la brise de la mer, il est possible de s'y promener avec quelque agrément. C'est le quartier important et riche d'Alexandrie. C'est là que sont situés les principaux hôtels : d'Orient, d'Angleterre, d'Europe, du Nord, etc.; les consulats y ont leurs palais chamarrés d'écussons; quelques gros négociants, demi-dieux tyranniques de ce pays bassement mercantile, y habitent des maisons spacieuses et laides. Les murs peints en blanc, en jaune, en rose vif, donnent à cette place, que n'ombrage aucun arbre, un aspect moitié italien et moitié américain de l'effet le plus désagréable.

Alexandrie tout entière, au reste, sauf quelques quartiers presque déshabités aujourd'hui, n'a aucun caractère défini. Aux constructions européennes, elle a emprunté la laideur et l'uniformité, sans prendre le confortable; de l'architecture indigène, elle a gardé les matériaux insuffisants et peu solides, sans savoir conserver l'élégance et l'imprévu. La ville n'est ni française, ni allemande, ni russe, ni italienne, ni espagnole, ni arabe, ni turque, ni anglaise; elle est un peu tout cela à la fois; en un mot, c'est une ville *franque*, la pire chose qui soit au monde.

Lorsque Amr la prit, il écrivit à Omar qu'il y avait trouvé quatre mille bains, quatre mille palais, quatre cents places, quarante mille juifs payant tribut et douze mille marchands de légumes. De tout cela il ne reste rien; et ce ne seront pas les ouvrages de défense que le gouvernement égyptien fait construire par des ingénieurs français qui rendront à la ville ses splendeurs passées. L'Égypte est un pays mourant dont la vie se retire peu à peu; Méhémet-Ali a accéléré son agonie en voulant changer brusquement sa destination réelle. D'une nation agricole, propre à fournir les substances premières, il a essayé de faire une nation manufacturière. Le résultat a été très-simple : il a compromis l'agriculture et n'a pu établir l'industrie [1]. Sous le bâton et les impôts turcs, l'Égypte s'éteint; ce sera un beau cadavre; qu'est-ce qui le dévorera?

Puisque je te parle de Méhémet-Ali, dont, entre nous, on a trop exagéré la valeur, je te raconterai sur lui une courte anecdote fort caractéristique et peu connue. Tu sais que, vers la fin de sa vie, il était tombé en enfance. Cette vieille tête qui avait rêvé la conquête de l'Arabie, qui avait tenu en échec l'empire ottoman, qui a ait failli changer la dynastie de Constantinople, fut ébranlée par l'âge et devint comme un jouet entre les mains des femmes de son harem. Quelquefois il sortait en voiture, et le peuple alors pouvait voir son pacha ridiculement affublé d'une redingote à la propriétaire, saluant par habitude ceux qui s'inclinaient sur son passage. Toute raison l'avait fui déjà, lorsque advint en France la révolution de Février. Méhémet-Ali l'apprit, en comprit toute la portée, malgré l'affaiblissement de son esprit, et s'en affligea outre mesure. Dans ses moments de folie, il donnait des ordres singuliers; il voulait qu'on équipât ses flottes, qu'on armât ses troupes, afin de venir débarquer en France, de marcher sur Paris et de rétablir le vieux roi sur le trône

1. Sous Sélim II (1519), on cultivait en Égypte 10,000 feddans de terre, le feddan équivaut à un arpent et demi; sous l'administration française, 4,000, et aujourd'hui 2,300.

d'où il s'était laissé tomber. C'est un fait qui m'a beaucoup touché. Ce pauvre vieillard qui, dans ses temps de gloire, avait été cruellement abandonné par la politique de Louis-Philippe, rêvant, malgré ses facultés défaillantes, la reconstitution d'une royauté irrémissiblement perdue, m'a toujours semblé une de ces ironies providentielles dont le bon Dieu nous fait des leçons que nous nous obstinons à ne jamais comprendre.

Le soir même de mon arrivée, je sortis de l'hôtel au hasard, prenant la première rue qui s'ouvrit devant moi, et me dirigeant à l'aventure au milieu de l'obscurité mal combattue par d'insuffisantes lanternes accrochées à la porte de quelques maisons. La ville était muette; le murmure adouci de la mer qui se brisait sur le rivage troublait seul le silence; j'allais rejoindre ma demeure, lorsqu'il me sembla entendre les symphonies d'un chœur lointain : le bruit se rapprochait, et à travers une rumeur confuse, je distinguai le son des darabouks, des flûtes, des crotales et des criardes psalmodies arabes. Je m'arrêtai à l'angle d'un carrefour, et bientôt j'aperçus les ondulations d'une foule éclairée par des lumières rougeâtres.

Des hommes allaient en avant, portant de longues perches garnies à leur sommet de guirlandes de clinquant et de fleurs en papier; ils étaient suivis par des ulémas qui chantaient des versets du Koran: à côté d'eux, sur deux rangs, s'avançaient des enfants munis de petites lanternes; les musiciens d'un régiment égyptien venaient ensuite sur trois rangs, poussant dans l'air les rauques accents des trombones et des trompettes; une foule compacte les entourait, au milieu de laquelle marchaient des jeunes gens soutenant des *machalla* [1] allumés. Des porteurs d'eau, chargés d'une outre énorme, les escortaient de près et éteignaient vite, dans la crainte des incendies, les charbons enflammés qui tombaient de ces brasiers. Des musiciens arabes, battant des darabouks et soufflant dans des flûtes à deux branches, fermaient la marche. Tout ce bruit passa devant moi, s'éloigna, s'affaiblit et s'évanouit. Le lendemain seulement je devais savoir le motif de cette procession nocturne et tumultueuse. En effet, vers trois heures de l'après-midi, des chants et des cris aigus attirèrent mon attention; je descendis devant l'auberge et je vis bientôt un énorme et singulier cortége déboucher d'une rue voisine et se dérouler sur la place des Consuls.

Sur un dromadaire caparaçonné d'étoffes rouges et empanaché de plumes d'autruche, un Arabe est juché qui frappe sur de larges timbales résonnantes; il marche le premier à quelque distance de quinze ou vingt enfants vêtus de costumes magnifiques, coiffés de tarbouchs à plaque d'orfévrerie, ornés de colliers et maintenus par des esclaves sur des chevaux superbement harnachés; une file de petits chariots s'allonge sur une seule ligne : c'est le corps des métiers de la ville; chacun de ces chariots porte des outils ou des produits particuliers : sucre, bijoux, étoffes, navettes, rouets, selles, marteaux, etc., etc. L'art du meunier est représenté par un petit moulin à vent à la porte duquel se tient un mannequin fort indécent et qui n'aurait point été déplacé dans les phallalogies de Bu-

1. Ce sont des fanaux semblables à ceux dont se servent les pêcheurs de la Sicile et des Calabres. Dans une sorte de cage ronde, composée de cercles de fer aplatis, on entasse des fragments de pins ou de cyprès, ou de tout autre arbre résineux, et l'on y met le feu.

siris. Quelques grotesques, littéralement habillés d'une botte de paille, se livrent à des contorsions et à des grimaces qui font rire la foule; la musique militaire vient ensuite jouant quelque mauvaise polka importée d'outre-mer; les curieux qui s'approchent trop sont gourdinés par les soldats. Des voitures remplies de petites filles brillantes comme des princesses des *Mille et une Nuits* précèdent un grand char-à-bancs que traînent au pas quatre chevaux conduits à la main; sur ces banquettes s'étalent deux ou trois gros Turcs, et dans le dernier compartiment quatre enfants qu'on émouche avec des éventails. Ceux-ci seront circoncis demain et prendront rang parmi les croyants. Des musiciens arabes font leur vacarme à la queue du cortége, pendant que des hommes distribuent à la foule des tasses de sorbet à la cannelle. Les femmes du peuple, lorsque la cérémonie passe devant elles, font entendre une sorte de cri strident, trembloté, suraigu, ce qui est leur manière d'exprimer la joie et l'admiration; ce cri inimitable pour nous, qui s'obtient en agitant vivement la langue dans la bouche ouverte et en donnant à sa voix l'intonation la plus élevée qu'elle peut avoir, ce cri, qui surprend tous les voyageurs, se nomme en arabe *zagarit*.

J'appris alors que Cheikh-Bédreddin, un des hauts personnages d'Alexandrie, devait faire circoncire son fils le lendemain, et que toute cette fête avait lieu en l'honneur de celui-ci.

Ce fut là tout ce que je vis de curieux à Alexandrie. J'allai cependant visiter les *aiguilles de Cléopâtre* qui ont été élevées environ dix-huit siècles avant son règne, et la *colonne de Pompée*, qui fut dressée sous le règne de Dioclétien, auquel elle est dédiée, par un certain Pomponius, préfet d'Égypte. La tradition ment souvent à l'histoire.

Les obélisques sont fort endommagés; ils viennent d'Héliopolis, où ils avaient été érigés par le pharaon Thotmès III, que nous appelons Mœris. Je te dirai plus tard, à propos du lac qui porte ce nom, par quelle singulière confusion les Grecs ont inventé ce fameux roi Mœris, qui n'a jamais existé. Ces deux monolithes devaient être placés devant le temple de César. Actuellement ils sont près de la mer, l'un debout et l'autre couché sur le sable, en trois morceaux. Les obélisques de Paris et de Rome, montés sur de hauts piédestaux, isolés dans des places immenses, semblent maigres, petits et n'inspirent qu'un médiocre étonnement. Ici, il n'en est pas ainsi, et en considérant cette pierre énorme, droite au milieu d'une rue resserrée, sans autre point de comparaison que de basses masures et un pauvre rempart à demi écroulé, j'ai été surpris de cette masse rose taillée comme une pierre fine, et j'ai senti une admiration qui ne s'est point démentie plus tard à Héliopolis et à Karnak.

La colonne de Pompée aussi est un seul bloc de granit; la circonférence est de vingt-trois pieds trois pouces et la hauteur de quatre-vingt-seize pieds, y compris le chapiteau. Un voyageur ambitieux s'est fait hisser jusqu'à son sommet et y a écrit en grosses lettres : *W. Thompson von Sunderland!* Le pauvre homme!

A quoi servait cette colonne? Je n'en sais rien. Le rhéteur Aphthonius dit qu'elle s'élevait au milieu de la citadelle d'Alexandrie (qui, comme l'Acropole d'Athènes, contenait des temples, la bibliothèque, etc.) et qu'elle servait de point de repère au milieu des portiques, des galeries, des couloirs, des cours et des bâtiments qui l'entouraient. Cela est possible ; aussi vais-je te mettre en regard une explication peut-être moins probable, tu choisiras.

Un auteur arabe inconnu, qui visita l'Égypte vers 1117 (511 de l'hégire), parle en ces termes de la colonne et de l'édifice auquel elle a dû appartenir : « Les génies avaient construit pour Salomon, à Alexandrie, une grande salle qui est une des merveilles du monde. Elle est formée de colonnes d'un marbre rouge, nuancé de diverses couleurs, luisant comme la conque de Vénus de l'Arabie Heureuse, poli comme un miroir et reflétant les images. Ces colonnes sont au nombre de trois cents environ ; chacune d'elles a trente coudées de hauteur et est posée sur une base de marbre, et sur le sommet de la colonne est un chapiteau aussi de marbre très-solidement établi. Au milieu de cette salle est une colonne haute de cent coudées ; elle est aussi de marbre de diverses couleurs. Les génies avaient coupé, pour former le toit de cette salle, qui était la salle d'audience de Salomon, une pierre verte d'une seule pièce et de forme carrée ; mais quand ils apprirent sa mort, ils jetèrent cette pierre sur les bords du Nil, dans la partie la plus reculée de l'Égypte. Parmi les colonnes de cette salle, il y en a une qui se remue et s'incline vers le levant et vers le couchant, au moment du lever et du coucher du soleil. C'est là une chose merveilleuse [1]. »

Ce qui paraît certain, c'est qu'un grand nombre de colonnes se dressaient autour de celle qui nous occupe. Karadja, gouverneur d'Alexandrie pour Saladin

1. Man. ar. de la Biblioth. nation., nº 954.

(Youssouf-Salaheddin-ben-Yakoub), les fit précipiter à la mer, afin de protéger les murailles de la ville contre la violence des vagues. Abd-el-Latif[1] affirme les avoir aperçues jetées pêle-mêle sur le rivage.

Sans se soucier de ses destinées passées, la colonne de Pompée sert aujourd'hui de guidon aux navires qui naviguent en vue des côtes et cherchent l'entrée du port.

Autour de la colonne, sur un terrain pierreux et désolé, s'étend un cimetière arabe qui ne ressemble en rien aux incomparables champs des morts que tu as vus à Smyrne, à Scutari, à Constantinople, à Brousse et dans presque toutes les villes turques. Ici point de cyprès, point de sycomores, point de tourterelles, point de tombes en marbre de Marmara, mais une nudité stérile, une terre grise, laide et fatigante aux yeux, des sépulcres tous semblables, en briques et en pisé, et, dès le soir, les miaulements plaintifs des chacals, toujours affamés de cadavres. Si l'on remue les pierres, on verra s'agiter des scorpions ; de grandes chauves-souris y volent au coucher du soleil, et des filles perdues ont établi leur prostitution parmi les morts.

Je fis une promenade vers le désert Libyque, à travers de pauvres villages composés de misérables huttes que nos chiens refuseraient d'habiter ; je vis quelques beaux aspects de paysages bibliques sur les bords du canal de Mahmoudieh ; j'aperçus çà et là quelques jardins plantés de palmiers qui me semblèrent magnifiques, parce que je ne connaissais pas encore ceux de la haute Égypte et de la Nubie ; je mouillai mes pieds

1. Et non pas Abd-*al*latif, comme l'a écrit M. Silvestre de Sacy, par exagération d'une science trop minutieuse.

dans les flots qui remplissent les excavations encore fort distinctes des prétendus bains de Cléopâtre; mais j'étais toujours forcé de revenir à cette insupportable place des Consuls.

Cependant j'étais contraint d'attendre le départ du bateau à vapeur pour le Kaire, ce qui me retenait quelques jours encore à passer à Alexandrie; je voulus utiliser mon temps et me résolus à faire le court voyage de Rosette. Je louai des chevaux, je retins un drogman nommé Joseph Brichetti, avec lequel je te ferai faire plus tard une ample connaissance, et je partis, un beau matin, au soleil levant.

Nous gagnâmes promptement une sorte de campagne que l'inondation ne peut atteindre et qui reste inféconde; çà et là quelques bouquets de palmiers, poussés dans les sables roses, abritent des maisons isolées qui semblent si paisibles qu'elles en font envie; de maigres herbes servent de pâture à des chèvres que gardent des Bédouins armés de fusils, ainsi qu'il convient à des hommes libres. Parfois des bandes de dromadaires et de chameaux reviennent des pâturages et passent à nos côtés, conduits par des hommes qui regardent curieusement mes armes en nous donnant le bonjour :

Salam aleikoum! (Que le salut soit avec vous!)

Aleikoum-el-salam! (Avec vous soit le salut!) Et l'on s'éloigne en se retournant quelquefois pour se voir encore.

A ma droite, dans le sud, s'aplatit une lande humide qui tient la place de l'ancien lac Maréotis; au fond s'allonge une ligne droite et brillante qui est le canal Mahmoudieh. Après avoir traversé un petit bois de tamarix inclinés sous le vent, nous entrons sur une grève où se voient encore des obus et des biscaïens demeurés là depuis les gloires de notre première république; le sable se continue jusqu'à une pointe de terre armée d'un fort qui baigne ses pieds dans la mer : c'est Aboukir !

Nous suivons la grève; le pied de nos chevaux enfonce dans le sable mouillé; une sorte de masse noirâtre et couverte de coquillages s'élève au-dessus des eaux; c'est la carcasse d'un navire coulé bas dans cette rade où nous fûmes vaincus et devant laquelle nous fûmes vainqueurs. Des marsouins sautent dans les vagues et montrent leur dos luisant. Nous sommes, avec le murmure affaibli de la mer, le seul bruit de la nature.

Le Delta, que les Arabes nomment *Rif*, est, comme tu le sais, coupé à sa base par une multitude de lacs, dont quelques-uns sont fort importants; j'arrivai auprès du lac d'Edkou, qui se dégorge dans la Méditerranée par un canal naturel où coulait une belle eau verdâtre; nous le traversâmes en bateau, et ce ne fut pas sans peine, car la mule qui portait mes bagages refusa longtemps et obstinément d'entrer dans la barque. On lui banda les yeux, on lui lia les jambes pour l'empêcher de ruer, on la tira par devant, on la roua de coups par derrière, et après une heure de cet exercice, nous pûmes enfin nous rendre maîtres de cette bête rétive et rossée. En remontant vers la terre, l'œil apercevait le lac arrondi comme une coupe immense, avec ses rives toutes vertes et ses eaux immobiles que tachetaient de blanc des bandes de mouettes, de pélicans, de spatules, de canards et d'oies sauvages.

Sur le bord de la mer, où je compte cinq ou six cadavres de requins échoués depuis les gros temps qui avaient retardé ma traversée, je vois pour la première fois des huttes de pêcheurs. Ce sont des cabanes construites en terre, hautes à peine pour s'y tenir debout, larges tout au plus pour pouvoir s'y étendre, percées d'un grand trou qui sert à la fois de porte, de fenêtre et de tuyau de cheminée. Sur le toit sont couchées des courges allongées qui forment la nourriture presque exclusive de ces malheureux. Lorsqu'elles sont fraîches, ils les mangent; lorsqu'elles sont desséchées, ils s'en servent pour soutenir leurs filets sur l'eau, car le liége coûte trop cher. C'est la misère dans sa nudité la plus hideuse.

Leurs filets sont tendus sur un grand triangle, emmanché à une grosse perche fixée dans une sangle dont le pêcheur se ceint les reins; ainsi accoutré, il entre dans la mer jusqu'à mi-corps et saute à reculons, tassant le sable sous ses pieds pour en faire sortir les coquillages et tirant à lui sa lourde machine. J'ai vu quelquefois huit ou dix hommes attelés ainsi à un de ces grossiers engins primitifs. Demi-nus, ruisselants d'eau, haletants sous la fatigue de cette danse en place qu'ils exécutent sans repos, le front baigné de sueur et brûlé par le soleil, le dos fouetté et glacé par les vagues, hâves et noirs, poussant quelquefois un cri d'encouragement qui ressemble à un râle, gagnant à peine de quoi ne pas tout à fait mourir de faim, ces hommes me regardaient passer avec un air stupidement bestial et riaient d'un rire insensé en voyant mon chapeau de paille et mes grandes bottes.

Le jour baissait; le soleil derrière moi descendait vers la mer que je côtoyais encore; à droite se dressait une ligne de palmiers où j'entendais roucouler des tourterelles; mon guide changea brusquement de direction, tourna vers l'est, et nous entrâmes dans le désert de Rosette.

Le soleil couchant allongeait nos ombres, qui ressemblaient sur le sable à de grands obélisques en mouvement; la route foulée aux pieds des caravanes, et comme entaillée par l'usage dans les terrains plats qui nous entouraient, est indiquée par des colonnes en briques rouges, placées de distance en distance. Le ciel était superbe; ardent comme un feu de forge, il passait par des teintes jaunes jusqu'à un vert très-tendre qui, se modifiant lui-même par d'imperceptibles transitions, devenait d'un bleu velouté nuancé de rose, au-dessus de Rosette, dont les minarets et les dattiers se découpaient sur l'horizon à deux lieues de nous.

Il était nuit close lorsque nous arrivâmes à la ville. Des sentinelles armèrent leurs fusils et nous éloignèrent des portes fermées; les murailles sont si basses que nous pûmes facilement parlementer avec les hommes de garde. Un officier vint enfin, qui nous fit ouvrir, et nous entrâmes.

Je parcourus un dédale de ruelles obscures, entre deux haies de maisons noires, près desquelles un palmier inclinait parfois sa tête assombrie. Des chiens réveillés hurlaient contre nos chevaux; les lanternes de quelques hommes attardés se balançaient dans les ténèbres; un grand silence régnait partout; souvent mon cheval hésitait et s'arrêtait comme pris de peur; mon guide me criait parfois de courber la tête en passant sous des voûtes que je n'avais pas aperçues; des chauves-souris muettes et rapides frôlaient mon visage : tout cela était sinistre.

Après une demi-heure environ de ce voyage à tâtons, j'arrivai à la caserne et je descendis chez Hussein-

Pacha, pour lequel j'avais une lettre de recommandation. Des chiens aboyèrent toute la nuit; des moustiques nous dévorèrent sans relâche; les soldats firent grand bruit dans les couloirs; mais je ne l'appris que le lendemain. En voyage, quand je me sais en sûreté, je dors quand même; les morsures d'insectes me sont insignifiantes et les tapages indifférents.

Dès que je fus réveillé, je m'habillai en hâte, je courus sur le quai, je sautai dans une barque, je plongeai dans le fleuve mes deux mains réunies et je bus une longue gorgée d'eau du Nil. J'accomplis cet acte si simple avec ferveur. Je touchais au rêve le plus tenace de ma vie; j'étais heureux et ému de voir enfin ce Nil si grand que les anciens l'ont appelé longtemps *Oceanus*. Tout enfant, je me couchais sur des cartes d'Égypte, et, avec mon doigt, je suivais les méandres sans nombre du petit filet noir qui indiquait le fleuve. Je l'avais imaginé très-beau, immense, couvert d'îlots où dorment des crocodiles, large et fécondant : je ne m'étais pas trompé. Pendant six mois, enfermé dans ma cange, j'ai vécu sur le Nil que j'ai remonté et descendu ; chaque jour, du lever au coucher du soleil, j'ai regardé ses bords qui sont presque des rivages; qu'il traverse les champs cultivés, qu'il baigne les pylônes des temples écroulés, qu'il ronge ses falaises de calcaire blanc, qu'il arrose les forêts de palmiers, qu'il bondisse sur les noirs rochers des cataractes, qu'il s'élargisse jusqu'à ressembler à une mer, qu'il soit rétréci entre ses berges herbues, qu'il ait ses tempêtes quand souffle le *khamsin*, ou qu'il coule paisiblement sous le soleil, qu'il se gonfle ou qu'il s'abaisse, à toute heure je l'ai admiré; partout et toujours je l'ai trouvé grand, pacifique et superbe.

C'est au fleuve que s'arrête Rosette (*Rechid*) ; au delà, derrière une bande de verdure, j'aperçois un village grisâtre et des monticules de sable. De grandes barques chargées de natron sont amarrées à des pieux fichés en terre ; des femmes lavent du linge en babillant, et des canges enflent sous le vent leurs immenses voiles triangulaires.

C'est une ville réellement arabe que Rosette ; quelques rares Européens, attachés aux filatures, y ont forcément pris demeure ; le reste de la population est presque exclusivement musulman. Les maisons très-hautes, bâties pour la plupart en briques cuites reliées avec du plâtre, ressemblent à de vastes damiers ; de petites *moucharabieh* pentagones, souvent fort élégantes, s'avancent au-devant des fenêtres que défend contre les chauves-souris un treillage en bois très-serré ; chaque porte est surmontée d'une plaque en marbre entaillée d'une inscription qui rappelle la date de la construction et indique le nom du fondateur. Les bazars, étroits et sans importance, sont surtout occupés par des marchands de dattes, de légumes et d'olives confites.

Beaucoup de matériaux antiques ont servi à bâtir des édifices modernes ; ainsi l'intérieur de la mosquée principale, que j'entrevois en passant, est soutenu par un grand nombre de colonnes évidemment empruntées à quelques ruines du Bas-Empire. Dans un khan, maintenant converti en hôpital militaire, j'en vis plusieurs de tous les ordres ; c'était entre deux piliers en granit coiffés d'un chapiteau composite, encore debout aujourd'hui, qu'en 1807 on fusillait les prisonniers anglais, qu'on avait préalablement mutilés.

Au-dessus des maisons s'élance parfois la tige charmante des palmiers chargés de dattes mûrissantes. Aux angles des rues s'élèvent des fontaines dont la forme carrée et les solides grillages en cuivre rappellent le style de celles que tu as admirées comme moi à Constantinople sur les places de Top-hana, de Sainte-Sophie et du bas Galata ; mais elles n'en ont point l'élégance, ni les fines sculptures, ni les balustrades fouillées à jour, ni les rinceaux coloriés.

Le nombre des mosquées et les délicatesses de leur architecture prouvent que Rosette était autrefois plus peuplée qu'aujourd'hui; en effet, le canal de Mahmoudieh, en reliant le Nil à Alexandrie, a attiré dans cette dernière ville presque tout le commerce actif du Delta, et Rosette s'est déshabitée peu à peu. Les minarets surtout sont d'une remarquable richesse d'ornementation ; leurs galeries s'appuient sur ces stalactites alternativement blanches et noires, qui sont une des originalités les plus vives du style arabe. Au lieu d'être terminés par un long toit pointu, comme ceux de Constantinople, ils sont surmontés par une sorte de petite coupole bulbeuse qui ressemble à un gros bourgeon près d'éclore. Ne serait-ce point une réminiscence involontaire du bouton de lotus si fréquemment employé dans la vieille architecture égyptienne?

Je retournai à la caserne où Hussein-Pacha, après avoir fait la prière de midi, m'attendait à dîner. Je te ferai grâce de la description d'un repas turc; tu sais les vingt ou trente mets dont il se compose invariablement; comme moi sans doute, tu t'es accroupi souvent autour du petit tabouret qui supporte le large plateau de cuivre ou d'étain; comme moi aussi tu as puisé avec les trois premiers doigts de ta main droite dans ces plats qui ne font que paraître et disparaître; tu as bu le *cherbet* dans le vase commun à tous les convives, et tu as été rafraîchi par les éventails que de jeunes esclaves abyssins agitaient autour de toi.

Je restai longtemps à causer avec Hussein-Pacha. Tu connais les Turcs, c'est assez te dire que notre conversation roula sur la Russie, le Caucase, les réformes introduites par le sultan Abdul-Medjid et la supériorité des armées européennes.

Vers trois heures, comme les muezzins montaient aux minarets pour annoncer la prière, je descendis vers le fleuve et je pris une barque qui m'emporta bientôt en refoulant le courant. Du côté du Nil, les murailles de Rosette se terminent par un petit fortin très-bas, presque en ruine, armé de deux ou trois canons rouillés et gardé par des sentinelles paisiblement assises sur le parapet. Il semble que d'un coup d'épaule on jetterait tout cela par terre. Des jardins verdoient sur les bords du Nil, en trempant dans ses eaux leur splendide végétation : dattiers, bananiers, colocazias, roseaux, tamarix, riz et cannes à sucre forment d'impénétrables rideaux de verdure, au-dessus desquels on distingue les murs blanchâtres de quelques maisons perdues sous les arbres.

Encore quelques coups d'aviron, et mon batelet s'arrête devant un bâtiment à coupoles. C'est là que dort dans son tombeau, près d'une petite mosquée bâtie en son honneur, un santon arabe célèbre, et qui, lorsqu'il vivait, se nommait *Abou Mandour* (le Père de l'Éclat). Sa sépulture, gardée par un iman, est un but de promenade pour les habitants de Rosette. Le marabout tout entier est abrité et comme enveloppé par un immense sycomore.

Le sycomore d'Égypte (*ficus sycomorus*), ou figuier

de Pharaon, n'a rien de commun avec cette variété d'érable (*acer pseudo-platanus*) qu'en France nous nommons sycomore très-improprement, car il ne porte ni figues, ni mûres (συκῆ, figuier, μορέα, mûrier). Celui dont je parle est un arbre qui atteint souvent des proportions colossales par la bifurcation de ses grosses branches. Ses fruits, qui ont la forme d'une figue et sont presque insipides, poussent sur le tronc et mûrissent de juillet à septembre. Son bois, autrefois regardé comme vénéneux et incorruptible, était spécialement destiné par les anciens Égyptiens aux boîtes à momies. Ses feuilles nombreuses, arrondies, luisantes, épaisses et presque grasses, donnent une ombre fraîche et profonde que le soleil ne peut pénétrer. Tu voudras bien, cher ami, excuser cette courte digression de botanique; elle était indispensable : comme dans le cours de ces lettres le mot sycomore reviendra souvent, il était bon de nous entendre sur sa signification réelle et naturelle.

Donc, c'est sous un sycomore que s'arrondissent les coupoles blanches du santon d'Abou-Mandour. J'y fumai, assis à l'ombre, sur des nattes du Kordofâl, pendant que des femmes de fellahs passaient et repassaient près de moi en allant puiser de l'eau sur les bords du Nil; le fleuve coulait paisiblement et traînait avec lui les longues herbes arrachées à ses berges. Tout cela était calme et comme absent du reste du monde.

Près du santon, sur une colline de sables rosés, on a bâti une tour au sommet de laquelle un télégraphe agite ses bras. J'y montai, je regardai longuement, et voici ce que je vis :

Au nord, Rosette dominée par les minarets de ses

mosquées et couverte d'un voile de fumée bleuâtre qui plane au-dessus des maisons; la ville semble s'appuyer aux verdures sombres d'un bois de dattiers et de bananiers.

A l'est, le sycomore qui, vu ainsi d'en haut, paraît un bouquet d'arbres réunis; devant lui, le santon d'Abou-Mandour baignant ses pieds dans le Nil. Sur la rive opposée, roseaux, prairies, mares stagnantes; quelques villages; une volée de pigeons blancs.

Au sud, des mamelons de sables désolés, sans végétation, sans vie, gris et ternes; un coude du Nil, et sur le fleuve des canges qui étendent leurs voiles entre-croisées semblables à des ailes de goëland.

A l'ouest, le désert de Rosette, où s'agitent quelques points noirs; la mer bleue frangée de blanc, surmontée d'une tache brillante qui est le fort d'Aboukir; par-dessus tout cela le soleil couchant.

Le lendemain, vers la nuit, à la suite d'une journée dure, âpre et pleine de vent de nord-est, j'étais revenu à Alexandrie, d'où je partais enfin pour le Kaire deux jours après.

Une cange fort grande, remorquée par un canot à vapeur, nous conduisit d'Alexandrie à *Atfeh*, où nous attendaient le Nil et un paquebot sur lequel nous passâmes, après le transbordement rapidement opéré de nos bagages.

Atfeh est une simple ville arabe, comme j'en ai vu mille, c'est-à-dire une agglomération de huttes en limon groupées les unes à côté des autres, ouvertes d'un ou deux trous, avec de petites cours intérieures abritées par des paillassons déchiquetés, ce qui leur donne de loin l'apparence d'une grande cité d'abeilles, composée de ruches immenses. Une longue et sombre allée d'azéroliers, où volent des milans, précède la ville sur les bords de l'étroit canal de Mahmoudieh.

Les bateaux qui font sur le Nil le service d'Atfeh au Kaire sont divisés en deux parties très-distinctes : l'arrière, exclusivement réservé aux femmes, quelle que soit leur religion, et l'avant, destiné aux hommes. Cette démarcation est presque indispensable chez un peuple musulman, qui emporte toujours avec lui ses mœurs, ses habitudes et ses usages. La chambre des hommes avait été vite envahie par les voyageurs. Ils s'étaient empilés et tassés sur les banquettes, les tables et le parquet, pendant que je regardais innocemment les étoiles briller dans l'eau et les panaches de fumée lumineuse qui se tordaient à la gueule du tuyau de la machine. Ne trouvant pas de place où m'étendre, je fis dresser sur le pont mon lit de campement ; je m'enveloppai dans ma pelisse et je m'endormis, heureux d'apercevoir le ciel au-dessus de ma tête toutes les fois que j'ouvrais les yeux.

Au petit jour, j'étais debout. Dans l'est, un long nuage safran s'allongeait d'où le soleil sortit tout à coup. A certaines places, l'eau est littéralement couverte de hérons, de mouettes et de graves pélicans qui rêvent, le bec dans le jabot. Parfois, sur la rive, on voit un homme qui passe à cheval.

Vers sept heures du matin, à un coude du Nil, les pyramides apparurent subitement, dessinées par le soleil levant. Bleuies par l'éloignement, noyées dans une lumière ardente qui découpait nettement leurs contours, elles semblaient être en saphir et comme transparentes; des bois de palmiers et des champs cultivés verdoyaient devant elles. Tous les passagers regardaient vers ces mystérieuses gardiennes du désert.

Nous passâmes au milieu des travaux du barrage entrepris au confluent des bouches Canopique et Pélusiaque, œuvre gigantesque, rêvée depuis bien longtemps, commencée, négligée, reprise, laissée de nouveau, tentée encore, et que l'incurie d'Ab bas-Pacha vient d'abandonner peut-être pour toujours, malgré les dépenses déjà faites.

Si les travaux avaient été continués, voici quels en eussent été l'ensemble et le résultat : Deux ponts immenses, construits à l'embranchement du Nil, eussent enjambé le bras qui descend vers Rosette et celui qui coule vers Damiette. Un système d'écluses aurait permis, en fermant la baie ouverte dans chaque arche, de faire monter l'eau du Nil à une hauteur déterminée et d'obtenir ainsi une inondation factice facilement répandue dans le Delta, à l'aide d'une *arête* de canaux dirigés en tout sens.

Les richesses qu'en eût recueillies l'Égypte sont incalculables. En effet, cette seconde inondation, modérée selon les besoins de la terre, portée par les canaux sur tous les points désignés, aurait été réservée à ce qu'on appelle la *culture riche*, c'est-à-dire à la culture du coton, de l'indigo, du café, du tabac, de la canne à sucre, et le Delta, qui est une terre bénie, qui autrefois a nourri l'empire romain, aurait eu au moins deux récoltes par an et serait devenu le sol le plus fécond de l'univers.

Quelque temps après avoir traversé les travaux du barrage, nous aperçûmes le Kaire précédé par des champs de verdure, adossé aux montagnes blanches du Mokattam, surmonté par des minarets sans nombre et dominé par la citadelle noire qui porte l'énorme mosquée en albâtre commencée par Méhémet-Ali.

Les maisons du Kaire, presque toutes bâties en limon desséché, n'ont rien de cette élégance charmante des moindres habitations turques de Constantinople; il faut aller jusque dans le quartier autrefois occupé par les Mameluks pour trouver quelques belles constructions arabes ornées de stalactites et de longs versets du Koran déroulés sur la frise des murailles. Les bazars ne sont que des rues couvertes en planches; les bains n'ont point de grandeur, et les cafés sont à peine comparables à nos plus misérables cabarets de campagne.

En revanche, les mosquées sont fort belles et de ce style arabe qui fait involontairement penser aux *Mille et une Nuits*. Les mosquées de Sultan-Haçan, d'Emir-Khour, de Setti-Zayneb, d'El-Mouyed, d'El-Azar, du Moristan, de Haçanin, les mosquées de Touloun, de Boulaq et cent autres qu'il faudrait nommer et décrire, avec leurs balustrades ouvragées, leurs minarets blancs et noirs, leurs coupoles en faïence, leurs galeries, leurs cours à fontaines, leurs tombeaux protégés par des grillages qui sont des dentelles de bronze, leur mimbar taillé à jour comme une guipure, leurs colonnes nombreuses, leurs vitraux persans, avec l'imprévu même de leur architecture souvent irrégulière, sont, en faisant exception de la mosquée d'Omar à Jérusalem, les plus merveilleux temples musulmans que j'aie vus dans mes voyages.

Le quartier franc (*Mousky*) s'étend au-devant du Kaire autour d'une fort belle promenade, qu'on nomme *El-Ezbekyeh*, plantée d'arbres ombreux, coupée d'allées, enjolivée de bosquets et garnie de chaises sur lesquelles on va s'asseoir en buvant du café et en fumant le narguileh. C'était jadis une espèce d'étang, aujourd'hui desséché. On y montre encore la maison qu'habita le général Bonaparte; et c'est là, près d'une petite mosquée en ruine, que Kléber fut assassiné, le même jour, à la même heure que Desaix tombait à Marengo. Les meilleures auberges s'ouvrent sur l'Ezbekyeh, qui sert de rendez-vous à tous les voyageurs; les bateleurs viennent y faire leurs tours grossiers et y montrent des singes impudiques du Sennaar, au grand scandale des ladies puritaines qui se rendent aux Indes en passant par le Kaire.

Le souvenir toujours vivant de la campagne de Bonaparte, le séjour de nombreux Européens attachés à l'armée et à l'administration de Méhémet-Ali, ont familiarisé les Égyptiens avec nous; il est presque sans exemple maintenant qu'un *Franc* soit insulté au Kaire; on nous traite au contraire avec déférence, et notre qualité de *giaour* n'est point un motif à injures comme dans beaucoup d'autres pays musulmans. J'en eus une preuve le soir même de mon arrivée. Précédé de Joseph, mon drogman, qui portait une lanterne, selon l'ordre formel de la police turque, j'étais sorti et je marchais par les rues. J'entrai dans une cour éclairée où une vingtaine d'hommes réunis en cercle se dandinaient en imitant les mouvements d'un chef qui donnait le ton, et hurlaient le nom d'*Allah* avec ces intonations gutturales, forcenées et sauvages dont les derviches de Scutari t'ont donné l'exemple. Nul ne s'inquiéta de ma présence profane, et je pus rester jusqu'à la fin de cette cérémonie, qui célébrait la fête d'un santon voisin.

En rentrant vers l'hôtel, j'aperçus dans une vaste

salle ouverte une grande quantité de personnes assemblées et assises sous de nombreuses lumières. Je m'arrêtai curieusement à la porte, cherchant à surprendre d'un coup d'œil quelques traits de mœurs que je pourrais conserver dans « la gibecière de ma mémoire, » lorsqu'un homme, se levant, vint à moi, me prit par la main, me fit entrer et asseoir à une des meilleures places, en me disant : « Sois le bienvenu et réjouis tes yeux. »

Dans un espace vide ménagé au milieu de l'appartement, deux hommes s'agitaient, l'un grotesquement vêtu en femme, l'autre orné d'une longue barbe postiche et courbant l'échine comme un centenaire. Ces deux individus, dont chaque parole soulevait un rire général, jouaient une sorte de pièce primitive où il était souvent question de femme enceinte, d'âne et de médecin ; ce qu'ils disaient, je ne puis te le traduire, leur langage et leurs allusions étaient d'une grossièreté tellement obscène que le bon Aristophane lui-même en eût rougi jusqu'à l'apoplexie. Des femmes, placées dans les appartements intérieurs qui prenaient vue sur notre salle, riaient à toute gorge et poussaient leur *zagarit* en signe de joie. J'étais, sans m'en douter, chez le premier baigneur d'Abbas-Pacha ; et ces réjouissances étaient celles du mariage de sa fille. Le lendemain, en effet, je vis sortir le cortége accompagné de timbaliers grimpés sur des dromadaires couverts de coquillages et de plumes, précédé et suivi par des jongleurs, des danseurs, des lutteurs, des bouffons, des musiciens et une grande foule de emmes montées sur des ânes. La fiancée, enveloppée des pieds à la tête dans un grand cachemire rouge qui l'aveuglait et l'étouffait, placée sous un dais, hésitant à chaque pas dans la crainte de tomber, était conduite par quatre matrones qui la tenaient par la main et par les épaules.

Tu peux voir, par cet exemple, combien maintenant nous sommes respectés en Égypte; à Constantinople, la porte se serait vite fermée devant moi; j'en aurais été pour une bonne injure et un souhait malsonnant. J'usai de cette liberté pendant le séjour de deux mois que je fis au Kaire, et j'allai partout, dans les maisons, dans les jardins du vice-roi, dans les khans d'esclaves, et jusque dans la mosquée de Sultan-Haçan, où, caché au fond d'un réduit fort obscur, j'assistai, un vendredi, à la prière de midi. J'avais *corrompu* l'iman lui-même avec un *medjidi* (cinq francs), et cet honnête homme m'expliquait longuement ce qui se passait devant moi tout en buvant du café qu'il avait fait apporter. Qu'Allah lui pardonne!

Il me donna sur les ablutions des détails très-circonstanciés; il ne sera peut-être pas sans intérêt pour toi de les connaître et de savoir les oraisons particulières attachées à cette cérémonie préparatoire et indispensable de toute prière.

En s'approchant de la fontaine qui coule dans la cour de chaque mosquée, le mahométan dit: « Louange à Dieu qui nous a faits musulmans et qui nous a donné cette eau bienfaisante pour que nous puissions nous purifier de nos péchés! » Puis il s'accroupit près du bassin, prend de l'eau dans sa main, s'en rince trois fois la bouche (chaque ablution partielle se fait toujours trois fois), et dit: « Louange à Dieu, purificateur du péché! » Il lave ses narines en disant: « O Dieu! je te supplie de me faire sentir l'odeur du paradis. » En frottant son visage de ses deux mains réunies: « J'ai résolu et je promets de n'adorer que Dieu seul, selon la secte orthodoxe dont je fais partie. » Pour le bras droit, qui se lave depuis l'extrémité du médium jusqu'au coude : « O Dieu ! donne-moi le livre de mes actions[1] dans cette main, lorsque viendra le jour de ton jugement, et permets que Mohammed, notre seigneur, intercède pour moi auprès de ta justice. » Le bras gauche est lavé de la même façon, mais le côté gauche étant regardé comme destiné aux œuvres mauvaises, il faut dire : « O Dieu ! je vous prie de ne pas me donner le livre de mes actions dans cette main prévaricatrice. » Selon que l'on appartient à l'une des quatre sectes orthodoxes de l'islamisme, les *hanafites*, les *chaféites*, les *ambalites* ou les *malékites*, un musulman fait l'ablution de la tête de différente manière.

Les hanafites et les chaféites lavent la tête tout entière en disant : « Je te prie, ô Seigneur ! de me laisser sous l'abri de ton ciel empyrée, quand arrivera le jour terrible. » Les malékites font une prière semblable, mais ils baignent d'eau le sommet seul de la tête, à l'endroit où pousse la mèche (*chachia*) que doit porter tout croyant. L'iman Malek, chef de cette secte, prétend que là finit le cerveau, et que la fraîcheur de l'eau, en y pénétrant, éteint les péchés et les pensées coupables. Les ambalites ne lavent que le front, et

1. Toutes les actions des hommes sont écrites sur une feuille de papier qui sera remise à chacun d'eux à l'heure du jugement dernier. A ce sujet, M. Kasimirski a commis une singulière erreur dans sa traduction du Koran. Chapitre XVII (*le voyage nocturne*), verset 14, il dit : « Nous avons attaché à chaque homme son *oiseau* au cou. Au jour de la résurrection, nous lui montrerons un livre qu'il trouvera ouvert. » Le mot *tha'ier* que M. Kasimirski traduit par *oiseau* a, en effet, cette signification, mais non pas exclusivement ; il se prend dans l'acception de : chose assez légère pour être emportée par le vent ; fétu de paille, plume, feuille de papier ; c'est dans ce dernier sens que Mohammed l'a employé au verset 14 du chapitre XVII.

prient ainsi : « Je supplie le Seigneur de me donner une clarté digne de sa contemplation et de ne pas permettre que mon visage noirci m'éloigne de sa présence. »

Trois fois on lave les oreilles, en passant la main derrière et dans l'intérieur : « Seigneur, fais qu'elles entendent au jour dernier les paroles de Mohammed, ton ami. » Pour le pied droit : « Je te prie, ô mon Dieu ! de fixer ce pied que tu as créé et de le raffermir sur le pont *Es-sirat* [1]. » Pour le pied gauche : « Je te prie, Seigneur, de fixer ce pied fautif sur le pont *Es sirat.* »

L'ablution terminée, le musulman se lève; il se tourne dans la direction de la Mecque et il dit : « O Dieu ! par la sainteté de notre seigneur Aissa (Jésus) et par l'affection que tu avais pour lui, nous te prions de pardonner nos péchés, d'exaucer nos vœux et d'accepter nos services envers ta grandeur infinie. »

En voyage, lorsque l'eau est rare, les ablutions doivent être faites avec du sable. A la suite de certains actes corporels, l'ablution générale et complète est de rigueur; lorsqu'un mari sort de l'appartement des femmes, il est tenu de se plonger dans un bassin ou dans une rivière tout entier, de manière à avoir momentanément de l'eau par-dessus la tête. Lorsqu'il s'est relevé, il dirige ses mains vers le ciel et dit : « O Seigneur, je te rends grâce des joies que tu m'as données, et je te prie de diriger dans tes voies saintes l'enfant qui peut en naître; ô mon Dieu ! aveugle-moi en présence des créatures illégitimes. »

1. Pont qui sépare le paradis de l'enfer; pour les détails du jugement dernier, voir *Souvenirs et Paysages d'Orient.* (Paris, 1848.)

Bien souvent, debout sur ma cange, au lever du jour, j'ai vu des fellahs accourir vers le Nil, se dépouiller de leurs vêtements et se plonger dans le fleuve; alors les matelots riaient et envoyaient au baigneur des plaisanteries d'un goût au moins équivoque.

Lorsque la prière de midi fut terminée, lorsque les fidèles se furent retirés en cherchant leurs chaussures laissées à la porte, lorsque l'iman fut descendu du mimbar où il était resté debout, tenant d'une main le Koran et s'appuyant de l'autre sur un innocent sabre de bois, commémoratif du glaive du prophète qui régna par le *sabre* et par le *livre*, je quittai la chambre où je me cachais; j'introduisis mes pieds dans des espèces de bateaux en jonc, afin de ne pas souiller le lieu de sainteté, et j'entrai dans la mosquée proprement dite.

Aucune de celles que tu as visitées à Constantinople ne pourrait t'en donner une idée exacte. Toutes, à Stamboul, ont été plus ou moins construites sur le modèle de Sainte-Sophie; de grandes cours publiques les environnent, et leur intérieur, soutenu par des colonnes ou des piliers, s'arrondit en dômes entourés de petites coupoles hémisphériques : c'est de l'art byzantin enlaidi par les Turcs. Ici, il n'en est point ainsi : la mosquée de Sultan-Haçan est de pur style arabe (il y a vingt ans, on aurait dit mauresque) et d'une fort belle époque (1347-1361).

Elle s'ouvre par un portail ogival orné de stalactites, dans une rue qui aboutit à la place de Roumelieh. Après avoir gravi un escalier de quelques marches, traversé un couloir garni de bancs en pierre appuyés aux murailles, franchi une chambre où se tiennent les gardiens, on arrive dans la cour, entourée sur trois côtés par les bâtiments où logent les cheikhs et les ulémas. Elle est pavée en marbre ; au milieu coule la fontaine aux ablutions (*meidah*), sous un toit recourbé de réminiscence tatare. On pénètre ensuite de plain-pied dans le sanctuaire même (*maksora*), surélevé d'un degré seulement au-dessus de la cour, qu'il continue par une arcade aussi large qu'elle. Des nattes du Kordofâl couvrent les dalles ; des inscriptions presque effacées courent au-dessous des corniches ; des lampes, des œufs d'autruche se balancent à de longues chaînettes ornées de houppes de soie ; une portière noire surchargée de dessins brodés en or tombe devant l'escalier du *mimbar* (chaire) en haut duquel flottent les deux étendards consacrés. La niche du *kébla* (chose qui est en face de) dirigé vers la Mecque est enrichie d'incrustations de nacre et d'écaille ; aux murailles pendent de petits tableaux, chefs-d'œuvre de calligraphie qui sont des versets du Koran ou des traditions prophétiques ; sur une *dikkeh* (tribune) plate, carrée et plutôt ciselée que sculptée, de jeunes ulémas psalmodient quelques passages du livre sacré.

A droite du mimbar, une porte fermée par un simple loquet conduit dans le *turbeh* (tombeau) de Sultan-Haçan. C'est une vaste salle nue, triste, sans tapis, sans nattes, refroidissante, décrépite, en ruine. Les lambris en bois qui forment les faux pendentifs, rongés par le temps, troués par les vers, ayant perdu toute trace de peinture, déchiquetés de vieillesse, tombent par lambeaux comme des linges déchirés. Autour de la corniche, dans l'ombre des angles, on voit des points noirs qui sont des chauves-souris accrochées, prêtes à prendre leur vol quand viendra la nuit ; les fenêtres sans carreaux n'ont même plus de grillage ; les araignées y filent paisiblement leur toile. Des corneilles sont entrées pendant que j'étais là, et se sont sauvées à tire-d'aile en croassant sinistrement lorsqu'elles eurent entendu le bruit de ma voix. Au milieu de ces vétustés, de cette poussière des années, de ces tristesses de l'âge, s'élève le tombeau qui recouvre le corps de Sultan-Haçan. Il est de forme oblongue, très-simple, tourné vers la Mecque et protégé par une balustrade en fer. A ses pieds gît un énorme volume serré dans des fermoirs d'argent oxydé par le temps. C'est un Koran que le sultan mameluk copia tout entier de sa main. Te souviens-tu, cher ami, d'avoir vu dans le turbeh de sultan Mahmoud une longue bande d'étoffe sur laquelle il avait écrit, pendant ses années de captivité, tous les versets du livre révélé au Prophète? En face du tombeau, dans la muraille même, s'arrondit un disque de marbre noir qui représente exactement la largeur du pain vendu au Kaire sous le règne du sultan, dont le corps repose là, seul et comme abandonné.

Certes, cette sépulture ne ressemble en rien au monument que Méhémet-Ali a fait élever à une demi-lieue du Kaire pour recevoir ceux de sa famille que l'ange noir touchera. Sous une coupole constantinopolitaine, dans une chambre très-grande, construite en matériaux fort précieux, mais si mal disposés qu'ils en deviennent laids, on a réuni tout ce qui peut donner une idée du mauvais goût des Turcs. Des stèles jaunes, bleues, rouges, chagrinées de rinceaux dorés, coiffées de turbans impossibles et de tarbouchs invraisemblables, se dressent sur des sépulcres enluminés de tons si criards et si disparates, qu'ils font cligner les yeux et agacent les oreilles comme les fausses notes d'un flageolet soufflé par un enfant. Les modèles de richesse et d'élégance ne manquaient pas cependant; on n'avait qu'à copier les tombeaux dont les khalifes fatimites et les sultans mameluks ont enrichi les solitudes qui avoisinent le Kaire. On pouvait imiter les dômes incomparables d'Ali-bey, les minarets découpés et charmants de Kansou-el-Goury, le portail féerique de Berkouk, les galeries à jour des Ayoubites; et on aurait eu alors autre chose que ce honteux ramassis de pierres enlaidies d'un ridicule badigeonnage, où des imans sans cesse prosternés récitent les versets du Koran.

Ici l'art n'est pas même en décadence, il n'existe plus. On construit des casernes, des raffineries, des palais même; mais ce sont d'énormes maisons carrées, droites, plates, bêtes, ennuyeuses, sans ornement, sans style, sans grandeur, et, qui pis est, sans solidité. Les exemples ne leur font pas défaut cependant, et si une race fut douée du génie architectural, ce fut, certes, bien celle de la vieille Égypte, mère de la Grèce, et ce fut aussi cette race sensuelle qui vint jeter bas le christianisme sur les bords du Nil et le remplacer par son fatalisme victorieux.

Les Égyptiens modernes et les Turcs, qui les gouvernent à coups de bâton, n'ont rien compris à toutes ces splendeurs; ils n'ont compris ni les Pharaons ni les Fatimites; pour eux, les temples où l'Égypte logeait son peuple de dieux ne sont plus que des carrières; quand on a besoin de matériaux pour bâtir une *raffinature*, ainsi que disait mon drogman, on fait sauter un pylône, un portique, un sécos, et il n'en est que cela. Qu'ils détruisent les vieux restes de cette civilisation pleine de merveilles, qui passa des Égyptiens aux Grecs et des Grecs aux Romains; qu'ils égrènent sous leurs doigts rapaces les chefs-d'œuvre granitiques signés Ramsès, Cléopâtre ou Hadrien, je le comprends jusqu'à un certain point; ceux-ci étaient des infidèles qui brûleront éternellement dans les feux de la géhenne pour avoir adoré plusieurs dieux; mais ce que je ne puis admettre, c'est qu'ils ne respectent même pas les lieux sacrés où des musulmans se sont inclinés sous la voix des imans qui invoquaient Allah. Les mosquées annexées aux tombeaux des khalifes tombent en ruine et servent de retraite aux chacals. Les salles sans plafond, les galeries écroulées de la mosquée du khalife Hakem, ce fou mystique et sanguinaire qui se crut dieu, abritent les chameliers venus du Sinaï; le minaret de Sultan-Bibars tombera demain s'il n'est tombé hier; les scorpions habitent la mosquée déserte d'Amr-ben-el-âs, le conquérant de l'Égypte, et enfin, pour comble de misère, Ibrahim-Pacha a pris la mosquée de Touloun pour en faire un hôpital militaire. Bâtie en 876 par Ahmed-ben-Touloun, simple et de construction primitive, contenant une cour de soixante-dix pieds de long, ayant quatre galeries dont trois à deux rangs, et une, celle du kébla, à cinq rangs de colonnes toutes reliées par des arcades en fer à cheval sculptées comme la coquille d'une dague espagnole, cette mosquée était un inappréciable échantillon de l'architecture arabe de la première époque. Maintenant on a démoli la fontaine de la cour, on a construit des refends entre les colonnes, on a fait des murs dans les galeries, on a morcelé, brisé, effondré, déshonoré ce monument qui était un chef-d'œuvre, pour établir un hospice à soldats, qu'on a commencé depuis dix ans, qu'on a abandonné depuis sept et qu'on ne finira jamais.

Il y avait vingt endroits préférables à choisir; le quartier des Mameluks, par exemple, est plein de palais abandonnés qu'on aurait facilement pu transformer en hôpital. L'Égypte regorge d'hôpitaux : j'en ai vu à Syout, à Rosette, à Damiette, à Alexandrie, à Keneh, à Esné, à Manfalout, à Girgeh, à Minieh et vingt autres lieux. A une certaine époque, l'Égypte fut envahie par une armée de vétérinaires, d'infirmiers, d'apothicaires espagnols, italiens, français, qui venaient chercher fortune; quelques hommes réellement sérieux et savants s'y trouvaient mêlés, et alors on organisa un service médical vraiment remarquable; chaque régiment eut son corps d'officiers chirurgiens, chaque ville importante eut son hôpital et sa pharmacie. Au Kaire, il y a plusieurs hôpitaux; les plus importants sont celui de l'Ezbekyeh, destiné aux fous qu'on entend hurler et se plaindre derrière les épaisses murailles de leurs cabanons, et celui de Kasr-el-Aïn, qui est grand, bien aménagé et disposé d'après des traditions évidemment européennes. Situé à un quart de lieue du Kaire, il est réservé aux militaires, aux gens de la maison du vice-roi et à quelques malheureux qu'on y fait entrer à force de recommandations et de bakhchich. Dans une des salles, la plus belle, on soigne les jeunes esclaves qui, sous le nom de Mameluks, sont attachés à la personne d'Abbas-Pacha. Certes, si le feu du ciel tombait encore sur les prévaricateurs, Abbas-Pacha et ceux dont il s'environne à plaisir, seraient réduits en cendres depuis longtemps.

Il y a à Kasr-el-Aïn une école de médecine; autrefois les étudiants étaient des hommes faits, des hommes de vingt à vingt-cinq ans, qui pouvaient comprendre ou tout au moins entendre ce qu'on leur enseignait; à cette heure, ce sont des enfants de douze à quinze ans; on leur démontre la médecine à grand renfort de coups de trique; il faut les surveiller sans cesse comme des écoliers; dès qu'ils sont seuls, ils se prennent à jouer et se jettent les cataplasmes à la tête. Pourquoi les choisit-on si jeunes? me diras-tu. A cela je ne puis te répondre; il y a là-dessous des mystères d'iniquités que je ne saurais te dévoiler. Demande-le aux mères, qui n'osent plus laisser sortir seuls leurs fils lorsqu'ils ont un visage agréable; demande-le surtout à Abbas-Pacha qui, pendant mon séjour au Kaire, fit faire à Boulaq une razzia d'enfants.

Le jeune médecin arabe qui me guidait à travers les dortoirs, les amphithéâtres, les pharmacies, les cuisines de l'hôpital, me mena dans une salle près d'un lit occupé par un monstre très-fantastique. C'était un rachitique. La vie remuait encore dans ce cadavre, mais l'intelligence l'avait depuis longtemps quitté; plus maigre qu'un squelette, ramassé en cercle sur son grabat comme un singe malade, il avait des mouvements d'animal endormi et frottait son nez sur les draps du lit avec une persévérance régulière et monotone. Sa tête de cynocéphale, couverte de lèpre, vivait à peine par de petits yeux enfoncés, affaiblis, larmoyants, et qui regardaient sans voir. Ses os ressortaient sous la peau écailleuse et noire qu'ils trouaient par place; au bout de ses bras desséchés s'agitaient des mains longues, dont les doigts racornis et garnis d'ongles tout blancs avaient la forme d'une griffe de gypaëte; de temps en temps, il poussait un son plaintif, comme un petit enfant qui pleure. On le retournait, on le découvrait sur son lit, et il ne s'en apercevait pas. D'où venait-il? Nul ne le savait. La veille, on l'avait ramassé dans un champ où il se traînait ainsi qu'une grande araignée à demi écrasée.

De semblables monstruosités sont rares en Égypte où la race est généralement belle et solide; les ophthalmies seules enlaidissent les populations qu'elles rendent fréquemment aveugles ou borgnes; dans certains villages, il est rare de voir un homme jouissant de l'usage de ses deux yeux.

Le Kaire est le rendez-vous de tous les peuples qui habitent l'Égypte ou qui viennent y trafiquer, et c'est principalement dans les bazars qu'on peut admirer la variété des costumes et des types. Devant la boutique des marchands venus de Damas ou de Constantinople pour vendre leurs étoffes ou leurs armes, passent et repassent sans cesse les Turcs gênés dans de laides redingotes et d'étroits pantalons; les fellahs nus sous une simple blouse en cotonnade bleue; les Bédouins de la Libye enveloppés de couvertures grises, les pieds entourés de linges rattachés avec des cordes; les Ababdieh portant pour tout vêtement de larges caleçons blancs, et dont les longs cheveux graissés de suif sont traversés par des aiguillons de porc-épic; des Arnautes avec leur fustanelle, leur veste rouge, leurs armes passées à la ceinture et leurs longues moustaches retroussées; les Arabes du Sinaï, couverts de haillons et ne quittant jamais leur cartouchière ornée de verroteries; des nègres du Sennaar dont le visage noir comme la nuit a une régularité caucasienne; des Moghrebins drapés de leur burnous; des Abyssins coiffés du turban bleu; des Nubiens habillés d'une loque; des habitants de l'Hedjaz marchant gravement, les pieds chaussés de sandales, la tête garantie par un coufieh jaune, les épaules vêtues d'une traînante robe rouge; des Wahabis dont l'Europe ne se préoccupe guère, et sur qui repose peut-être aujourd'hui le sort religieux de l'Orient; des Juifs sordides et changeurs de monnaies; quelquefois un santon tout nu qui s'avance en récitant la profession de foi; puis parmi ces fils de Sem et de Cham, des Européens de tous pays, Italiens, Corses, Anglais, Russes, Allemands, Français, qui vont et viennent curieusement pendant qu'auprès d'eux courent sur des ânes de gros paquets noirs et blancs qui sont des femmes.

A Constantinople, les femmes sont voilées du *yachmac* et enveloppées du *feredjé* (manteau) de couleur claire, ce qui est bien et de bon effet parmi les foules; mais ici elles s'entortillent dans une grande pièce de taffetas noir (*habara*) d'où sortent par en bas des bottines et des pantalons jaunes; sur le visage elles s'appliquent un morceau d'étoffe blanche (*bourkó* [1]) soutenu intérieurement par une bande de lacets de coton tressée qui s'appuie sur le nez; quand on fait un serment à une grande dame, on jure par la pureté de son *bourkó*, exempt de tout reproche. Cet assemblage est laid, disgracieux, sans harmonie de tons. Ceci ne s'applique qu'aux femmes de *harem* ; celles du peuple portent la robe bleue presque toujours ouverte sur la poitrine; elles posent sur leur tête une grande écharpe (*milayeh*) qu'elles laissent traîner jusqu'à terre et cachent leur figure sous une série de petites nattes en soie noire réunies et garnies de plaquettes d'argent; souvent même elles vont à traits découverts et les dissimulent derrière un pan de leur voile quand passe un étranger.

1. D'où nous avons fait le mot *bourgo,* qui est très-français, dans l'acception de voile employé par les femmes musulmanes.

Quelques-unes de ces fellahins sont jolies, lorsqu'elles sont jeunes encore et n'ont point été déformées par des enfantements trop précoces ; la couleur brun doré de leur peau, l'excessive simplicité de leur costume, la façon élégante dont elles portent le moindre fardeau sur leur main renversée, leur donnent l'apparence de ces canéphores antiques qui dessinent leur pur profil sur les bas-reliefs en marbre jauni par le temps. Je me rappelle m'être souvent arrêté sur la place de Roumélieh à contempler une jeune fille qui faisait partie d'une petite bande de saltimbanques. Les jambes et les bras nus, la tête serrée dans un sale mouchoir noir, vêtue d'une blouse bleue sanglée à la taille par une simple corde, maigre et svelte, regardant avec ces yeux si profondément doux des races méridionales, semblant ennuyée et comme attristée de ses propres farces, elle était charmante et faisait longtemps rêver. Elle pouvait avoir quatorze ans : par son visage arrondi, ses pommettes saillantes, ses larges oreilles ornées de grandes boucles d'argent, par ses lèvres épaisses et fermes, par les tendons très-saillants de son cou, elle avait une vague ressemblance avec les sphinx de granit accroupis immobiles et sérieux devant les temples.

Un homme, son père sans doute, criait, se contorsionnait, invoquait Dieu, martyrisait un jeune gamin d'une intarissable verve, parodiait tous les bruits dont la nature a affligé l'homme, donnait et recevait bon nombre de coups de pied, coups de poing, coups de bâton, avalait, avec efforts, des écheveaux de fil qu'il dévidait ensuite de sa bouche en imitant le murmure d'un rouet, chantait des vers obscènes, apostrophait les passants, pirouettait, dansait et se disloquait devant la foule ébahie qui riait en battant des mains. Les Égyptiens, curieux et crédules comme des enfants, aiment beaucoup ces spectacles auxquels, selon eux, se mêle toujours un peu de sorcellerie. Quelques-uns de ces paillasses musulmans sont de grands philosophes, et si le français, comme le latin, dans les mots bravait l'honnêteté, je te raconterais une scène dont j'ai été témoin, scène pendant laquelle un homme vomissait des pièces d'or avec des gestes monstrueux qu'il commentait par des mots d'une moralité terrible.

A côté des saltimbanques, viennent naturellement se placer les *psylles* qui sont fort redoutés au Kaire; les serpents leur obéissent, ils peuvent les chasser ou les attirer à volonté. Descendent-ils directement des ophiogènes de l'ancienne Égypte? Ont-ils appris par transmission héréditaire le secret des magiciens qui luttèrent contre Moïse devant le trône de Pharaon, ou ne sont-ils que de très-adroits prestidigitateurs qui jouent avec des serpents comme les nôtres jouent avec des muscades? Je n'en sais rien.

Je fus curieux de les voir de près, d'examiner leurs gestes avec des yeux non prévenus et de me rendre compte, s'il est possible, de leur manière d'opérer; j'en fis donc venir chez moi. Ils arrivèrent au nombre de trois : un vieillard, un jeune homme et un enfant de quinze ans. Ils portaient une besace dans laquelle grouillaient pêle-mêle quelques scorpions, deux vipères *hayeh* et une grande couleuvre noire qui se rencontre dans le Mokattam. L'enfant prit la couleuvre, s'en entoura le corps, l'approcha de ses lèvres et la fit glisser à différentes reprises entre sa blouse et sa chair nue. Il lui cracha dans la gueule, appuya fortement son pouce sur la tête de l'innocent reptile qui devint immédiatement droit et inflexible comme un bâton. Cette raideur qui étonne d'abord est, comme tu le sais, très-facile à obtenir. Il suffit de comprimer violemment le cerveau d'un serpent pour donner à celui-ci une attaque de catalepsie qui l'immobilise dans une raideur telle qu'on le briserait plutôt que de le ployer.

Le psylle, à ma prière, entra dans ma chambre, en fit le tour et revint en disant qu'il y avait une vipère. Il se déshabilla devant moi afin de bien me prouver qu'il n'y aurait dans son opération ni fraude, ni supercherie, et, frappant contre les murailles avec une courte baguette, il se mit à siffler sur un mode triste, monotone et lent. Puis il entonna une sorte d'incantation singulière et impérative qu'il interrompait pour recommencer son sifflement adouci. Il disait : « Au nom de Dieu clément et miséricordieux, je t'adjure ! je t'adjure ! Si tu es dedans, si tu es dehors, parais ! parais ! Je t'adjure par le nom si grand que je n'ose le dire ! Si tu veux obéir, parais ! Si tu veux désobéir, meurs ! meurs ! meurs ! » Puis il lançait en avant ses bras et son corps qu'il agitait en place. Il se tenait debout à la porte de ma chambre d'où je vis sortir un petit serpent grisâtre qui rampait avec agilité sur les nattes luisantes. Le psylle le saisit et me le montra avec orgueil en me demandant *bakhchich-kétir*, textuellement : *beaucoup de pourboire*. L'expérience était bien faite, je l'avoue, mais elle ne m'a pas convaincu ; le jeune incantateur a parfaitement pu, profitant d'un moment d'inattention de ma part, lancer dans la chambre une couleuvre qu'il avait, jusque-là, tenue cachée sous son aisselle.

Le psylle me proposa ensuite de me mettre, pour ma vie entière, à l'abri de toute sorte de morsures et de me donner le pouvoir de saisir sans danger les animaux les plus venimeux. J'acceptai avec joie, dans l'espoir d'un cérémonial quelque peu magique, et je m'abandonnai aux mains de cet enfant. Je m'accroupis en face de lui, il me prit la main en serrant le pouce, enroula un serpent autour de mon poignet et prononça sur moi des paroles rapides et saccadées ; il approcha de mon oreille sa couleuvre qui me mordit violemment ; il recueillit, avec son doigt, le sang qui coulait de la piqûre et l'étala par terre ; puis, deux fois, il me souffla dans la bouche, deux fois me fit souffler sur son gros serpent noir dont il avait entouré mon cou, deux fois passa sur mon oreille ensanglantée sa main mouillée de salive, me demanda encore ***beaucoup de pourboire*** et le tour fut fait. Tu vois que cela est fort simple et d'une initiation peu périlleuse.

Le jour même où je m'étais livré au facile plaisir de cet enfantillage, je pris mon fusil, je montai sur un âne et je m'en allai du côté de la *Tuerie* afin de tirer des oiseaux de proie qui sont là, drus et pressés comme des moineaux dans la cour d'une ferme. En dehors des murailles de la ville, sur un terrain aride et désolé, s'élèvent deux petits bâtiments carrés d'où s'échappent des miasmes infects ; ce sont les abattoirs. Autour vivent et pullulent des chiens hargneux, fauves et pelés, qui disputent les lambeaux de chair sanglants ou pourris aux gypaëtes à pattes jaunes, aux milans, aux vautours chauves, aux buses criardes, aux faucons et aux chacals qui ne rôdent que la nuit. Là, debout sur une de ces petites collines de débris qui avoisinent le Kaire, il est aisé de s'exercer au tir sur ces gros oiseaux rapaces ivres de sang et alourdis par l'abondance de leurs dégoûtantes ripailles. Toute cette plaine, qui semble lépreuse et malade, tant elle est sale et laide, est traversée par un immense aqueduc, construit autrefois par Saladin, et qui amène l'eau du Nil jusque dans la citadelle. En le suivant, vers le fleuve, on arrive au vieux Kaire, la Babylone de l'ancienne Égypte[1]. Ce fut là qu'Amr-ben-el-âs planta sa tente sur laquelle un pigeon s'arrêta et ce fut là qu'il bâtit sa mosquée. C'est une vaste cour entourée de quatre galeries, appuyée sur une forêt de colonnes, dont trois cent soixante-six sont encore debout.

Lorsqu'Amr voulut faire bâtir sa mosquée, il choisit un terrain qui faisait partie de l'héritage d'une veuve juive ; il offrit de le lui acheter, elle refusa ; le conquérant ne s'arrêta pas à si faible obstacle et voulut s'emparer de l'emplacement qu'il convoitait. Cependant, avant de rien entreprendre, il désira consulter Omar qui se trouvait alors à Yambo, port de l'Arabie, et il lui expédia un messager. Lorsque l'envoyé arriva près du khalife, ce dernier se promenait aux environs de la ville, près d'un endroit où l'on déposait les immondices. Il écouta attentivement les paroles du député de son lieutenant, et, se baissant vers la terre, il ramassa une tête de mouton dont il ne restait que les os blanchis ; ensuite, trempant son doigt dans l'encrier passé à sa ceinture, il traça sur le crâne qu'il tenait à la main une ligne droite et une ligne oblique. Puis, se tournant vers le messager attentif : « Porte cela, lui dit-il, à Amr-ben-el-âs, serviteur de Dieu l'unique. »

Lorsqu'Amr eut reçu la tête, il regarda longtemps ces deux lignes emblématiques dont la signification

1. Les sultans du Kaire sont toujours nommés *soudans de Babylone*, dans les *Chroniques* de Matthieu Pâris et du religieux de Saint-Denis.

n'avait été éclaircie par aucun commentaire, puis il s'écria tout à coup, comme illuminé par une révélation subite : « O khalife, tu as raison, il faut suivre la voie droite qui est celle de Dieu, et fuir la voie oblique qui est celle du Chitan le Lapidé. » De ce fait, il est resté un proverbe arabe : Prends garde à la tête de mouton ! Amr se tint pour averti ; il renonça à son projet de s'emparer de ce qu'on ne voulait pas lui céder de bonne grâce ; il fit venir la veuve juive et lui proposa de lui acheter de son champ la portion seule que pourrait couvrir la peau d'un bœuf nouvellement tué. La femme d'Israël accepta le marché en riant; Amr imita Didon ; il fit découper en lanières très-fines la peau d'un bœuf dont il entoura tout l'espace où s'élève aujourd'hui sa mosquée qui est bâtie, dit-on, sur le modèle de la grande mosquée de la Mecque.

Elle tombe en ruine ; on y entre comme dans une ville abandonnée ; les scorpions remuent entre les pierres ; les couleuvres s'y chauffent au soleil ; les hirondelles ont maçonné leurs nids sous les débris de la toiture. La fontaine aux ablutions s'est écroulée ; sur les dalles soulevées des galeries, il n'y a ni nattes, ni tapis ; des colonnes sont tombées, d'autres se sont fendues, la plupart oscillent de vieillesse. Cependant, lorsque l'inondation tardive ne monte pas vers les champs altérés, lorsque le Nil ne gonfle pas ses eaux bienfaisantes, lorsque les populations épouvantées redoutent la famine et les pestes qui la suivent presque toujours, les chefs de la religion, imans, ulémas, mollahs se rendent en cérémonie à la mosquée d'Amr ; le peuple les suit, les soldats les escortent ; les vieilles galeries désertes sont alors remplies par la foule et entendent le bruit des voix. Devant un kébla particulier, nommé *kébla de la crue du Nil*, on se prosterne et l'on prie Dieu de ne pas retarder plus longtemps l'inondation espérée. Le lendemain, dit-on, le Nil commence à croître.

Ce n'est pas, du reste, la seule merveille de la mosquée d'Amr. Dans le coin sud-ouest murmure une source entourée d'une petite margelle à ras de terre ; l'eau qui y coule vient directement du puits Zem-Zem. L'an dernier, tu vois qu'il n'y a pas longtemps, un pèlerin du Moghreb y retrouva sa tasse de cuivre qu'il avait laissé tomber dans le puits Zem-Zem, lors de son pèlerinage à la Mecque. Ceci ne fait doute pour aucun musulman ; lorsque l'on essaye sottement de leur démontrer qu'un ruisseau ne peut venir de la Mecque au Kaire à travers les déserts et la mer Rouge, ils répondent paisiblement : « *Allah akbar*, Dieu est le plus grand ; » et, en vérité, ils ont raison.

Près du kébla principal de la mosquée, parmi les colonnes qui l'entourent, il en est une dont le fût se distingue par une dépression assez sensible et par une veine qui semble avoir été cinglée après coup. Écoute son histoire, cher Théophile, et tourne-la en vers, comme disent les bonnes gens. Le khalife Omar était non-seulement commandeur des croyants, mais il avait en outre une grande science de magicien. Un jour qu'il se promenait sous les galeries de la mosquée de la Mecque, il pensa à Amr et regarda du côté du Kaire. Il aperçut son lieutenant fort occupé à donner des ordres aux ouvriers qui construisaient sa mosquée et qui venaient de dresser une colonne auprès du kébla. Omar reconnut facilement à travers les espaces que cette colonne était mal taillée dans un mauvais marbre, mal assise et qu'en tombant plus tard elle compromettrait a solidité de l'édifice entier. Il se tourna alors vers un des piliers qui l'entouraient et lui ordonna de se rendre au Kaire sans délai et de prendre la place de la colonne défectueuse. Le pilier trembla légèrement et reprit son immobilité. Omar, étonné, le poussa violemment avec la paume de sa main en réitérant son ordre ; le pilier s'agita comme pris de vertige, tourna sur lui-même, mais n'obéit pas ; Omar, furieux, le frappa de son courbach, en s'écriant cette fois : « Au nom de Dieu clément et miséricordieux, va ! — Pourquoi avais-tu oublié d'invoquer Dieu ? » répondit le pilier en prenant son vol et en venant tout à coup se placer naturellement devant le kébla de la mosquée égyptienne. La dépression et la veine cinglée qu'on y voit encore sont la trace de la main et du coup de fouet du khalife. Cette colonne est inébranlable ; Dieu seul pourrait l'abattre et alors la mosquée s'écroulerait.

Dans le vieux Kaire et près de cette mosquée, je visitai une église desservie par les Coptes, et dédiée à saint Sergius. C'est une pauvre chapelle ornée de mauvaises peintures et de quelques sculptures sur bois où se trouve le poisson, symbole anagrammatique de Jésus-Christ. La messe y ressemble plus à une causerie qu'à une prière solennelle et commémorative d'un sacrifice unique. Au-dessous de l'église s'étendent des cryptes bien conservées et évidemment fort anciennes; c'est là que, pendant sa fuite en Égypte, la sainte Famille se serait réfugiée. « Jusqu'où ont été Jésus, Joseph et Marie ? demandai-je à un jeune prêtre copte qui m'accompagnait. — Jusqu'à la montagne de cuivre qui est en face de Girgeh, me répondit-il, mais pas plus loin. »

Un autre endroit très-célèbre dans les traditions chrétiennes de l'Égypte est un village qui s'élève à deux lieues du Kaire, près des ruines d'Héliopolis, aujourd'hui nommée *Aïn-Chems* (la fontaine du Soleil). C'est là le véritable lieu consacré du *repos en Égypte*.

L'Évangile apocryphe de l'Enfance, que l'on a attribué à saint Pierre, à saint Matthieu, à saint Thomas, à saint Jacques, à des Nestoriens, à un Marcosien, à Basilide, à un sectateur de Manès, cet Évangile dont Mahomet eut certainement connaissance, car il y fait allusion dans le chapitre de la *famille d'Amram* en mettant dans la bouche de Jésus les paroles suivantes : « Je formerai de boue la figure d'un oiseau, je soufflerai dessus, et par la permission de Dieu, cet oiseau sera vivant ; » cet Évangile enfin, qui n'est qu'une tradition légendaire de la vie du Christ, raconte qu'après avoir rencontré dans un désert les deux voleurs Titus et Dumachus, qui devaient être crucifiés plus tard à côté de Jésus, et dont l'un était destiné à le précéder dans le ciel, saint Joseph, la Vierge et le fils de Dieu « vinrent ensuite à un sycomore que l'on appelle aujourd'hui *Matarea;* le Seigneur Jésus fit paraître à cet endroit une fontaine où Marie lava sa tunique; et le baume que produit le pays vient de la sueur qui coula des membres de Jésus. »

Matarea se nomme à cette heure *Mataryeh*, et je m'y arrêtai en me rendant à Héliopolis. La route qui y conduit donne une idée de l'Égypte tout entière : une prairie côtoyée par un désert. Partout où l'inondation a déposé son limon fécondant l'herbe monte haute, touffue, verte, appétissante ; là où elle s'est arrêtée, le sable commence et s'étend à perte de vue. La séparation est nette, tranchée, sans transition. A chaque pas on peut poser un pied sur un champ cultivé et l'autre sur le désert où quelques rares oasis verdoient sous les palmiers.

Le jardin traditionnel de Mataryeh appartient à des Coptes; il est soigné, épousseté et composé de plates-bandes bêtement encadrées de buis taillé; un ruisseau abondant y coule qui est celui que suscita Jésus; au milieu d'une grande allée sablée, convenablement entourée de fleurs, s'épanouit un sycomore immense, plus gros que le platane de vingt-huit pieds de tour que tu as vu dans les jardins du vieux Seraï, près de la Monnaie de Constantinople. C'est sous son ombrage que la sainte Famille s'est reposée, c'est là que l'Enfant, épuisé de fatigue, a dormi sur les genoux de sa mère. Selon Vansleb, curé de Fontainebleau, l'arbre historique serait mort et tombé de vieillesse en 1656, et celui-ci ne serait que son héritier. Cela peut être et m'inquiète médiocrement, mais tel qu'il est, avec ses branches énormes, ses feuilles nombreuses, son tronc colossal littéralement couvert de noms grecs, coptes et arméniens, ses branchettes ornées de chapelets, ses racines sorties de terre et ondulées comme de gigantesques serpents, il m'a semblé un des plus beaux arbres que jamais j'aie vus. A l'époque de Noël, les Coptes viennent y faire des prières.

Au delà de Mataryeh, c'est Aïn-Chems, l'ancienne Héliopolis, où quelques masures sont groupées autour d'un jardin arrosé par une source digne de son nom.

C'était la ville du Soleil. Hérodote, Platon, Eudore y séjournèrent et discutèrent dans le collége des prêtres. Dans le temple précédé par un dromos de sphinx, on nourrissait le bœuf Mnévis; Psammetich, Tothmès III, Osortasen y élevèrent des obélisques;

Cambyse la ravagea, la brûla, la détruisit. Abd-el-Latif y aperçut encore « des figures effrayantes et colossales de pierre de taille, qui ont plus de trente coudées de long, et dont tous les membres sont dans des dimensions exactement proportionnées. »

Maintenant il ne reste rien. Les lacs, dont parle Strabon, ont été bus par le désert. Seul, au milieu du jardin, se dresse un obélisque qui porte les cartouches d'Osortasen. Les frelons ont si bien fait leurs nids dans l'entaille des hiéroglyphes que ceux-ci sont devenus indéchiffrables. L'enceinte de la ville antique se distingue encore sous les collines de décombres qui la recouvrent; elle était en briques crues et s'ouvrait de distance en distance par des portes formées de jambages monolithes en calcaire tendre et couverts d'inscriptions.

Je comptais séjourner à Aïn-Chems, afin de faire quelques pointes dans le désert, mais le mauvais temps m'en chassa. Un vent du nord-ouest était venu et avait amené de gros nuages qui crevaient au-dessus du Kaire et de la campagne. Pendant cinq jours il plut sans discontinuer et je restai tranquillement chez moi; le sixième, par une embellie, j'essayai de sortir. La ville ressemblait à un étang mis à sec; les maisons s'étaient délayées dans les rues. Je rentrai vite mettre des bottes de chasse et je revins me promener curieusement à travers les deux pieds de fange qui débordaient par les carrefours et les bazars. Les ânes tombaient dans la boue où les fellahs marchaient pieds nus en grelottant; on tamponnait le dessous des portes pour arrêter ce flux de vase épaisse; là où la terre détrempée s'était un peu consolidée, on allait vite en chercher des paquets qu'on pétrissait à belles mains et qu'on appliquait aux fissures que les pluies avaient ouvertes dans les maisons. Le bruit des voix était dominé par le clapotement des pieds pataugeant dans les mares ; la ville semblait toute noire et comme en deuil; les cités orientales ne sont bonnes à voir que sous le soleil. Heureusement il reparut, car, si la pluie avait continué pendant une semaine encore, le Kaire se serait peu à peu écoulé vers le Nil.

Huit jours après, il n'y paraissait plus; la ville était séchée. Ce fut au mieux, car on avait besoin de beau temps ; la caravane de la Mecque allait revenir, on l'attendait d'un moment à l'autre. Enfin on apprit qu'elle était signalée, et un matin la moitié de la population sortit par *Bab-en-nasr* (porte de la Victoire) pour aller au-devant des pèlerins.

Une des femmes de Toussoum-Pacha, père du vice-roi actuel, avait fait le pèlerinage ; aussi dès la pointe du jour tous les dignitaires du gouvernement égyptien étaient partis pour se porter à sa rencontre.

A peine hors de la ville, je vois arriver les premiers *Hadjis* montés sur des dromadaires empanachés et tout sonores de grelots. Quelquefois une famille entière, homme, femme et enfant, s'agite sur une sorte de lit qu'abrite un tendelet et que soutient sur son dos un chameau vigoureux. Il y a là, dans cette foule qui revient, des pèlerins de toutes nations, nègres, Syriens, Circassiens, Turcs, Arabes, Moghrebins ; leur visage brun et maigri annonce de grandes fatigues, leurs cils sont devenus tout blancs sous l'impalpable poussière du désert ; des *coufiehs*, autrefois jaunes et rouges, pendent en guenilles le long de leurs joues creuses et ridées. « Soyez les bien revenus ! » leur crie-t-on de toutes part ; ils répondent : « Et vous, soyez les bien retrouvés! » Dans la plaine, deux longues lignes de cavaliers se déploient, courent, galopent, s'arrêtent, tournent en cercle et font mille évolutions en frappant sur de petites timbales accrochées à leur selle. Ce sont les soldats irréguliers, Turcs syriens pour la plupart, qui ont accompagné la princesse dans son voyage. Ils se livrent à ces fantasias, qu'ils chérissent, en brandissant leur lance haute de quinze pieds et ornée à la pointe d'une houppe de plumes d'autruche noires, enjolivement traditionnellement reçu des Turcomans du Mouton noir, et que je retrouvai plus tard dans la Syrie et dans l'Anatolie.

Parmi la foule qui se presse, on se recherche, on se rencontre, on s'embrasse, on se serre les mains, on se complimente. Les uns chantent et se réjouissent, les autres pleurent et se désolent, car la mort a emporté ceux qu'ils comptaient retrouver au retour. Des femmes poussent leur zagarit aigu ; d'autres femmes s'arrachent les cheveux, déchirent leur voile et jettent du sable sur leur tête. Les dromadaires impassibles marchent lentement, comme en cadence, au milieu de ce tumulte et de cette agitation.

Auprès d'*Assoua*, nouveau palais que le vice-roi s'est fait construire dans le désert, des tentes sont piquées, car c'est là que la princesse s'est arrêtée. A l'ombre d'un pan de muraille, les pachas et les beys sont réunis, laidement vêtus de tuniques bleues à parements rouges chargés de broderies brillantes. Leurs chevaux, promenés ou tenus en main par des *saïs* (palefreniers) sont, presque tous, d'une remarquable beauté. Deux escadrons de lanciers et deux compagnies de mameluks se déploient devant le palais.

La tente de la princesse est, extérieurement du

moins, fort simple; ronde, surmontée d'un toit pointu, rattachée à de nombreux piquets, elle ressemble à toutes les tentes de campement en usage dans les pays orientaux. Les dimensions seules en diffèrent, car elle est très-grande et divisée en plusieurs compartiments.

A côté, ruminent les chameaux chargés de la litière dans laquelle la princesse a traversé sa pénible route. Cette litière (*takhtérouan*) ressemble aux habitacles des gondoles vénitiennes. Emmanchée dans de doubles brancards, comme une chaise à porteurs, elle est soutenue à l'avant et à l'arrière par deux chameaux, dont le dernier a forcément la tête engagée sous ce coffre incommode qu'il heurte du front à chaque pas. Garnie de divans, ornée de rideaux de soie passementés d'or, cette boîte est spacieuse et peut facilement contenir cinq ou six personnes. Ces dromadaires ont un splendide harnachement dont nos maigrelettes civilisations ne sauront jamais approcher. Leurs dos velu disparaît sous un drap rouge brodé d'or et frangé de clochettes résonnantes; sur leur tête ondulent de hauts panaches en plume d'autruche et de marabout; des jugulaires, composées de coquillages, de perles, de plaquettes de cuivre, entourent leurs mâchoires; le long de leur cou descend un réseau de verroteries, qui va s'accrocher à leurs flancs; enfin, au-dessus des genoux s'enroulent de larges jarretières en velours noir semé de fragments de miroirs, de grelots, de coquilles blanches et de piastres trouées.

La princesse sortit du palais, monta dans une calèche et se rendit au Kaire, suivie par les pachas, les beys, les lanciers, les mameluks et les soldats irréguliers qui galopaient devant et autour d'elle.

Le lendemain était encore jour de fête, car on devait

faire entrer solennellement dans la ville le tapis sacré qui a touché la Kaaba, cette maison de Dieu que les anges aidèrent Abraham et son fils Ismayl à bâtir.

J'avais fait retenir une place dans une boutique située sur le parcours du cortége; je m'installai de bonne heure et j'attendis; la foule remplissait les rues; des têtes curieuses se montraient aux volets entr'ouverts des moucharabyeh; des marchands de confitures, de gâteaux, de sorbets, de graines de sésame pétries dans du miel passaient en criant; quelques pachas attardés se hâtaient à travers le peuple qui s'écartait sous le fouet des saïs; toute la ville était sur pied.

Vers midi une salve d'artillerie éclata du côté de la citadelle, et quelques instants après la plèbe refoulée s'écarta devant le cortége qui s'avançait. Deux régiments, musique et colonel en tête, défilèrent d'abord avec leurs vêtements de cotonnade blanche et leur tarbouch rouge, précédant immédiatement une petite pièce de canon traînée par quatre mulets, qui ont accompagné la caravane pendant son long voyage. Des derviches viennent ensuite en grand nombre et psalmodient des versets du Koran. Puis marche le dromadaire qui porte le tapis (*mak-mal*), abrité sous un catafalque pointu en drap rouge brodé et surbrodé d'or; les longs cordons sont soutenus à la main par des imans qui vont à pied ; des musiciens l'entourent avec des darabouks qui sonnent et résonnent sous les coups pressés ; derrière, sur un haut dromadaire, un vieillard tout nu, frotté d'huile, luisant, maigre, décharné, se démène comme un épileptique. Sa barbe, longue et blanche, flotte jusque sur son ventre ; il agite violemment la tête en roulant des yeux hagards ; il se frappe la poitrine avec ses mains osseuses et pousse des cris rauques comme ceux d'un léopard affamé. Le cortége est flanqué et fermé par les cavaliers irréguliers vêtus de tout costume, armés de toute arme, coiffés de toute coiffure et battant les petits tambourins placés devant eux sur la selle de leurs chevaux. Dès qu'ils sont passés, la haie des curieux s'écroule à leur suite et chacun les accompagne en courant.

Ils vont ainsi jusqu'à la place de la Citadelle, où le vice-roi les attend pour recevoir le tapis sacré qu'il baisera en se prosternant.

Huit jours après cette cérémonie, l'Ezbekyeh se remplit de chants nocturnes et d'illuminations; des tentes grises, doublées d'étoffes de toutes couleurs, furent piquées dans les larges allées, où se dressaient des mâts, chargés de lanternes suspendues et balancées à des ficelles. Auprès des plus grands pavillons flottait l'étendard bariolé des santons célèbres; sous des mimosas, les dromadaires couchés ruminaient à côté des tentelettes où dorment leurs chameliers. Les saltimbanques, les bateleurs, les baladins, les athlètes, les lutteurs, les jongleurs, les bohémiens faisaient résonner leurs bruits, leurs musiques et leurs cris dans les rues voisines. Des marchands de friandises s'étaient établis devant chaque maison et la civilisation européenne se trouvait représentée par un musée de figures en cire que nul n'allait voir.

Tout ce tumulte de réjouissances avait lieu pour l'anniversaire de la naissance de Mahomet. En effet, c'est dans la nuit du 11 au 12 *Rabiiel-aoual* (troisième mois de l'année musulmane; en 1850 il commença le 14 janvier), que le Prophète fut donné au monde. Les derviches se rassemblent sous leurs tentes séparées, et là, réunis en cercle, assis ou debout, selon leur ordre, tranquilles ou convulsés, ils hurlent le nom de Dieu ou chantent lentement la première phrase de la profession de foi : « Il n'y a d'autre Dieu que Dieu ! »

Un soir, je pris un vêtement arabe afin de pouvoir me mêler plus facilement aux dévots, et j'allai vers l'Ezbekyeh. On portait processionnellement des tapis et des étendards provenant sans doute de quelques cheikhs révérés ; les derviches bavaient et s'affaiblissaient de fatigue ; les curieux les regardaient avec une admiration presque épouvantée. En passant dans une rue, près d'une petite mosquée, j'entendis le bruit des flûtes et les battements précipités des tambourins. J'entrai, laissant mes chaussures à la porte, et j'allai m'accroupir sur les nattes, immobile et égrenant un chapelet entre mes doigts.

Des lampes allumées pendaient à la voûte, une atmosphère chaude et pesante planait dans la salle. Assis devant le kébla, un iman faisait face à cinq ou six musiciens placés en demi-cercle qui soufflaient dans d'aigres flageolets et tapotaient en mesure sur de petites timbales, pendant que des hommes en sueur chantaient à toute poitrine les deux cent douze épithètes traditionnellement consacrées à célébrer le Prophète de Dieu. Au milieu d'eux, un homme dansait, tenant un large tambour de basque sur lequel il frappait à coups redoublés. Les yeux levés et comme disparus sous la prunelle, la tête nue et rasée, les membres luisants, la bouche entr'ouverte et blanchie d'écume, fou, haletant, forcené, il bondissait, sautait, accélérant toujours la mesure et jetant parfois un cri qui ressemblait à un râle d'agonisant. Tout à coup il tourna rapidement sur lui-même et fondit tête baissée sur la foule qui remplissait la mosquée ; les musiciens se jetèrent sur lui, le saisirent à bras le corps et le déposèrent évanoui, roide, en catalepsie, devant l'iman, qui s'écria : « Dieu est le plus grand ! Dieu est le plus grand ! » Je sortis.

Ce soir-là, les cris, les prières, les chants, les contorsions avaient redoublé, car le lendemain c'était le *Dosséh* (piétinement), dont voici l'origine.

Il y a bien longtemps, sous le règne d'un sultan mameluk, un santon très-pieux et faiseur de miracles, nommé *Saad-Eddin* (bonheur de la religion), dressa ses tentes près du Kaire, avant de traverser les sables et la mer Rouge pour se rendre à la Mecque. Dès que le sultan eut appris que ce saint homme était arrêté dans les environs de la ville, il descendit vers lui, escorté d'une grande suite, et le pria de vouloir bien venir habiter dans son palais. Le cheikh refusa. Le sultan ne se tint pas pour battu ; il revint le lendemain, apportant des cadeaux magnifiques, et supplia de nouveau Saad-Eddin d'entrer au Kaire : « Je le veux bien, répondit celui-ci, mais j'y ferai un miracle éclatant, afin que les musulmans prévaricateurs écoutent ma voix et se repentent de leurs péchés qui sont en abomination aux yeux de Dieu l'unique. » On disposa alors, d'après l'ordre de Saad-Eddin, et sur la route qu'il devait parcourir, tous les vases de verre qu'on put trouver dans la ville. Il monta à cheval et se rendit de sa tente au palais du sultan sur cette voie fragile, sans briser un seul verre. C'est en commémoration de cet événement merveilleux qu'on exécute le dossêh ; seulement, à cette heure, au lieu d'étendre des bouteilles et des flacons sous les pas du cheval, on y met des hommes.

Le chef des derviches *saadites* (ordre fondé par Saad-Eddin) et des derviches *rafaïtes* (ordre fondé par Rafaï, disciple de Saad-Eddin) a seul le droit de passer à cheval sur le sentier humain déroulé devant lui. En 1850, c'était au cheikh Khodary, chérif, qu'était réservée cette tâche glorieuse. Il ne peut l'accomplir que s'il a passé la nuit entière à réciter sans cesse les attributs de Dieu, afin d'attirer sur son œuvre les bénédictions du ciel.

Une multitude immense et diaprée de tous les costumes de l'Orient remplissait l'Ezbekyeh. Je m'étais juché sur un petit mur qui dominait l'emplacement réservé à la cérémonie. Sur les maisons, sur les arbres, sous les tentes il y avait des curieux ; il y en avait à pied, en voiture, à cheval, sur des ânes, sur des dromadaires. Un vent de nord-est dur et froid soufflait sans relâche. Je grelottais comme en plein hiver parisien.

Après deux longues heures d'attente, vers midi, je vis de grands mouvements qui se faisaient au loin, et à travers la foule j'aperçus une autre foule qui ondulait comme un serpent. Demi-nus, enivrés de leurs propres hurlements, fanatisés de macérations et d'abstinence, des hommes marchaient en sautant autour des étendards qu'on portait parmi eux. Escortés par des eunuques qui frappaient à grands coups de bâton ceux qui sortaient des rangs, ils poussaient tous des cris inarticulés dont la rumeur éclatante et confuse bruissait comme une tempête. Quelques-uns d'entre eux s'étaient passé dans les muscles pectoraux ou dans les lèvres des broches de fer qu'ils avaient alourdies d'une orange aux deux extrémités. La broche et les oranges tremblottaient, à chaque mouvement, dans leur chair ensanglantée. Ils arrivèrent ainsi, courant, se bousculant, refoulant la multitude qui ne s'écartait pas assez vite devant ce flot furieux; sous la surveillance et le bâton des eunuques, ils se couchèrent par terre, l'un à côté de l'autre, sur le ventre, tête-bêche, comme l'on dit, les bras allongés contre le corps, impassibles et disant tout bas quelque prière dont le murmure étouffé ressemblait au bourdonnement d'une ruche.

Un homme passa plusieurs fois sur tous ces corps, tassant les uns, écartant les autres et les foulant aux pieds. Enfin, un grand silence se fit et cheikh-Khodary apparut, monté sur un cheval bai brun que deux saïs tenaient en main. Son visage très-pâle était encadré d'une jeune barbe noire, son front portait un turban en cachemire vert. Il regarda avec une sorte d'effroi cette route où peut-être deux mille hommes étaient étendus. Il arrêta son cheval, leva les mains vers le ciel et pria; puis à un geste qu'il fit, les saïs entraînèrent son cheval, montèrent sur cette route humaine et l'étrange voyage commença. Le cheikh tendait toujours ses mains vers Dieu, il se renversait peu à peu comme succombant sous le poids de sa mission; deux hommes s'étaient élancés qui le soutenaient par derrière; toutes les fois que son cheval mettait le pied entre deux corps, il était secoué sur sa selle et semblait près de tomber. A mesure qu'il passait, les patients volontaires se relevaient et se perdaient dans la foule qui se ruait vers eux. Je n'entendis pas un cri de douleur, pas une plainte. Le cheikh entra dans une grande maison où sa tâche était terminée. Au reste il n'avait plus conscience de lui-même; quand on le descendit de cheval, il était évanoui.

Jadis aucun verre ne fut brisé sous la chevauchée de Saad-Eddin; aujourd'hui, sous celle de ses successeurs, nul ne doit être blessé ou tué. Si quelqu'un a été meurtri, c'est qu'il a douté de la miséricorde de Dieu ou ou'il était en état d'impureté.

Maintenant, cher Théophile, si tu veux avec moi oublier ces férocités sérieuses et respectables d'une foi ardente, nous irons ensemble visiter les pyramides et regarder ce sphinx qui n'a point encore dit le mot de son énigme.

J'avais, dès le matin, fait partir mon domestique avec le bagage et quelques provisions ; je me mis en marche vers midi. Je traversai le Nil au vieux Kaire, près de l'île de Rodah tout éclatante de verdure, et j'abordai à Gizeh, à quelque distance du village d'*Embabeh* où les Mameluks furent si rudement culbutés par notre infanterie française. Sur le rivage s'amoncelaient des tas de blé, de doura, de riz, vers lesquels s'abattaient des bandes d'oiseaux pillards. Des ibis blancs et des cigognes se promènent gravement à côté des buffles entravés dans les champs. L'herbe verte pousse partout, dans les plaines et sous les palmiers qui abritent les dômes blanchis de quelques cheikhs vénérés. En passant près d'un village de boue et de paille, des Bédouins m'entourent et me proposent de me guider parmi les tombeaux qui avoisinent les pyramides. Ils aident mon cheval et mes hommes à traverser les mares fangeuses qui coupent la route.

A mesure que l'on approche, les pyramides grandissent, on en distingue les assises ; le sphinx apparaît ; un vent tiède souffle du côté du désert et m'enveloppe comme un large baiser.

Tout à coup, la verdure cesse brusquement et le sable commence. Je lançai mon cheval au galop et je l'arrêtai devant le sphinx rose qui sortait des sables rosés par le reflet du soleil couchant. Enfoui jusqu'au poitrail, rongé, camard, dévoré par l'âge, tournant le dos au désert et regardant le fleuve, ressemblant par derrière à un incommensurable champignon et par devant à quelque divinité précipitée sur terre des hauteurs de l'empyrée, il garde encore, malgré ses blessures, je ne sais quelle sérénité puissante et terrible qui frappe et saisit jusqu'au profond du cœur. Je comprends bien les Arabes qui l'appellent maintenant *abou-el-houl*, le Père de l'épouvante ! Avant-garde des pyramides, impassible sous le ciel, que fait-il là depuis cinquante siècles au milieu des solitudes? les Pharaons, les Éthiopiens, les Perses, les Lagides, les Romains, les chrétiens du Bas-Empire, les conquérants arabes, les Fatimites, les Mameluks, les Turcs, les Français, les Anglais ont dormi à son ombre; les temps, les nations, les religions, les mœurs, les lois ont défilé devant lui; chaque mot de l'histoire a frappé sa large oreille entourée des bandelettes sacrées; on est tenté de lui dire : « Oh ! si tu pouvais parler ! » Quel est-il et que fait-il là ? Est-il la muette sentinelle du désert libyque? Est-il l'immobile gardien de ces montagnes bâties à mains et à existences d'hommes? Est-il le symbole toujours cherché et toujours introuvé de l'inconnu qui nous sollicite et nous attend? Ou n'est-il seulement qu'une fantaisie grandiose et olympienne d'un roi des temps passés qui voulut perpétuer son nom que nul ne sait plus aujourd'hui ?

Enraciné aux rochers de la chaîne libyque dans lesquels on l'a taillé en abaissant les terrains voisins de toute sa hauteur propre, il disparaît chaque jour sous les sables envahissants; sa croupe, son dos, ses pattes en sont couverts ; devant lui, à son ombre, les Bédouins viennent souvent s'étendre, et les vautours fatigués se reposent sur sa tête.

Je fis rapidement, à cheval, le tour des pyramides, étonné, écrasé devant leur masse dont des mesures mathématiques peuvent seules donner idée [1] ; puis j'entrai sous ma tente dressée près des tombeaux. Le soleil couchant empourprait les chaînes du Mokattam sur lequel la mosquée de Méhémet-Ali se dessinait en blanc, et il allongeait jusqu'au Nil, à travers la verte campagne, l'ombre immense des pyramides. Le soir, en prenant mes notes avant de m'étendre sur mon lit de campement, j'entendais hennir les chevaux entravés, et j'écoutais le chant monotone et triste que psalmodiaient les Bédouins en creusant dans le sable les trous où ils vont passer la nuit.

Les pyramides ont des noms consacrés par la tradition des historiens de l'antiquité ; la première est celle de Chéops, la seconde, celle de Chéphren, et la troi-

1. Voici, à ce sujet, un curieux calcul fait par les traducteurs de Strabon : « Connaissant la base et la hauteur des pyramides, on trouve, pour la solidité :

« 1° De la grande pyramide.... 2,620,000 mètres cubes.
« 2° Du *Chéphren* .... 1,880,000 —
« 3° Du *Mycérinus*........... 193,000 —

« De manière qu'en supposant qu'avec toutes les pierres qui entrent dans chacune des pyramides on voulût construire un mur de 3 mètres de haut et de 1/3 de mètre de large, on pourrait avoir, avec les pierres :

« 1° De la grande, un mur de........ 262 myriamètres.
« 2° Du *Chéphren*.................. 188 —
« 3° Du *Mycérinus*................. 19 —

« Ainsi, toutes les pierres des trois pyramides feraient un mur de 469 myriamètres, ou 1,054 lieues de longueur, c'est-à-dire un mur qui pourrait traverser l'Afrique, depuis Alexandrie jusqu'à la côte de Guinée. » (Strabon, liv. XVII, tome V, page 395. — Paris, 1819, imprimerie royale.)

sième enfin, celle de Mycérinus : *Choufou*, *Chafra*, *Menkéré*.

On monte facilement au sommet de la première, et le jour n'était pas encore levé, que j'étais prêt à en faire l'ascension. Chacune des assises servant de degré est un bloc d'environ un mètre de hauteur, ce qui exige des enjambées d'une belle ouverture. Deux Bédouins me prirent les mains ; deux autres, marchant sur les côtés, me poussèrent par les reins ; donc, hissé par devant, aidé par derrière, j'arrivai fort essoufflé, au bout d'un quart d'heure, sur la plate-forme qui termine la pyramide de Chéops. Cette plate-forme a trente-neuf mètres trente centimètres de tour, et, vu d'en bas, le sommet semble aigu. Dès que je fus arrivé, les Bédouins se mirent à faire de grands cris et me demandèrent naturellement un *bakhchich-kétir* ; puis l'un d'eux, un vieillard, entreprit de me raconter la bataille des Pyramides. Il me parlait de Bouénaberdi, sultan Kébir (le grand sultan) ; il montrait souvent du doigt le village d'Embabeh ; mais je ne compris rien à son difficile langage, sinon qu'après la bataille les Bédouins avaient décapité beaucoup de Mameluks.

Dans l'est, il y a de la brume ; peu à peu elle devient transparente, et le soleil en jaillit plutôt qu'il n'en sort. Le brouillard se tasse, se pelotonne, se floconne comme un champ de duvet et semble se dresser devant l'horizon que dominent toujours les minarets aigus de la mosquée de Méhémet-Ali. Au-dessous de nous, la verdure est sombre, presque noire, tachée çà et là par des villages et des flaques d'eau. Au sud, les petites pyramides de Sakkara se dessinent dans la lumière du soleil levant sur leur montagne aride qui s'abaisse tout à coup près des palmiers de l'ancienne Memphis. Au nord, c'est une étendue infinie de terrains moitié prairies et moitié sables. A l'ouest s'allonge à perte de vue le désert libyque, mamelonné de petits monticules que le vent déplace chaque jour. De grands ravins y déroulent des méandres grisâtres, semblables au lit d'un fleuve desséché; des rochers violacés lèvent leur tête au milieu des sables où j'aperçois courir quelques chacals attardés. Le faîte de la pyramide de Chéphren est couvert de vautours.

Tous les bourgeois qui ont eu cette fortune de parvenir au sommet de la grande pyramide y ont gravé leur nom. Les pierres de la plate-forme disparaissent sous ces ridicules monuments de bêtise et de vanité. Il y a des noms de tous les pays et de toutes les langues; j'ai vu là tous les croquis politiques, artistiques ou impurs qui ont si souvent égayé les murailles de Paris. Les noms anglais abondent à côté de quelques noms de soldats français écrits à la pointe d'une baïonnette. Il y a des voyageurs qui ont fait de cela une enseigne, une réclame. J'ai lu en grosses lettres : BUFFARD, FABRICANT DE PAPIERS PEINTS, A PARIS. Quel est donc ce méchant vers latin que nous appliquions au collége à ceux de nos camarades qui écrivaient leur nom sur les murailles, n'est-ce pas :

Nomina stultorum semper parietibus insunt?

Jamais proverbe ne fut plus vrai que celui-là. J'ai souvent désiré faire un voyage à travers les terres classiques, uniquement pour effacer ces écrivailleries d'écolier qui déshonorent les édifices; mais la vie et les forces d'un homme ne suffiraient pas à si rude et si noble besogne[1].

Du haut de la pyramide de Chéops on distingue la double et basse enceinte qui entoure Chéphren et qui, de près, paraît de niveau avec la base. Le sommet pointu a conservé son revêtement, sur lequel les fientes des vautours semblent les veines blanches d'un marbre de couleur. Elle est ouverte comme les deux autres. On pénètre jusqu'à son cœur ; mais le secret est resté bien caché, et nul ne pourrait le dire.

Je visitai successivement l'intérieur des trois pyramides, en commençant par celle de Chéops. Je descendis facilement de la plate-forme, sans danger, par la face nord-est, jusqu'à la quinzième assise, où se trouve l'ouverture actuelle dont la baie, surmontée de deux larges pierres opposées à angle obtus, est entourée d'une inscription en hiéroglyphes modernes, tracée par le docteur Leipsius, qui compare modestement le roi de Prusse à Ramsès-Sésostris. On glisse d'abord dans un canal incliné qui aboutit à un autre semblable, mais ascendant; on s'y traîne, on y rampe comme on peut sur la poussière et à travers les chauves-souris qui volent par milliers dans ces étroits et obscurs couloirs. Des Bédouins vont devant et derrière, portant des bougies allumées. Ce passage est le seul qui offre quelques difficultés, et l'on arrive bientôt dans une grande salle dite *Chambre du roi*, dont les parois sont en granit; au milieu s'élève un énorme sar-

1. Les lignes qui précèdent m'ont porté malheur. Un rapin malfaisant, qui les a lues sans doute, s'est amusé à écrire mon nom, en grosses lettres capitales, sur plusieurs temples de l'Égypte et de la Nubie inférieure. — Je proteste contre cette profanation, et je supplie ceux qui liront ce livre et qui voyageront sur le Nil de vouloir bien effacer cette ineptie, que je suis incapable d'avoir commise.

cophage sans sculptures, sans inscriptions, muet et vide. De là, en passant encore par de longs corridors, on se rend dans une salle pareille à la première, contenant aussi un sarcophage, et que l'on nomme la *Chambre de la reine.*

Comme je regagnais l'ouverture et la lumière, dans le canal ascendant dont je viens de te parler, je me rencontrai avec un Anglais, accompagné de ses guides. Il commençait l'excursion que je finissais. Nous étions face à face, tous deux marchant à la fois sur les pieds et sur les mains ; nous nous sommes fait de grandes politesses, longtemps nous avons hésité à passer l'un devant l'autre, nous avons échangé une rapide poignée de main en signe d'entente cordiale, et nous avons continué notre route en riant de notre posture et de notre visage noirci de poussière.

L'intérieur de Chéphren ressemble à celui de Chéops; les couloirs moins longs, mais croulants, troués et souvent dangereux, aboutissent à une chambre où Belzoni prétendit avoir trouvé des ossements de bœuf lorsqu'il découvrit l'ouverture de cette pyramide, au mois de mars 1818.

Les corridors de la pyramide de Mycérinus sont peuplés d'animaux; les chauves-souris y voltigent en faisant entendre leur petit cri strident qui ressemble au grincement d'un canif sur une vitre; des geskos à tête plate rampent sur les murailles et vous regardent avec leurs gros yeux jaunes ; des insectes de forme hideuse se traînent sous vos pieds ; tout cela répand une odeur aigre et désagréable. La salle où se trouvait le sarcophage est effondrée en plusieurs endroits et communique, par deux couloirs, à une chambre carrée, creusée de deux cabinets au fond et de quatre sur le côté droit.

Des trois grandes pyramides, celle de Mycérinus est la plus dégradée. Les gros blocs de granit qui en formaient jadis le revêtement gisent autour d'elle. Le sommet est écorné, et partout on distingue le travail des pics et des pioches. Le fils du sultan Saladin, Malek-el-Aziz-Otsman-ben-Youssouf, avait essayé de la détruire. Pendant huit mois, ses ouvriers s'épuisèrent à cette besogne insensée, qu'ils abandonnèrent enfin, vaincus par la difficulté et l'immensité de l'œuvre.

Les Arabes appellent cette dernière pyramide le *Monument de la fille.* Est-ce qu'ils ont eu connaissance de cette légende charmante que racontent Hérodote, Diodore et Strabon?

Il était une fois un pharaon d'Égypte, très-sage, très-puissant et très-riche. Il habitait à Memphis de magnifiques palais, sur les bords du Nil. Chaque matin il en sortait, venait s'asseoir en plein air au milieu de ses ministres et rendait la justice à ses peuples accourus de tous côtés pour le voir. Un jour qu'il était là, selon sa coutume, vêtu de sa belle robe blanche et disant des maximes dont chacun s'émerveillait, un aigle passa au-dessus de sa tête, ouvrit les serres et en laissa échapper quelque chose de brillant qui vint tomber sur ses genoux. C'était une pantoufle brodée d'or, d'émeraudes et de perles fines. Le roi avait vu bien des pantoufles plus ornées et plus belles, mais jamais il n'en avait vu d'aussi petite, d'aussi mignonne, d'aussi élégante. Il la regarda longtemps, et, comme il avait beaucoup d'imagination, il ne tarda pas à se figurer le pied qu'elle avait chaussé. Il le vit mince, blanc, terminé par des ongles roses, marbré de jolies veines bleues qui couraient sous la peau fine, parfumé d'essences achetées aux Indes et portant un large anneau d'or qui sonnait sur la cheville. Ce jour-là le roi rentra dans son palais, laissant à l'un de ses ministres le soin de rendre la justice à sa place.

Le lendemain, il ne vint pas s'asseoir en public à l'heure accoutumée, car il était triste et regardait toujours la pantoufle. Enfin, il tomba dans une mélancolie profonde; il n'accompagnait plus les panégyries du dieu Tôth; il négligeait de sacrifier au dieu Phthâh, et n'envoyait plus d'offrandes à la déesse de Tafné, qui a une tête de lionne. A force de contempler la petite sandale et de penser à celle qui l'avait portée, il avait formé une image charmante dont il était devenu amoureux. Il donna ordre, comme un simple prince des contes de fées, de rechercher la femme, la jeune fille ou la déesse qui pourrait montrer une pantoufle semblable à celle que l'aigle avait laissée tomber. Les courriers, les messagers, les cavaliers, les bateliers se mirent en course, les uns sur la terre, les autres sur le fleuve en toute hâte car le pharaon avait promis le gouvernement d'une province à celui qui découvrirait celle qu'il s'était figurée si belle.

Un de ces courriers, qui cherchaient jour et nuit, arriva dans la ville de *Missil*, que les Grecs ont appelée *Naucratis*, et que maintenant les Arabes nomment *Fouah*. Là, il apprit qu'un jour, dans une maison entourée de jardins, un aigle avait enlevé la pantoufle d'une courtisane thrace qui s'y baignait. Il se rendit auprès d'elle. Au seul nom du roi, toutes les portes s'ouvrirent; il s'inclina devant la courtisane, lui raconta la tristesse du pharaon et son désir immodéré de voir la femme à qui appartenait la sandale qu'il ne se lassait pas de regarder.

La courtisane se leva, donna ordre à ses esclaves de préparer sa barque, y monta avec le messager, fit voile vers Memphis, pénétra dans le palais du roi et alla s'agenouiller devant lui. Elle était fort belle et s'appelait Rhodopis. Le pharaon l'épousa. A sa mort, elle était très-riche et se livra à la débauche avec des gouverneurs de provinces qu'elle prenait plaisir à ruiner. Elle amassa de grands trésors dont elle bâtit la troisième pyramide où elle se fit ensépulturer avec six de ses amants.

Je t'en prie, cher Théophile, ne parle de la légende que je viens de te raconter à aucun membre de l'Académie des inscriptions et belles-lettres; tout savant te dirait immédiatement, en levant les épaules, qu'il ne faut pas ajouter foi à de semblables sornettes, bonnes à endormir les enfants, et que la troisième pyramide a été bâtie par Mycérinus, nommé par les Égyptiens *Menkèré* ou *Menkarès*. Il compulserait les textes et te prouverait que Rhodopis, originaire de Thrace, fut esclave d'Idamon, fils d'Éphestopolis le Samien, et compagne d'esclavage d'Ésope le fabuliste; qu'amenée en Égypte par Xantus pour faire le métier de courtisane, elle fut rachetée à prix d'or par le frère de Sapho, Charamis de Mytilène, fils de Scamandronyme; que, devenue libre, elle amassa en effet de grandes richesses, mais qui furent loin de lui permettre de construire une pyramide, puisque avec la dixième partie de ses biens elle put seulement envoyer au temple de Delphes des broches en fer destinées à faire rôtir des bœufs entiers, et qu'enfin elle vivait sous Amasis, vers l'an 567 avant Jésus-Christ et 147 de la fondation de Rome, tandis que Mycérinus régnait dans le quarantième siècle avant l'ère chrétienne; il te dira aussi qu'on est indécis usr le nom de cette courtisane, qui s'appelait Rhodopis ou Doricha.

A cela je n'aurais rien à répondre, sinon que je trouve la légende jolie, et qu'il me plaît d'y croire, comme je crois à Cendrillon.

Un assez grand nombre de petites pyramides s'élevaient autrefois auprès des trois grandes, comme des enfants à côté de leurs aïeux; il en reste encore trois fort dégradées, placées en vedette devant celle de Chéops. Les autres ont été détruites par ordre du fameux Caragheuz, ministre de Saladin, qui en employa les matériaux à construire la citadelle du Kaire, le mur d'enceinte et l'aqueduc qui mène l'eau du Nil au Mokattam.

Quel était l'usage des pyramides et par qui furent-elles bâties?

Les historiens de l'antiquité et la plupart des savants modernes disent qu'elles furent élevées, la première par Choufou (Chéops), deuxième roi de la quatrième dynastie; la seconde par Chafra (Chéphren); la troisième par Menkèré (Mycérinus), et qu'elles servaient de sépulture à ces trois pharaons.

Selon Abd-el-Latif, les Sabéens prétendent que deux de ces pyramides sont des tombeaux : la première, celui d'Agathodémon; la seconde, celui d'Hermès.

Les Arabes, qui les appellent *el heramat* (les vielles fées), racontent qu'elles ont été construites par *Gianben-Gian*, roi universel du monde, chef des péris et des fées qui gouvernèrent la terre pendant deux mille ans avant la création de l'homme.

D'après la tradition des Druses, les pyramides sont l'œuvre de Dieu même, et c'est dans leur sein qu'il garde, pour le consulter au jugement dernier, le livre des actions de chaque créature.

Le seigneur d'Anglure, pèlerin champenois qui visita les pyramides au XIVe siècle, mais sans oser y entrer, parce que « c'est un lieu moult obscur et malflairant pour les bestes qui y habitent », atteste, sans hésiter, qu'elles furent bâties par Joseph, pour conserver, à l'abri des pluies, les blés qui devaient alimenter l'Égypte pendant les sept années de disette prédites par les songes.

Quant au docteur Clark, il affirme que Joseph fut mis après sa mort dans la pyramide de Chéops.

Il y a encore mille historiettes aussi sérieuses que les précédentes et dont je te fais grâce ; cependant, il en est une que je ne dois pas oublier : les Coptes pensent qu'elles servaient de trône aux pharaons lorsque ceux-ci passaient leurs armées en revue.

La seule opinion importante, raisonnable, appuyée sur des faits incontestables, affirmée par l'expérience et méticuleusement étayée sur des preuves scientifiques, me paraît être celle de M. F. de Persigny [1].

Selon lui, les pyramides n'ont servi de tombeaux que par occurrence et pour ainsi dire accidentellement ; leur but véritable et réel était d'arrêter et de rompre les tourbillons de sable libyque, qui eussent, sans elles, infailliblement englouti les grandes capitales élevées jadis entre le Nil et le désert. Les Arabes ont su traditionnellement quelque chose de cette intelligente destination ; lorsqu'on leur demande : A quoi servait le sphinx ? ils répondent sans hésiter : C'est un talisman contre le *khamsin* (vent de semoun).

Le désert libyque, qui s'ouvre près des pyramides

1. *De la destination et de l'utilité permanente des pyramides d'Égypte et de Nubie contre les irruptions sablonneuses du désert.* In-8°. paris, 1845.

par une grande vallée de sable qu'on nomme le *fleuve sans eau*, est un vrai désert, immense, nu, rayé par le vent comme les grèves de la mer. Je m'y suis promené à cheval après avoir descendu la pente de rochers grisâtres qui servent de bases aux pyramides. De larges dalles schisteuses, de petits cailloux arrondis comme des galets sont mêlés au sable dense où des traces de bêtes féroces s'enfoncent profondément; auprès d'une caverne, elles sont si nombreuses que le sol en paraît labouré. Tout est calme, pas un animal ne remue, pas un oiseau ne vole au-dessus de ma tête, nulle caravane ne passe lentement aux chants des chameliers; le désert rejoint le ciel à l'horizon; lorsque je me retourne, je vois les pyramides; je suis comme étourdi par le silence. Quelques rares herbes odorantes ont poussé là, et ressemblent, lorsque le vent les agite, à de longs polypes rampant sur un rivage; çà et là, j'aperçois des fragments de bambous pétrifiés. Jadis un océan a coulé là, cela est certain. Lorsque le soleil se coucha, les sables infinis devinrent pourpres, puis lilas, puis violets, et enfin d'un gris sombre aux approches de la nuit.

Deux espèces de tombeaux entourent les pyramides: les uns, bâtis avec des matériaux apportés des carrières arabiques, s'élèvent à peine au milieu des sables qui les ont recouverts; les autres, de forme troglodytique, sont creusés dans les rochers qui font face à la plaine du Nil. Ces derniers ont servi longtemps de demeure aux Bédouins, qui les ont involontairement dégradés et enfumés; au devant d'eux s'amoncellent des débris de crânes, de langes, d'ossements, de bitume et de bandelettes déroulées. Ces petits *spéos* (cavernes) sont sculptés sur toutes les parois, tandis que les murailles des tombeaux construits près du désert ne sont ornées que de peintures représentant pour la plupart des scènes de la vie domestique. N'en déplaise aux savants, qui me paraissent tous avoir étudié trop légèrement les sépultures situées sur cet emplacement où fut jadis la nécropole des quatrième, cinquième et sixième dynasties, c'est là qu'on retrouvera peut-être les plus anciens monuments de l'Égypte, ceux qui datent du cinquantième siècle avant Jésus-Christ. Si par hasard ils se rendent sur les bords du Nil, qu'ils cherchent attentivement au milieu des cent cinquante tombeaux épars sur ces confins de la Libye, ils trouveront celui du prince Merhet, fils de Choufou (Chéops), désigné dans ses légendes hiéroglyphiques comme *surintendant général des bâtiments royaux*, et en voyant son portrait entaillé dans la muraille, ils contempleront l'image de l'architecte qui surveilla la construction de la grande pyramide.

On désigne généralement sous le nom de pyramides de Sakkara trois groupes de pyramides placés au-dessus des villages d'Abousir, de Sakkara et de Dachour. Elles sont au nombre de quinze, moyennes et petites, toutes bâties en briques crues, ouvertes, sans revêtements, ressemblant à de hauts tumulus, ruinées et presque détruites. Élevées sur la lisière du désert et dominant la plaine où bruissaient autrefois les cités des dynasties memphitiques, elles paraissent sales, tristes et contrefaites quand on les compare à leurs grandes sœurs de Gizeh. Rien ne peut donner une idée de la désolation du terrain qui les avoisine; ce sont des pierres par-dessus des pierres au-dessus desquelles miroite sans cesse une couche épaisse de gaz carbonique. Là, au milieu de cette aridité terne et grisâtre, le sable réjouit les yeux comme le ferait une nappe de verdure. Des percnoptères hideux et purulents se dandinent lourdement en cherchant quelque dégoûtante pâture ; à chaque caillou que l'on dérange, on voit sortir un scorpion avec sa queue recourbée au-dessus de la tête et courant sur ses pattes rapides ; je voulais y dresser ma tente, mais la quantité de ces laides bêtes m'en empêcha ; elles sont plus nombreuses que les mouches, en été, sur une table de cuisine. Pas un arbre ne se balance, pas une herbe ne verdoie, pas une fleur ne s'épanouit dans cette solitude ravagée. On dirait qu'il manque à l'air je ne sais quelle qualité vitale, et que là on mourrait asphyxié comme dans un cachot trop étroit.

A travers les pierres et les sables s'ouvrent, à distances inégales, des trous profonds qui sont des puits à momies ou des tombeaux. Quelques-unes de ces sépultures sont de véritables palais souterrains couverts de sculptures, de légendes et de sujets militaires ou sacrés. Je visitai, sous la conduite d'un Bédouin, une de ces excavations fameuses connues sous le nom de *Puits-aux-Ibis*. Je m'introduisis à plat ventre dans une de ces ouvertures, suivant mon guide qui portait une lumière ; les sables ont coulé comme un fleuve et ont si bien rempli le souterrain, qu'on se trouve parfois resserré entre le sol et la voûte. Il fait très-chaud dans ces étroits corridors où l'air ne pénètre qu'avec peine. Le couloir tourne tout à coup à angle droit et me conduit jusqu'aux jarres de terre cuite où sont enfermées les momies d'ibis. Tous ces pots hermétiquement scellés, pointus à la base, arrondis au sommet, sont placés en chantier et ressemblent à des pains de sucre emmagasinés. On a beau en prendre, en enlever, en briser, il y en a toujours. C'était là la nécropole des ibis. Je fis prendre plusieurs de ces jarres, et lorsque je fus revenu au soleil, j'en brisai une ; elle contenait une momie d'ibis enveloppée de bandelettes noircie par le bitume ; les plumes se distinguaient encore, et même les petites rugosités des pattes ; sous mes doigts, le frêle cadavre se réduisit en poussière noirâtre et s'envola au vent.

Je quittai ces étranges cimetières que les Bédouins fouillent et bouleversent pour trouver des antiquités destinées aux voyageurs, je redescendis vers la plaine joyeuse, je passai près de quelques villages abrités sous des palmiers, je traversai des champs verts comme des émeraudes, et j'arrivai près d'un petit étang sur les bords duquel je fis piquer ma tente. Une forêt de dattiers m'entourait de toutes parts ; au delà du lac, que ridait le vol des hirondelles, s'échelonnaient les maisons du village de *Mit-Rahyneh ;* quelques stèles gravées sortaient de terre leurs têtes mutilées ; un colosse brisé, méconnaissable, qui jadis représenta Ramsès, aimé des dieux, dormait dans la fange d'un fossé creusé par sa chute ; des fûts de piliers, des chapiteaux de colonnes disparaissaient sous les herbes. Tout était calme, riant et vivant, des tourterelles roucoulaient sous les arbres, de belles jeunes femmes apportaient à mon drogman du lait de buffle et des dattes ; quelques aigles planaient dans le ciel bleu, on eût dit que jamais nul bruit, nul chant, nulle clameur de guerre, nulles fanfares de fêtes n'avaient troublé ce lieu paisible qui semble endormi d'un sommeil plein de sourires ; cependant, c'est là que fut Memphis, et ma tente se dressait sur l'emplacement du grand temple de Phthâh. Il n'y a plus rien maintenant, rien que des buttes de décombres provenant de villages arabes détruits, et que le gouvernement fait enlever avec soin afin d'en extraire le salpêtre.

Pour revenir au Kaire, je suivis les bords du Nil, assombris sous les palmiers du gros bourg de *Bedrèchein;* je traversai le fleuve sur un batelet, et après avoir marché dans les cimetières où sont les tombeaux des Mameluks, je rentrai dans la ville par la place de Roumelieh. J'étais seul avec mon drogman, j'entrai dans la citadelle, que je n'avais pas encore visitée.

Au delà de la porte défendue par deux tourelles, monte un chemin rétréci entre de hautes murailles. C'est là que les Mameluks furent massacrés sans possibilité de fuite ou de défense, le 1er mars 1811, par ordre de Méhémet-Ali. Il les avait réunis pour assister à l'investiture de son fils Toussoum-Pacha. Après la cérémonie, ils se retirèrent ; mais lorsqu'ils furent arrivés dans ce chemin creux, ils trouvèrent la porte fermée. A ce moment, un feu terrible s'ouvrit contre eux, ils tombèrent tous, jusqu'au dernier, sous les balles des Albanais, embusqués derrière les murailles. Un seul, Anym-Bey, était resté dans la cour du palais ; il entendit la fusillade, les gémissements, les imprécations, et comprit l'acte horrible qui s'accomplissait contre ses compagnons. Il déroula son turban, en entoura la tête de son cheval, et, le lançant à toutes jambes, le fit sauter du haut de la citadelle. Quand ils arrivèrent en bas, après cette chute de quatre-vingts pieds, le cheval était mort et le cavalier meurtri ; il se traîna jusqu'à une maison voisine, qui s'ouvrit pour le recevoir ; huit jours après, il fut saisi et décapité.

La citadelle est presque une ville ; outre le palais

du vice-roi, il y a des mosquées, des tribunaux, des ministères, des casernes, des arsenaux, des archives, des jardins et des ruines. C'est là que se réunissent les fonctionnaires, les pachas, les beys, les juges, les chefs de religion, les drogmans arméniens, les comptables coptes, les banquiers juifs ; c'est là qu'on donne la bastonnade sur le dos et sur les pieds ; c'est là qu'on fait les exécutions militaires, et c'est là qu'Abbas-Pacha entretient sa ménagerie ; je l'ai vue ; on la sifflerait dans nos foires de campagne ; un lion poussif et deux ou trois hyènes éreintées tournent tristement derrière les grillages de deux cages en bois placées dans une chambre de six pieds carrés.

Ce fut Saladin qui bâtit la citadelle sur le dernier mamelon du mont Mokattam ; il avait choisi cet emplacement, après avoir remarqué que la viande s'y conservait vingt-quatre heures de plus que dans l'intérieur du Kaire. Il y fit creuser un puits immense de cent soixante pieds de profondeur, taillé en plein roc, et dont l'eau est extraite à l'aide d'une *sakieh*, sorte de moulin hydraulique composé d'une roue à chapelet mise en mouvement par des bœufs.

Je m'avançai jusque sur la plate-forme, où des soldats faisaient l'exercice, et je regardai la ville qui s'étendait sous mes pieds.

Au premier plan, c'est la place de Roumelieh, où dansent des saltimbanques ; à droite, la mosquée de l'émir Khour, noire et blanche ; à gauche, des maisons en ruines et les minarets éloignés des tombeaux circassiens ; en face, la mosquée de Sultan-Haçan, dont la corniche et la galerie furent brisées par les boulets français, car, lors de l'insurrection du Kaire, c'est là que s'étaient renfermés les insurgés ; puis ce sont des maisons, des maisons innombrables, plates, à terrasse, grises ou blanchies à la chaux, au milieu desquelles s'épanouit la verdure de quelques jardins et s'élèvent tant de minarets, qu'on ne saurait les compter ; de grands palais blancs apparaissent à côté des arbres touffus de l'Ezbekyeh, qui semblent toucher à Boulaq, ce port du Kaire assis au bord du Nil couvert de voiles et de bateaux; au delà s'allongent les campagnes vertes brusquement arrêtées aux sables du désert; puis tout au fond, bien loin, à l'horizon bleu, nettes et brillantes sous la lumière, on aperçoit les trois pyramides.

CHAPITRE II

LES RIVAGES DU NIL

Départ pour la haute Égypte. — La cange. — Le reïs. — Le drogman. — Le voyage du Nil. — Villages et fellahs. — Semoun. — *Beni-souef.* — Bédouin biblique. — *Medinet-el-Fayoum.* — Saba-Cahil. — Les bons chameaux, — *Abou-Gouçch.* — Le lac Mœris, le labyrinthe, le docteur Leipsius et *Birket-el-Karoun.* — Radeaux de poteries. — Couvent copte. — Ruines d'Antinoé. — *Syout*, Lycopolis. — Crocodiles. — *Esné.* — Le temple de Chnouphis. — Koutchouk-hanem. — Danses et musique. — L'abeille. — Éléphantine. — Nubie. — Passage de la première cataracte. — Paysages. — Tropique du Cancer. — *Korosko* — Temple d'*Amadc.* — Spéos de *Derr.* — Marchands d'esclaves. — *Ouadi-Halfa.*

Je pourrais encore te parler longuement du Kaire, mon cher Théophile, je pourrais te promener dans le Khan-Khalil, à travers les ruines de la mosquée de Hakem, sur les sables du Mokattam, sous les arbres de Rodah, parmi les tombeaux féeriques où dorment les khalifes, dans les écoles et les manufactures, dans les maisons et les jardins, mais tu connais tous ces détails dont Gérard de Nerval t'a fait le récit. Et puis j'ai hâte de te conduire sur le Nil, de te faire parcourir ses rives splendides et de t'arrêter devant les temples de l'Égypte et de la Nubie.

Mes préparatifs de départ ne furent pas longs; mon

drogman acheta du café, du tabac, du biscuit, des provisions de bouche; on confectionna un drapeau tricolore que j'arborai à l'arrière de la cange que j'avais louée et meublée pour mon voyage ; je fis embarquer mes bagages, et, le 5 février 1850, j'allai coucher à bord afin de partir le lendemain au point du jour.

Avant d'ouvrir en chantant les voiles de ma cange, il est bon que je te la fasse connaître. Elle est longue de quarante pieds environ; l'arrière est occupé par un habitacle construit en forme de dunette; j'y trouve un petit cabinet qui sert de divan, une chambre à coucher, un réduit propre à serrer le linge et une autre chambre pour mon domestique. A l'avant s'élève le fourneau où le drogman et les matelots font la cuisine. L'équipage se composait de douze hommes, y compris le *reïs* (patron) et le second qui ne quittait pas le gouvernail; ils vivaient, mangeaient et dormaient sur le pont; tous respectueux, dévoués, courageux, gais et tremblants devant leur reïs. Celui-ci était un beau jeune homme de vingt-cinq ans que l'on appelait Ibrahim; il passait ses journées assis à la poulaine, regardant en face de lui, disant parfois un mot pour indiquer la manœuvre, parlant rarement aux matelots, mangeant seul et ne fumant jamais. Il était d'une propreté recherchée et presque coquette pour un Arabe; aussi, malgré la simplicité extrême de son costume, composé d'une robe bleue et d'un turban blanc, il avait je ne sais quel air grand seigneur que rendait plus remarquable encore son visage très-brun animé de deux yeux doux et contemplatifs. Un jour qu'il enleva son turban pour se faire raser, je vis rouler jusque sur ses reins une tresse de cheveux noirs que bien des femmes eussent enviée. Dur et hautain avec ses matelots, il les frappait quelquefois jusqu'au sang; mais lorsqu'il s'agissait de donner l'exemple dans un passage difficile, il se jetait sur les avirons ou les perches et remuait la barque tout seul. Comme les Arabes, il n'avait aucune énergie contre la douleur physique. A Mynieh, j'étais descendu pour faire quelques achats dans les bazars, je rentre à la cange et je trouve Reïs-Ibrahim pleurant, se roulant sur le pont et poussant des cris lamentables au milieu de ses hommes consternés. Je m'approche avec inquiétude, et il me raconte, d'une voix mourante, qu'on vient de lui arracher une dent. Il faisait régulièrement ses cinq prières par jour et ne mettait presque jamais pied à terre. Pendant cinq mois qu'il fut à mon service, je ne me souviens pas d'avoir eu à lui adresser un reproche.

Je t'ai promis de te parler de mon drogman, Joseph Brichetti; c'est un singulier homme de cinquante-cinq ans, maigre, alerte, portant toute sa barbe grisonnante, dévoré tout vivant par une jeune femme qu'il avait épousée, rêvant la fortune, l'ayant cherchée dans l'armée égyptienne, dans le commerce, dans le service des voyageurs et n'ayant jamais pu la rencontrer. Il était Génois, et après une jeunesse suffisamment ornée d'aventures, il était arrivé en Égypte qu'il connaît maintenant jusque dans son plus petit village et son dernier palmier. Son langage, mélangé d'arabe, de français et d'italien, était quelquefois difficile à comprendre; le verbe *ganter*, de l'italien *agguantare*, lui servait à exprimer toutes ses idées. A la seconde cataracte, comme j'allais monter avec lui sur Djebel-Aboucir, il me dit : *Allômes principier à ganter la montagne;* c'est-à-dire : nous allons commencer à gravir la montagne. Il disait : Il faut bien *se ganter* à dromadaire; ce poulet est trop maigre, il *ne gante* pas bien; et de tout ainsi. Au reste, le français que l'on parle généralement en Égypte ressemble peu à celui de la Bruyère; en voici un exemple : Avant de m'embarquer sur le Nil avec Joseph, je demandai des renseignements sur son compte à un Français qui l'avait employé; notre compatriote me répondit une longue lettre dans laquelle je lis textuellement cette phrase : « *Fainéants, paresseux et l'oisiveté, tels sont les défauts des drogmans, principalement la boisson et les femmes* ». Je dois dire qu'aucun de ces reproches ne pouvait s'adresser à Joseph qui, malgré une vanité sans pareille, était assez empressé et d'un service agréable; sa propreté néanmoins était fort douteuse, et cependant, chaque matin, après s'être légèrement passé sur les yeux le coin d'un torchon mouillé, il disait avec satisfaction: *Ah! j'o fini mon tolette!* Depuis vingt-cinq ans que ce malheureux voyageait à travers le monde oriental, jamais il n'avait pu s'accoutumer à la vermine. Sur les côtes de Phénicie, à Oum-Khaled-el-Moukhalid, comme nous avions campé sur un terrain récemment occupé par une caravane, je fus réveillé par les lamentations de Joseph, qui se grattait, geignait et s'écriait d'une voix désespérée : *Quo quantité de puces qui fa, bon Dieu!* Il ne savait ni lire ni écrire, et cette ignorance était pour lui une cause incessante d'humiliation et de regrets. « Je serais colonel ou capitaine de frégate dans l'armée turque, si j'avais su écrire », me disait-il un jour, et je suis convaincu qu'il avait raison. Il ne se grisait jamais, ne me volait pas trop, obéissait rapidement et me fut d'une grande utilité sur le Nil. Il vivait en assez bonne intelligence avec mon domestique, qui, en qualité de Français, méprisait fort *tous lès sauvages* qu'il voyait. Ce dernier était venu de Paris avec moi. C'est grâce à son aide que j'ai pu mener à bonne fin les travaux photographiques que j'avais entrepris. Il distillait l'eau et lavait les bassines pendant que je me livrais seul à cette fatigante besogne de faire les épreuves négatives. Si plus tard mon âme est damnée, ce sera en punition des colères, des irritations, des fureurs que m'a causées la photographie, qui était loin, à cette époque, d'avoir des procédés aussi simples et aussi expéditifs que ceux qu'elle possède aujourd'hui.

Tu connais mon personnel maintenant, cher ami, et nous pouvons partir. Donc, les matelots larguèrent les voiles, le pavillon français se déploya au vent, on détacha la corde qui retenait la barque au rivage, et elle partit allègrement pendant que le reïs s'écriait en regardant vers le ciel : « Au nom de Dieu clément et miséricordieux ! » Puis un des hommes saisit un darabouk, un autre prit une flûte à deux branches; ce fut au bruit de la musique et des chants que nous passâmes devant le vieux Kaire et les masures du village d'Embabeh.

La navigation sur le Nil a des proportions océanesques qu'on ne pourrait retrouver sur aucun des fleuves de nos froids pays. Lorsque le vent souffle, on déplie les énormes voiles triangulaires qui se tendent sur les mâts, alors on entend le sillage du bateau, les matelots sont joyeux, ils chantent, se disent des contes pleins de merveilles, ou dorment sur leurs nattes, à l'ombre étroite des bastingages; lorsque le vent cesse ou devient contraire et que l'eau n'est pas trop profonde, on pousse l'embarcation à l'aide de longues perches; celui des hommes qui marche le premier sur les plats-bords, couché sous les efforts de son impulsion, entonne une sorte de litanie à laquelle les autres répondent, et ils vont ainsi quelquefois une journée entière, psalmodiant sans cesse leur refrain monotone, jetant de grands cris pour s'encourager et ruisselant de sueur à la fatigue de ce travail brutal. Lorsque le fleuve est profond et que les perches ne peuvent en atteindre le lit, les matelots se jettent à la nage, une corde aux dents, puis se réunissent sur le rivage, s'attellent au long câble rattaché au mât de la barque et la tirent en allant à la file comme des chevaux de halage. On va lentement ainsi contre le courant et contre le vent. Je profitais de ces pénibles marches pleines de retard pour descendre à terre ; je prenais mon fusil, et suivi d'un des matelots, je chassais dans la campagne.

Partout où se sont amoncelées les maisons d'un village, se balancent des palmiers ; autour d'eux verdoient des cotonniers, des indigotiers, du henné, du maïs, des bamiehs, des colocazias, des cannes à sucre, du blé, de l'orge, du tabac, des fèves, du trèfle ; près des habitations, presque toujours construites au bord d'un petit étang oublié par l'inondation, s'épanouissent des bouquets de ricins sauvages et de cassis à fleurs jaunes, des gommiers, des tamarix, des mimosas, de rares nopals, des sycomores et des grenadiers. Au milieu des champs s'élèvent çà et là des cônes en limon desséché, sortes de piédestaux rustiques, sur lesquels monte une femme armée d'une fronde. Vêtue d'une lourde robe de laine, debout sous le soleil qui la mord, elle lance des pierres et pousse des cris contre les bandes d'oiseaux voraces qui s'abattent sur les récoltes. Cependant les hommes travaillent aux *cha-*

doufs afin de pouvoir arroser les cultures toujours altérées sous ce ciel ardent qui les brûle. Ces *chadoufs* sont très-simples et connus sans doute en Égypte de toute antiquité, car on les retrouve tels qu'ils sont aujourd'hui dans les peintures des spéos de Beni-Haçan et d'El-Kab. Ils sont composés d'un levier suspendu vers le tiers de sa longueur sur une traverse horizontale que soutiennent deux montants verticaux enfoncés au sommet des berges du Nil. La branche la plus courte du levier est alourdie d'un contre-poids en terre durcie, et la branche la plus longue porte une verge de bois rattachée par un lien flexible, de sorte que pendant les mouvements d'inflexion du levier, cette verge reste toujours verticale. A l'extrémité inférieure pend un seau de cuir que le moindre effort fait plonger dans l'eau et dont on déverse le contenu, soit dans un canal circulant à travers les terres, soit dans une cavité où un autre chadouf vient le prendre; j'ai vu quelquefois, lorsque les rivages sont élevés, jusqu'à cinq étages de ces primitives machines que manient des hommes nus et haletants. Dans certains districts, les fellahs y travaillent jour et nuit, et souvent sur ma barque, lorsque je ne dormais pas, j'entendais, dans le silence et l'obscurité, monter lentement vers le ciel le chant plaintif de ces malheureux que nul repos ne délasse.

Je marchais tranquille et respecté parmi les hommes inoffensifs qui habitent les villages de l'Égypte ; les poules picorent autour des maisons, les enfants jouent dans la poussière, et les longs troupeaux de buffles descendent vers le Nil où les femmes vont remplir leurs vases de terre. Dans la campagne elles ne cachent point leur figure ; souvent je les ai vues presque nues, sous leur longue chemise de laine ou de coton, marcher avec des allures de statues antiques, portant à califourchon sur l'épaule un enfant sans vêtement qu'elles soutiennent de leur bras cerclé de verroteries et souriant de surprise à mon aspect, sans songer à voiler leur visage où je remarquais des tatouages bleus et un anneau d'argent passé dans la narine droite.

Donc, j'allais chassant sous les palmiers, tuant les ramiers et les tourterelles, regardant des aspects de paysage, foulant aux pieds les herbes et respirant à pleins poumons les bons parfums de la nature, pendant que les matelots remorquaient la cange à grand'-peine.

Lorsque le vent enflait nos voiles et poussait rapidement la barque sur le fleuve, je restais assis dans le divan, mettant mes notes en ordre, terminant quelque plan commencé la veille, écrivant des lettres à mes amis de France, lisant le Koran ou la Bible et restant quelquefois de longues heures immobile, en contemplation devant les rives de ce Nil dont chaque détour, chaque rocher, chaque aspect mériterait une longue et minutieuse description. On ne se lasse pas de le voir, on ne se fatigue pas de l'admirer, soit qu'il s'étende comme une mer à travers le pays plat ou qu'il se resserre comme un lac entre les hautes falaises qui le rétrécissent. Les Arabes le nomment *el Bahar*, le fleuve, et ils ont raison, car c'est le fleuve par excellence, sans pareil et sans rival. Jadis, ceux qui avaient goûté aux fruits du Lotos oubliaient leur patrie et ne pouvaient plus quitter le pays des Lotophages ; ceux qui ont trempé leurs lèvres dans l'eau du Nil l'aimeront, le regretteront et y penseront toujours.

Depuis trois jours à peine j'avais quitté le Kaire,

lorsque s'éleva un vent violent de *khamsin* qui nous arrêta net; nous cherchâmes un abri à la pointe d'un îlot et nous attendîmes que la bourrasque fût passée. Pendant quarante-huit heures, je pus réciter à la tempête le vers de Victor Hugo :

On entendait mugir le semoun meurtrier.

mais il n'y avait encore ni cailloux blancs, ni crocodiles.

Rien de ce qu'on a dit du semoun n'est exagéré. C'est un océan de poussière porté par un ouragan ; le ciel devient d'un gris terne, et, derrière le voile obscur qui l'enveloppe, le soleil sans rayons semble un grand bouclier d'argent dépoli. Le sable, charrié par le vent, couvre tout, pénètre partout. A Philœ, à la suite d'un tourbillon de khamsin, je trouvai du sable impalpable jusque dans les ressorts de ma montre close d'une double boîte et enfermée dans mon gousset.

Ce vent de s'moun (les poisons) que nous appelons indifféremment semoun ou simoun, les Arabes le nomment khamsin, cinquante, parce qu'il règne, dit-on, régulièrement pendant les cinquante jours qui suivent la Pâque des Coptes. Or khamsin et Πεντήκοντα, dont nous avons fait Pentecôte, ont la même signification. C'est à la Pentecôte que les apôtres ont reçu le don des langues, dans des circonstances dont il faut se souvenir : « Ils étaient tous d'un accord dans un même lieu. Alors il se fit tout à coup un grand bruit venu d'en haut, comme le bruit du vent soufflant avec impétuosité ; et ce bruit remplit toute la maison ; et ils virent paraître des langues de feu. » Il est difficile de décrire plus exactement un coup de vent de khamsin.

Lorsque ma cange s'arrêta au mouillage de *Béni-*

Souef, le vent contraire durait encore; rien dans la ville n'était curieux à voir; des huttes en limon, sur le rivage un palais fort disgracieux, blanchi à la chaux, où logeait le gouverneur; à côté, un grand trou plein d'immondices où des vautours enfonçaient leur cou pelé dans le ventre des charognes, une petite mosquée abritée sous un sycomore, des bazars nuls et des cafés remplis par les Arnautes de la garnison; il n'y avait là rien qui pût me retenir longtemps. Cependant je ne pouvais partir, j'avais envoyé un courrier chercher au Kaire une caisse que j'attendais de France et dont je pouvais avoir besoin; le voyage de mon messager devait durer quatre jours; je résolus d'aller visiter l'emplacement du lac Mœris, et un matin, après toutes les lenteurs dont les Arabes sont capables, je partis pour *Médinet-el-Fayoum*, qui s'appela jadis Crocodilopolis et depuis Arsinoë.

C'est en vain que j'avais fait chercher à Béni-Souef des chevaux ou des dromadaires, on n'avait trouvé que des ânes; et quels ânes! éreintés, fourbus, maigres, blessés, couronnés, bridés d'une ficelle et harnachés d'un haillon. Je fis à pied presque toute la route, et je n'eus pas à m'en plaindre, car elle est superbe avec les cultures, les déserts, les palmiers, les étangs, les villages, les douars et les digues qu'elle traverse.

Les champs sont verts; les blés, l'orge, le trèfle ondulent sous le vent à perte de vue; les fèves en fleur répandent un parfum exquis. Des pluviers, des vanneaux à tête mordorée, des cigognes, des ramiers volent à travers les herbes. Parmi les dattiers s'élèvent des maisons; dans la campagne, sous des tentes en poil de chameaux, des hommes accroupis causent en fumant pendant que les chiens hurlent contre moi et que les dromadaires paissent dans les luzernes abondantes.

A côté d'un douar établi sur la lisière d'un champ de trèfle, un homme passe près de moi. Il est enveloppé et drapé dans une grande couverture grise qui entoure aussi sa tête coiffée d'un tarbouch rouge ; ses pieds nus marchent solidement à terre ; son visage brun, hardi, hautain, méprisant, est encadré d'une barbe blanche courte et serrée ; il jette à peine sur nous un regard dédaigneux et pénètre dans une tente dont tous les habitants se levèrent lorsqu'il entra. Ce vieux pasteur me fit penser longtemps à Laban, beau-père de Jacob.

Au reste tout est biblique dans ces pays d'Orient ; à quelques pas de là je rencontrai une jeune fille bédouine vêtue en fellah ; un coin de sa robe bleue s'attachait au cou d'un chevreau qu'elle conduisait ; en m'apercevant elle écarta son voile par un geste qui ressemblait à un défi ; elle était très-belle. Un collier de losanges d'or entourait son cou, des bracelets d'argent s'enroulaient à ses bras nus ; à ses oreilles se balançaient de larges anneaux ; elle sourit en voyant mon admiration et s'éloigna dans un champ de hautes fèves. N'est-ce point ainsi que marchait Thamar lorsqu'elle était à la recherche de Juda ?

Près du village d'*El-Ageg*h, où je m'étais arrêté pour déjeuner sur les marches d'une petite source enclose de murs, nous passâmes devant la porte ouverte d'un hangar où dormaient des bestiaux ; il sortait de là une grasse odeur de laiterie comme on en respire souvent dans nos fermes. Mon domestique s'écria : « Oh ! cela sent bon ! cela sent la France ! » Je me retournai vers lui, il avait les yeux pleins de larmes.

Au delà, c'est le bourg de *Dendil*, qui a dû être assez important autrefois, car j'y trouve de grands tombeaux en briques cuites maintenant ruinés et dont les tons rouges crus se marient bien aux teintes sombres des palmiers qui les ombragent. Après ce village commence une longue et large digue soutenue par de solides contre-forts et dominant une verte campagne où quelques étangs miroitent au soleil. Au milieu, sous les touffes de tamarix, s'arrondit la coupole blanche du santon de cheikh Guehed-Allah (le chef de la guerre sainte). Cette digue, très-élevée au-dessus des terrains qu'elle traverse, descend par une pente douce jusqu'à un petit désert plus pierreux que sablonneux où s'amoncellent les débris informes de deux pyramides construites en limon. C'est ici, certainement, que jadis était creusé le lac Mœris, aujourd'hui entièrement disparu, et non pas, comme on s'obstine à le croire, à *Birket-el-Karoun*, lac naturel, placé aux confins du désert libyque, et qui semble avoir pour fonction de protéger la province du Fayoum contre l'invasion des sables. Quant au labyrinthe, c'est certainement ici qu'il s'élevait aussi ; au premier coup de pioche, on en retrouvera les restes ; la pyramide qui le précédait existe encore tout entière.

En marchant au hasard dans cet étroit désert, dont la traversée n'exige pas plus d'une heure de marche, je fis lever une compagnie de perdreaux. Ils sont d'un gris tendre absolument semblable à celui du sable. Il en est de même, au reste, de tous les animaux qui habitent le désert, ils en prennent la couleur ; je l'ai remarqué chez les alouettes, les rats, les geskos ; les dromadaires des tribus bédouines sont gris-blanc, ceux qui, au contraire, habitent des pays cultivés et herbus sont fauves ou bruns. A certaine distance, l'animal se confond entièrement avec les terrains qu'il parcourt.

Lorsque j'arrivai à Médinet-el-Fayoum, après une course de onze heures, le soleil se couchait et rendait vermeils les minarets de la ville; nous longions un canal qui est le *Bahar-Youssef* (fleuve de Joseph). Les troupeaux rentraient; les muezzins chantaient dans les mosquées. Je traversai les bazars, dont les boutiques étaient déjà fermées, et j'arrivai à un couvent chrétien où je comptais loger. Les deux seules chambres réservées aux voyageurs étaient occupées par des naturalistes allemands en tournée dans la province depuis quelques jours. J'étais prêt à sortir pour aller chercher un khan dans la ville, lorsqu'un petit homme vieillot entra en frétillant; il vint à moi, fit un signe de croix pour me prouver qu'il était chrétien, me prit les mains avec effusion, et me fit un discours plein de volubilité en me priant d'accepter l'hospitalité dans sa maison. Je n'eus garde de refuser et je le suivis.

Mon hôte se nommait Saba-Cahil; c'était un chrétien de Damas établi à Médinet-El-Fayoum où il est tenancier de terres considérables; je fus reçus chez lui par sa femme, fort médiocre personne affligée d'une grossesse avancée, et par deux enfants de quinze à dix ans. J'étais à peine accroupi sur les divans que je vis entrer un prêtre indigène avec toute sa barbe, sa robe et son bonnet noirs; il s'installa familièrement auprès de la femme dont les enfants vinrent lui baiser la main. On apporta un flacon d'araki, et, tout en causant, il fallut en boire. Après le dîner, qui fut copieux, trois ou quatre chrétiens vinrent me faire visite, et l'araki commença à circuler de nouveau sans relâche. Mon hôte, qui me parut instruit pour un Arabe, se moquait fort du prêtre, voulait discuter avec lui et lui citait Arius, Manès, Calvin, Luther.

Saba-Cahil était venu s'asseoir près de moi ; il me parlait de la république, et, chose étrange ! du général Cavaignac dont le nom était venu jusqu'à lui ; puis il fut naturellement question de l'expédition d'Égypte : « Ah ! s'écria-t-il avec tristesse, si Kléber n'avait point été assassiné, si le gouvernement n'était point tombé entre les mains de Menou, les chrétiens français posséderaient encore l'Égypte. »

L'araki lui avait fort échauffé la tête, car voulant sans doute me donner une idée satisfaisante de ses talents, il se mit à chanter les litanies de la Vierge, en compagnie de quatre autres individus assis sur des coussins. Après chaque couplet de ces criardes mélopées, on buvait un petit verre. Au bout d'une heure de cet exercice, les chrétiens se retiraient en nous saluant jusqu'à terre, et Saba-Cahil était ivre.

Le lendemain matin, accompagné de mon hôte qu'une bonne nuit avait rendu plus calme, je sortis dans la ville afin de la visiter. Elle s'appela Crocodilopolis jusqu'à ce que Ptolémée Philadelphe lui eût donné le nom de sa sœur Arsinoë. C'est là que Strabon vit ce crocodile familier qui portait des boucles d'or aux oreilles et que les prêtres nourrissaient avec des gâteaux au miel, de la viande cuite et de l'hydromel ; sur les bords du Nil, le crocrodile pouvait être en exécration, car il dévorait les femmes et les bestiaux ; mais ici il devait être adoré, car il symbolisait la venue de l'inondation, toujours trop lente à monter vers cette terre éloignée.

Au temps des premiers chrétiens, la ville était pleine d'églises, il y en avait trois cents que les Arabes jetèrent bas pour construire leurs maisons; les Mameluks y eurent ensuite leurs jardins de plaisance; maintenant c'est une ville d'un riche commerce, dont les bazars ont une propreté peu commune en Orient, et qui fournit d'eau de rose l'Égypte tout entière.

Sur un pont, qui enjambe d'une seule arche le Bahar-Youssef, s'élève une petite mosquée lézardée par le temps; tout auprès, sous des palmiers, s'amoncellent les murailles défoncées d'une église en ruine, et de nombreuses colonnes de granit enlevées autrefois, sans doute, à un temple païen. Des collines de débris s'entassent autour de la ville en dehors de quelques jardins arrosés par les sakiehs.

Dans un khan où j'entrai, je vis quatre forts chameaux de Syrie couchés à terre; leur conducteur faisait de grosses pelotes avec du maïs et du trèfle et les leur enfonçait à grand'peine, dans la bouche, malgré leurs efforts et leurs grognements.

— « Pourquoi forces-tu ainsi tes chameaux à manger? demandai-je au chamelier.

— Parce qu'ils veulent se laisser mourir de faim.

— Et pourquoi veulent-ils se laisser mourir de faim? »

Il leva les épaules en mépris de mon ignorance et me répondit :

— « Tu ne sais donc pas que les bons chameaux de race syrienne, lorsque vient le temps du *bercim* (trèfle), dédaignent leur nourriture afin de prouver qu'ils peuvent se passer de tout et qu'ils ne tiennent pas à la vie? »

En examinant ces pauvres bêtes avec plus d'attention, je m'aperçus qu'elles étaient en rut, et que, comme beaucoup d'animaux en semblable circonstance, elles refusaient de manger. Je n'essayai pas de donner cette très-simple explication à l'Arabe, qui m'aurait ri au nez.

A deux heures, je montai sur un cheval que Saba-Cahil avait gracieusement mis à ma disposition, et je partis pour Birket-el-Karoum, précédé par un kaouas que le gouverneur envoyait avec moi pour me recommander au cheikh du village d'*Abou-Gouçch* où je devais coucher.

La route est semblable à celle que j'avais parcourue la veille; ce sont des champs de fèves, des champs de maïs et des palmiers; çà et là s'évasent quelques mares où barbotent des culs-blancs, des bécassines et des judelles.

En traversant le village d'*Abou-Gandyr* j'eus soif; une femme passait portant sur l'épaule une cruche débordante; le kaouas l'appela; elle vint. Nous nous agenouillâmes en face l'un de l'autre; elle inclinait doucement son vase à mesure que j'y buvais. Des étoiles bleues tatouaient son visage, des losangettes d'or brillaient dans ses cheveux.

— « Que cette eau réjouisse ton cœur! *kaouadja*[1]!

— O femme, que Dieu bénisse ta maison et te rende souvent mère! »

Elle se redressa et partit en souriant.

Vers six heures j'arrivai au village d'Abou-Gouçch (le père de la tente); ce nom lui fut donné en mémoire d'un homme venu du centre de l'Afrique; il planta sa tente sur cet emplacement où plus tard ses enfants construisirent leurs maisons. En l'absence du cheikh je fus reçus par le *nazir* (percepteur), sorte de gros

1. Le mot *kaouadja* signifie proprement *négociant* : c'est le titre qu'en Égypte les Arabes donnent toujours aux Francs et aux voyageurs

polichinelle turc qui n'avait rien de remarquable qu'un nez énorme, une toux grasse et constante, une main estropiée, une bouche sans dents et une grande admiration pour Méhémet-Ali. Les Arabes se taisaient lorsqu'il parlait et semblaient l'écouter comme un oracle.

Il me conduisit dans la maison du cheikh et je pris possession d'une chambre ouverte aux quatre vents; on étala des tapis sur une façon de sommier en terre appliqué près de la plus large fenêtre; je m'assis et fus bientôt entouré des principaux du village qui venaient me saluer et surtout me regarder.

Un d'eux, je me souviens, s'était accroupi et presque agenouillé devant moi; il avait saisi ma main qu'il portait fréquemment à ses lèvres et à son front, et il me disait avec cette voix câline que les Arabes possèdent si bien et qui donne parfois un charme profond à leur langage : « De l'autre côté du grand lac, il y a de beaux palais enfouis sous le sable, je sais où ils sont, je t'y conduirai, s'il plaît à Dieu ! nous prendrons les dromadaires des Bédouins qui vivent sous la tente, nous les chargerons avec des outres d'eau puisée au Bahar-Youssef, car tu es blanc et délicat et tu ne saurais supporter la soif. Puis quand tu auras bien vu les colonnades, les idoles, les écritures tracées par les génies, nous reviendrons ici ; alors tu me donneras un bon bakhchich et un peu de poudre pour mettre dans mon fusil. »

Le cheikh arriva, il venait de Médinet-el-Fayoum; là il avait appris, chez le gouverneur, qu'un étranger se rendait à son village, et il était accouru. Tout le monde s'était levé à son approche; il s'avança vers moi, et avec toute sorte de compliments, se félicita de la bonne fortune qui m'avait conduit sous son toit.

On apporta le dîner, composé de deux mets exquis, l'un fait avec des galettes délayées dans du lait de buffle et l'autre mélangé d'œufs et de mouton. Le cheikh et le nazir mangèrent seuls avec moi. Tu connais, cher Théophile, les lois de la politesse arabe; mes deux convives me donnaient l'exemple ; le cheikh à petit bruit, timidement, comme il convient à un maître de maison plein de modestie ; le nazir au contraire avec fracas ; chaque bouchée lui arrachait un son guttural, ronflant et saccadé comme un tonnerre. Quant à moi, je fis de mon mieux, j'y mis toute ma bonne volonté et mon hôte parut satisfait.

Lorsque notre repas bruyant fut terminé, on passa les plats à mes gens qui mangèrent à leur tour, puis aux hommes du cheikh et ainsi de suite, jusqu'à ce que tout fût épuisé. Je me couchai tout vêtu, le corps sur un tapis, la tête sur ma selle, et la nuit fut bonne.

Pourquoi me suis-je senti heureux, plein de bien-être et comme en possession d'une indépendance infinie toutes les fois que j'ai dormi sous la tente ou dans les masures des pays étrangers?

Le soleil se levait à peine que j'étais à cheval et que je me dirigeais vers le lac, précédé par le cheikh qui marchait escorté de quatre hommes. Après une heure, la verdure et la végétation nous quittèrent et nous laissèrent sur une grande plaine déserte, incultivée, noirâtre, couverte de limon desséché, éventrée çà et là par de profondes crevasses, sans un arbre, sans une herbe, sans un chant d'oiseau. Une grande vallée où coule le Bahar-Youssef coupe par le milieu cette solitude à laquelle il ne manque qu'un peu d'eau pour devenir plantureuse et nourricière.

Cette vallée, large d'environ trois cents pieds, encaissée par deux falaises de deux cents pieds de hauteur, n'a certainement pas été creusée à mains d'homme, pour servir de lit au Bahar-Youssef, comme on l'a prétendu. De quelle utilité serait un canal qui coule à deux cents pieds au-dessous du niveau des terres? Il me paraît être une ancienne branche du Nil aujourd'hui desséchée, qui, prenant sa course de la haute Égypte, traversait le Fayoum, le lac Birket-el-Karoum et allait se jeter dans la Méditerranée par cette vaste vallée sablonneuse du désert libyque, qu'on appelle aujourd'hui le *fleuve sans eau.*

Sur les bords du large ruisseau que forme le Bahar-Youssef, parmi les tamarix, les roseaux et les joncs, je distingue très-nettement des restes de canalisation antique et des dalles plates assemblées comme celles des voies romaines. Par un chemin étroit, tordu aux flancs de la falaise, nous descendîmes jusqu'au gué du canal et nous remontâmes sur la grande plaine qui va s'échouer près du désert par une insensible transition.

Tout à coup un des hommes me cria : « Regarde, Birket-el-Karoum ! » En effet le lac venait d'apparaître. Tout était bleu, à l'exception des terrains que mon cheval foulait aux pieds. Le lac, qui semblait d'outremer foncé, s'évasait dans un bassin entouré de collines rosâtres, glacées de teintes pâles de cobalt ; le ciel profond était d'une grande pureté.

A mesure que nous approchons, nos chevaux enfoncent dans les terres détrempées ; à notre bruit, des nuées d'oiseaux s'envolent du milieu des arbustes brûlés et rabougris qui croissent sur les bords du lac. J'arrive auprès, je me penche, j'y puise de l'eau, elle est salée, comme celle de la mer. Non ! non ! ce n'est pas là le lac Mœris !

Où donc est le labyrinthe? où donc les pyramides? J'ai vu, à quelque distance, une colonne et deux chapiteaux informes, décadents, à peine dégrossis, en calcaire blanc, œuvre manifestement chrétienne des premiers temps. De l'autre côté, sur la rive occidentale, il y a deux ruines insignifiantes et inutiles : *Kasr-Nemroud* qui, par sa position en plein désert, n'a jamais pu être qu'un poste militaire avancé; et *Kasr-Karoum*, qui est un petit temple que nulle inscription ne décore.

Tu comprends, cher ami, que je ne vais point me livrer devant toi aux faciles exercices d'une dissertation scientifique sur l'emplacement certain du lac Mœris; il faut laisser cela à ceux qui sont savants,

Ou font semblant,

c'est leur métier et non pas le nôtre. Mais, pour te prouver que j'ai raison et que le fameux lac artificiel est bien là où je l'ai indiqué avant d'arriver à Médinet-el-Fayoum, je te citerai l'opinion du docteur Leipsius, dont nul ne contestera la compétence en semblable matière.

Après avoir raconté les fouilles qu'il a opérées dans le labyrinthe où il retrouve le cartouche d'Amenemha III, sixième roi de la douzième dynastie, à la fin de laquelle, suivant les tables de Manethon, appartient le constructeur dudit labyrinthe, le docteur Leipsius ajoute textuellement :

« L'obscurité qui entourait jadis le lac Mœris paraît être éclaircie par une récente découverte de M. Linant, ingénieur en chef du pacha. Comme à l'époque du retrait du l'inondation il n'existe, dans la province du Fayoum, qu'un seul lac, Birket-el-Karoum, qui se trouve à son extrémité, on le prenait naturellement pour le ac Mœris. La question ne semblait pas avoir d'autre solution. Or, sa grande renommée venait expressément de ce qu'il était artificiel; son utilité était immense, car, se remplissant au débordement du Nil, il se vidait quand l'inondation baissait, d'un côté vers les terres du Fayoum, de l'autre vers les terres de Memphis. Cependant, au dépit des antiquaires et des philologues, le Birket-el-Karoum ne possédait aucune de ces qualités. Il n'est pas artificiel, mais naturel et en partie alimenté par le Bahar-Youssef. Son volume augmente, il est vrai, lorsque le Nil est haut, mais son lit est beaucoup trop profond pour qu'il puisse en sortir une goutte d'eau, une fois qu'elle y est entrée. Le niveau de Birket-el-Karoum est actuellement de soixante-dix pieds au-dessous du point où le canal de Joseph s'y dégorge, et les ruines des anciens édifices éparpillés sur ses rives prouvent qu'il n'a jamais été beaucoup plus haut. On ne doit ajouter aucune foi aux récits qui nous disent que le labyrinthe et la ville d'Arsinoë (Médinet-el-Fayoum) étaient situés sur ses bords. M. Linant a découvert de puissantes digues, longues de plusieurs milles, de construction ancienne et solide, formant la limite entre la partie supérieure et la partie inférieure du Fayoum. Selon lui, ces digues ne pouvaient avoir d'autre but que d'arrêter les eaux d'un lac artificiel qui se trouve à présent à sec à cause de leur destruction. Il considère que ce devait être là le lac Mœris. L'examen attentif des lieux m'a prouvé que ce savant ingénieur français avait raison ; il est pour moi hors de doute maintenant que Birket-el-Karoum n'a jamais été le lac Mœris.

« Si vous me demandez quel rapport existe entre le nom de Mœris et celui d'Amenemha, je vous répondrai qu'il n'en existe aucun. Le nom de Mœris ne se trouve ni sur les monuments, ni dans Manethon; je suis porté à croire que, là encore, il y a un malentendu du grec. Les anciens Égyptiens appelait le lac *Phiom en mere* (le lac du fleuve); du mot *mere* (l'eau qui remplissait le lac) les Grecs ont fait un roi *Mœris* et ne s'occupèrent plus d'Amenemha, son véritable auteur. Plus tard toute la province prit la dénomination de *Phiom* (le lac), d'où le nom actuel de *Fayoum*. »

Quoi qu'il en soit de Birket-el-Karoum et du lac Mœris, d'Amenemha et du docteur Leipsius, je revins à Abou-Gouçch où le cheikh me traita de son mieux; en partant, je lui laissai quatre medjidis (vingt francs) et nous nous quittâmes fort bons amis. La route que j'avais déjà parcourue me ramena d'abord à Médinet-el-Fayoum, chez Saba-Cahil et ensuite à Beni-Souef où ma barque m'attendait. Elle était amarrée à côté d'un grand radeau de *ballas*. On appelle ainsi des vases, sorte d'amphores à large ouverture, qui prennent le nom d'un village de haute Égypte où on les fabrique. On les superpose en deux lits séparés par une couche de branchettes d'arbre; le premier plonge entièrement dans l'eau, le second reste en dehors et fait surnager cette immense machine qui a quelquefois plus de cent pieds de long. Figure-toi un train de bois fait avec des poteries, et tu auras une idée assez exacte de cette sauvage embarcation. Six hommes la montent et rament tout le jour, non pas avec des avirons, car ils sont trop misérables pour pouvoir en acheter, mais avec des branches arrachées aux arbres de la berge. Quand ils passent près d'une grande ville, un d'eux se jette à la nage et gagne le bord, près duquel il attire son lourd radeau; on vend quelques ballas qu'on détache du lit supérieur, puis on reprend cette pénible navigation jusqu'au Kaire, qui est le terme et le but.

Mon courrier était de retour, rapportant la caisse que j'attendais ; le vent nous devenait favorable, nous partîmes. Tu sais comment s'accomplit le voyage du Nil : on remonte sous le vent, sans relâcher, sans descendre à terre pour visiter les monuments, jusqu'au point le plus éloigné de son itinéraire; puis on abat les mâts, on saisit les rames, et c'est en descendant le cours du fleuve qu'on s'arrête aux merveilles de ses rives.

Un jour que le vent fraîchissant enflait les voiles et que les matelots chantaient en jouant du darabouk autour de l'un d'eux qui dansait l'abeille, j'entendis de grandes clameurs sortir des eaux. Je regardai et je vis trois ou quatre hommes qui nageaient vers ma cange et criaient : « Bakhchich, Christiani Kaouadja ! » Puis ils approchèrent des plats-bords qu'ils saisissaient de leurs mains, recevant mon aumône, qu'ils mettaient dans leur bouche, et s'éloignèrent en brassant, car les matelots montés sur les bastingages menaçaient de les traiter comme Gargantua traita jadis les Parisiens du haut des tours Notre-Dame. Leurs cris retentissaient encore, ils demandaient encore de l'argent et des bouteilles que déjà ma barque les avait laissés loin. Ce sont des moines coptes qui habitent le couvent de la Poulie (*Deyr-el-Bakarah*), juché tout en haut de *Djebel-el-Their* (la montagne de l'Oiseau), énorme falaise qui fait partie de la chaîne arabique et plonge dans le Nil ses flancs noirs à la base, blanchissants au sommet et troués de cavités sans nombre, qui lui donnent de loin l'aspect d'une immense éponge pétrifiée. Toutes les fois qu'ils aperçoivent une barque portant pavillon européen, ils se laissent glisser par une corde le long des remparts de rochers et viennent à la nage implorer, au nom de leur croyance commune, la charité des voyageurs. Ils ont toujours soin aussi de demander des bouteilles, sans doute afin d'enfermer l'araki dont ils abusent pour désennuyer leur solitude.

Le Nil conserve son aspect : du côté de l'Arabie il est rétréci et encaissé dans les hautes sinuosités des montagnes ; vers la Libye, au contraire, il se répand dans les terres, car les collines sont bien loin.

Un soir le vent tomba tout à coup et nous arrêta près d'un grand sycomore derrière lequel, aux dernières lueurs du jour, je pouvais apercevoir quelques maisons et le minaret d'une petite mosquée. C'est le village de *Cheikh-Abadeh*. Le lendemain, à l'aube naissante, je m'y rendis ; car ce fut là qu'autrefois s'éleva la ville d'Antinoë que Hadrien fit bâtir sur l'emplacement de l'ancienne Besa. Antinoüs s'était noyé dans le Nil ; on le mit au rang des dieux et l'on construisit une cité pleine de temples où l'encens fumait en son honneur.

Parmi les maisons en limon, sous les palmiers magnifiques, s'entassent des ruines défigurées et martelées, des coupoles en briques crues qui ont appartenu à des bains, un autel votif renversé, une colonnade décapitée et debout, les jambages d'un arc de triomphe, des chapiteaux d'ordre composite en pierre d'Éthiopie, des piliers creusés qui servent de mortiers, des collines de débris ; tout cela triste, gris, désolé, dans la poussière. Il y a vingt ans à peine cependant, il y avait là trois temples romains bien conservés, un portique entier, un arc de triomphe si haut que les palmiers y appuyaient leur tête lourde de fruits et des cuves en marbre blanc qui s'évasaient dans les thermes dégradés; enfin, la ville monumentale était encore debout; mais un jour Ibrahim-Pacha eut envie de faire élever des raffineries de sucre sur l'autre rive, près du rivage de Rodah; il égrena sous ses doigts rapaces les édifices romains, en prit les matériaux et en construisit une hideuse manufacture enlaidie d'un tuyau de pompe à feu, et qui coûte plus qu'elle ne rapporte. Pendant que je me promenais dans ces lieux ravagés qui sont bien ceux où l'on peut dire : Là fut une ville! des hommes et des enfants me suivaient en me proposant mille petits objets romains trouvés sous le fer des charrues : des lampes en terre cuite, des figurines assez grossières, des poids en airain et des monnaies de cuivre frappées au nom de Bésa.

Les Arabes affirment que les crocodiles ne descendent jamais, dans le Nil, plus bas que Cheikh-Abadeh, et voici pourquoi :

Un saint homme vivait autrefois au milieu des ruines d'Antinoë. La vieillesse avait brisé sa vigueur, affaibli sa vue et perclu ses membres; à peine trouvait-il encore la force de faire ses ablutions. Quant à ses prières, il les récitait mentalement tout le jour. Il n'avait d'autre serviteur qu'un âne qui chaque jour allait au fleuve puiser l'eau nécessaire aux besoins de son maître; il descendait au rivage, portant dans sa bouche deux vases suspendus à un bâton, les emplissait l'un après l'autre et revenait à la hutte qu'habitait le pieux cénobite. Depuis deux ans jamais il n'avait failli à sa tâche. Un jour de grande chaleur et qu'il était fort tourmenté par les mouches, il regarda le fleuve avec mélancolie et pensa qu'il jouirait d'une bonne fraîcheur s'il pouvait se plonger dans les ondes murmurantes; le diable souffla quelques mauvais conseils dans ses longues oreilles; le pauvre innocent bourriquet ne sut pas résister aux tentations de l'esprit malin; il déposa sur le bord ses vases encore vides et descendit dans le Nil en brayant de plaisir. Un crocodile passait par là, il happa le baigneur et n'en fit que deux bouchées.

Cependant l'anachorète attendait le retour de son âne; il attendit le soir, il attendit toute la nuit; alors l'inquiétude serra son cœur; il fit un grand effort, se traîna jusqu'aux berges du Nil, et y trouvant les vases intacts, ne douta plus que son serviteur fidèle n'eût été la proie d'un crocodile; il leva les mains vers le ciel, pria Dieu, invoqua le Prophète, maudit les crocodiles et rentra dans sa demeure en pleurant. La malédiction a été féconde, car, depuis, jamais un crocodile n'a pu franchir le Nil au delà de Cheikh-Abadeh.

Le jour même où j'avais visité les restes de la ville vouée à Antinoüs, je passai devant le tombeau de Cheikh-Saïd, petite coupole blanche assise à l'ombre d'un mimosa au pied d'une montagne; des mouettes en grand nombre voltigeaient autour de ma cange et se précipitaient avec des cris aigus sur le pain que les matelots leur jetaient. Tu crois peut-être qu'elles le mangent! Non; elles vont le déposer sur un banc placé devant le tombeau de Cheikh-Saïd, afin qu'il puisse servir de nourriture aux pèlerins et aux voyageurs. Voilà du moins ce que me raconta Reïs-Ibrahim; les oiseaux de Cheikh-Saïd sont sacrés, nul ne les tue jamais et les mariniers de chaque barque leur donnent une offrande afin d'obtenir heureux voyage et bon retour. J'émiettai moi-même dans le Nil un pain blanc que les mouettes emportèrent à tire-d'aile.

Le 26 février, notre barque s'arrêta au mouillage

de Syout, capitale de la haute Égypte. D'après le contrat fait avec Reïs-Ibrahim, je devais lui permettre de séjourner vingt-quatre heures à Syout et à Esné, afin qu'il pût renouveler la provision de biscuit destinée à ses matelots.

La ville est à un quart de lieue du Nil, sur les bords duquel un petit village lui sert de port. La route qui y conduit est large, élevée au-dessus de champs de froment et de cannes à sucre. Les cassis sont en fleurs; sous le soleil, la verdure des mimosas paraît presque noire; l'horizon est fermé par la chaîne libyque, devant laquelle Syout est couchée avec ses grands bazars, ses mosquées couvertes de dômes, ses casernes pleines de soldats et le palais blanc du gouverneur, abrité sous d'impénétrables sycomores, que dominent de hauts minarets. J'y visitai la prison. Dans une grande cour entourée de colonnes à peine dégrossies, close d'une porte garnie d'armatures en fer, une cinquantaine de pauvres diables sont réunis, assis sur deux rangs, et reliés ensemble par une longue chaîne qui leur sert de carcan. Qu'ont-ils fait? Les uns ont un peu tué leur prochain, les autres ont volé sur la route, il est vrai; mais la plupart languissent là parce qu'ils n'ont pas payé l'impôt. Ils sont gardés par des Arnautes débraillés qui ont l'air de bandits et dont les yatagans, les pistolets, les longs fusils, les cartouchières sont fort pittoresquement accrochés aux murailles.

Sur le premier versant de la montagne, à cinq cents pas de Syout, s'étend un cimetière si grand qu'il semble une ville à côté d'une autre ville. De larges allées plantées de gommiers le traversent et en font un lieu charmant de promenade. Presque toutes les tombes sont pareilles et composées d'une coupole entourée d'un mur dentelé. Là, les morts sont à foison, car Syout est le rendez-vous des caravanes du Darfour. C'est ici qu'elles arrivent épuisées, déjà décomplétées par les fatigues et les privations de la route, traînant leurs bandes d'esclaves brûlés par les chaleurs du désert. C'est là encore qu'elles purgent leur quarantaine, repos forcé dont les djellabs (marchands d'esclaves) profitent pour mutiler leurs jeunes nègres et les rendre propres aux services du harem. Tu dois comprendre maintenant pourquoi il y a tant de sépultures aux environs de Syout.

Autrefois, c'était Lycopolis, la ville des Loups. Les rares matériaux qu'on a retrouvés de ses anciens édifices ont servi à bâtir les bazars. Quant à la nécropole antique, elle existe encore, car elle était troglodytique et creusée dans les flancs d'une montagne grise aplatie au sommet et faisant face au soleil levant. On a souvent comparé l'aspect extérieur de ces excavations à celui que présenterait une immense syringe, et l'on a eu raison. De loin, ces trous nombreux, rapprochés, égaux, se détachant en noir sur les tons généralement pâles des montagnes égyptiennes, ressemblent en effet à une vaste flûte de Pan que pourrait seule faire résonner le souffle monstrueux de quelque Polyphème. Les hypogées de Syout sont pour la plupart de vastes chambres carrées dont les parois sont chargées d'hiéroglyphes et de représentations qui se rapportent à l'art militaire. Dans ces sculptures, nous ne verrions que des soldats roides et maigres, marchant les uns derrière les autres ; mais les égyptologues y ont découvert ce fait curieux, que lorsqu'elles furent exécutées (de la cinquième à la neuvième dynastie) le cheval était inconnu en Égypte, où il ne fut sans doute amené que par l'invasion des Pasteurs. Ces chambres ont servi de retraite et d'église aux premiers chrétiens, car sur les murailles, on retrouve l'enduit de limon dont ils avaient caché les images païennes. Une de ces salles était ornée de quatre gros piliers taillés en pleine roche; on les a brisés à la base pour en faire de la chaux; ils pendent maintenant du plafond comme d'informes clefs de voûte. Çà et là s'ouvrent des puits profonds où sont entassées les momies de loups et de chacals, nombreuses et disposées comme les ibis de Sakkara. Un bourriquier arabe me guidait à travers les couloirs. Il prétendait que les peintures hiéroglyphiques représentaient les Mameluks vaincus par Bonaparte, et il cherchait sur le sable, avec toute sorte de minutieuses attentions, la trace des pieds d'une Anglaise qu'il avait promenée la veille. Lorsqu'il l'avait trouvée, il me la montrait en souriant et me disait avec un gros soupir : « Je la reverrai quand elle reviendra de la haute Égypte. »

Le 1er mars, vers midi, en passant devant *Djebel-Farchout*, je vis des crocodiles pour la première fois. Ils dormaient sur une petite berge verte, couchés sous des tamarix. Quelques-uns avaient de dix à douze pieds de long. A mon coup de fusil, ils se lancèrent dans l'eau à grand bruit et disparurent. Souvent, presque tous les jours, j'en ai revu depuis, réunis sur les îlots de sable, en groupe de trois ou quatre, et quelquefois de dix-huit à vingt. Lorsque la cange se rapprochait d'eux, ils levaient leur tête écailleuse et se laissaient lentement glisser dans le fleuve en courbant leur échine, comme de gigantesques limaces. Leur voracité n'est point douteuse; ils se jettent sur ce qu'ils rencontrent et pourtant les accidents sont rares. Pendant cinq mois que j'ai navigué sur le Nil, mes matelots ont été constamment dans l'eau, et jamais nul d'entre eux n'a poussé un cri de détresse. Moi-même, je me suis baigné sans danger chaque jour. Il est juste de dire que ma maigre personne était un régal trop médiocre pour tenter ces gros sauriens accoutumés à des repas d'une frugalité moins manifeste.

J'ouvre mes notes et je lis : « *Lundi 4 mars*. A sept heures et demie, je suis descendu à terre pendant que les mariniers tiraient la barque à la corde. Dattiers, palmiers doums, mimosas, herbes hautes, jardins de riciniers et de cotonniers enclos de murailles en terre battue. Sur un palmier, un nègre en caleçon blanc est monté, qui abat les branches; tout son corps est éclairé par le soleil, à l'exception de son épine dorsale qui se creuse en une ombre serpentine ondulant à chacun de ses gestes. Fellahs qui travaillent aux chadoufs et me demandent un bakhchich. Un enfant passe, conduisant un bœuf de Dongola : tête resserrée entre deux petites cornes, large et magnifique fanon, plus superbe cent fois que tous les jabots en dentelles d'Angleterre, de Venise, de Malines ou d'Alençon ; à la naissance du dos, grosse bosse graisseuse ; jambes minces, sabots étroits, œil mélancolique, doux, attristant ; la tête est couleur gris de fer, pointillé de noir; le reste du corps, isabelle. Le même jour, à quatre heures et demie, pendant que le soleil déclinant empourpre toute chose, nous passons devant Thèbes. La cange s'arrête cinq minutes aux rivage de Louksor pour me donner le temps de remettre une lettre au gardien de la maison de France. C'est comme une vision. Pylônes, obélisques, colonnades, dromos, minarets, mosquées, pigeonniers, huttes de fellahs, matelots, palmiers, montagnes bleues, femmes à jambes nues qui plongent leurs vases dans le Nil, troupeaux qui beuglent en marchant, vautours qui planent au-dessus des temples, et par-dessus tout cela, le soleil couchant de l'Égypte. On hisse la voile, le vent la gonfle, nous partons. Sur l'autre rive, montagnes de Gournah trouées d'hypogées et noyées dans la lumière diffuse. »

Le 6 mars, j'arrivai à Esné, l'ancienne Latopolis, où j'étais obligé de demeurer un jour pour donner à Reïs-Ibrahim et au drogman le temps de faire provision de pain, car nous ne devions pas en trouver en Nubie. Ma barque était amarrée au rivage depuis une demi-heure à peine, lorsqu'une femme s'avança vers moi jusqu'auprès du divan où j'étais assis. Elle était enveloppée de larges voiles bleus et suivie d'un mouton blanc et noir, sur le dos duquel on avait tracé des dessins avec du henné. Lorsqu'elle fut devant moi, elle découvrit un fort laid visage et me pria, au nom de sa maîtresse, d'aller le soir dans sa maison voir des almées qui feraient « des danses mêlées de chansons », comme eût dit Molière. J'acceptai. Sa maîtresse était une Arabe syrienne qui, après avoir été quelque temps la maîtresse d'Abbas-Pacha, fut un jour exilée à Esné. Elle se nommait Koutchouk-Hanem (petite-rose), et donnait ainsi des soirées aux voyageurs qui la payaient grassement.

Je passai ma journée à visiter la ville, que le Nil dévore. Depuis quelques années, le cours du fleuve semble appuyer à l'ouest, et à chaque inondation il ronge sa rive occidentale; il jette bas les maisons de Girgeh, d'Esné, de Mynieh; la mosquée de Manfalout doit être tombée maintenant; il déracine les palmiers et emporte facilement cette terre friable que nul quai ne protége.

Les bazars d'Esné sont petits, mal approvisionnés et presque déserts. Sur une place qui s'arrondit devant la mosquée, des teinturiers tendent de longues bandes d'étoffes bleues qui sèchent au soleil et voltigent au vent. Comme je la traversais, un vieil Arnaute vint à moi et me demanda des médicaments pour sa femme malade, mais il ne put jamais me dire de quelle partie du corps elle souffrait et refusa absolument de me la laisser voir. Il me quitta de fort méchante humeur, en me reprochant de ne pas vouloir la guérir.

J'eus presque de la difficulté à découvrir le temple célèbre par un zodiaque à peu près semblable à celui du temple de Denderah, dont il est contemporain. Il est tellement entouré, resserré, obstrué par les masures des fellahs, qu'on ne l'aperçoit qu'à grand'peine. Le terrain a subi un exhaussement considérable, car le portique, qui seul subsiste de toutes les anciennes constructions, est enfoui jusqu'à la moitié de la hauteur. On y descend par un misérable escalier, dont chaque degré est un tronc de palmier fendu en deux. Le plafond, composé de grandes dalles plates, soutenues de poutrelles en pierre, s'appuie sur un dé carré porté par le chapiteau des colonnes qui sont au nombre de vingt-quatre et couvertes, de la base au sommet, d'hiéroglyphes et de sujets religieux taillés en relief. Les parois, en grès brèche, sont sculptées aussi, et la voûte, et les jambages des portes, et les corniches aussi. Mais ces sculptures sont lourdes, d'une décadence outrée, papillotantes à l'œil et d'un effet désagréable. Les chapiteaux ne sont point semblables; les uns ont la forme du palmier, les autres celle du lotus; un d'eux représente un enlacement de ceps de vigne encore garnis de leurs racines.

Ce temple, dédié au dieu Chnouphis, est de l'époque romaine. Le naos, détruit à cette heure, avait été élevé par Thotmès III ; le portique, qui sert actuellement de magasin à coton, a été construit, orné, augmenté, selon Champollion, à diverses époques, sous les empereurs Claude, Vespasien, Titus, Antonin, Marc-Aurèle, Commode, Trajan, Hadrien, Domitien, Septime-Sévère, et Géta, dont on retrouve les cartouches au-dessus de leur image faisant des sacrifices aux dieux.

Sur la terrasse du temple, à côté de noms français, presque tous datés de 1799, je vis un grand nombre d'inscriptions grecques cursives, placées sous un trait grossier, représentant deux pieds. Sur tous les temples égyptiens, j'ai retrouvé ce dessin primitif de deux pieds toujours et invariablement accompagnés d'une inscription grecque, hiéroglyphique ou démotique. Sans doute lorsqu'un pèlerin avait terminé ses dévotions, il montait sur la terrasse du temple, y gravait la forme de ses pieds en en tournant la pointe vers sa patrie, puis il écrivait son nom et la date de son voyage.

Le soleil allait disparaître derrière les montagnes de la chaîne libyque lorsque, précédé de deux matelots et suivi de Joseph, je me rendis chez Koutchouk-Hanem. Je poussai une porte fermée au loquet et j'entrai dans une petite cour sur laquelle descendait un étroit escalier extérieur. En haut des degrés, Koutchouk-Hanem m'attendait. Je la vis en levant la tête ; ce fut comme une apparition. Debout, sous les derniers rayons de soleil qui l'enveloppaient de lumière, vêtue d'une simple petite chemise en gaze couleur brun de Madère et de larges pantalons en cotonnade blanche à raies roses, les pieds nus dans ses babouches, les épaules couvertes par les flots de soie bleue qui formaient le gland de son tarbouch, le cou serré de trois colliers à gros grains, les bras cerclés de bracelets reluisants, les oreilles ornées de boucles trapézoïdales chargées de lamelles d'or, les cheveux châtains, tressés et retenus sur le front par un ruban noir, blanche, solide, joyeuse, pleine de jeunesse et de vie, elle était superbe. Aucune peinture ne défigurait son visage. Sur son front haut et poli se dessinaient deux sourcils hardis, abritant des yeux limpides; son nez, que mordait à la base une trace de petite vérole, surmontait les lèvres fines, humides, moqueuses, qui riaient allègrement en montrant des dents éclatantes; le cou large et de forme antique, s'appuyait sur de fortes épaules dont la ligne arrondie descendait vers des bras qu'embellissait un verset du Koran tatoué en bleu.

Après tous les souhaits de bienvenue impérieusement exigés par la politesse arabe, Koutchouk-Hanem me prit la main et me conduisit dans une grande chambre carrée, garnie de nattes et d'un divan. Je pris place à ses côtés, mes matelots s'accroupirent près de la porte, Joseph s'assit sur un tabouret. Elle frappa dans ses mains; une esclave abyssinienne parut, apportant un plateau chargé de verres et d'un flacon d'araki, Au bras de cette malheureuse, je remarquai une large cicatrice rayonnante, qui était la trace d'un bubon de peste. Quelques minutes après, trois femmes entrèrent, assez laides, et simplement vêtues de cotonnade gros bleu à fleurs jaunes; puis deux musiciens, l'un fort jeune, l'autre assez vieux, grisonnant, borgne, et coiffé d'un turban blanc. Ils s'accroupirent tous deux et tirèrent de leur blouse une sorte d'instrument qui ressemble aux rebecks que Fra Angelico met entre les mains de ses anges. Figure-toi une pochette terminée par une tringlette en fer qu'on appuie par terre, afin de la faire pivoter à volonté; l'archet est un bâton d'où pend un écheveau de crins rattaché à un anneau de cuivre que le musicien passe dans son pouce, il tire dessus en jouant pour lui donner le degré de tension nécessaire. Deux des femmes saisirent des darabouks, les frappèrent et, avec l'accompagnement des rebecks, commencèrent à chanter cet air charmant dont Félicien David s'est inspiré pour écrire la *danse des almées*. Toutes les femmes dansèrent l'une après l'autre, et quelquefois deux ensemble. Tu connais les danses arabes, tu sais qu'elles consistent seulement en ondulations du corps plus ou moins variées, ralenties ou accélérées, selon la mesure que battent les darabouks, soutenus par le choquement aigu des crotales passées aux doigts de la danseuse, à peu près comme des castagnettes espagnoles. Quand le torse s'agite, les hanches doivent demeurer immobiles, et le torse ne bouge plus dès que les hanches remuent.

Koutchouk-Hanem dansait avec ardeur ; parfois elle tenait tout son corps en repos et faisait simplement glisser sa tête sur la dernière vertèbre avec un mouvement de serpent amoureux; dans d'autres moments, elle s'agenouillait, s'allongeait jusqu'à frôler la natte avec ses seins et faisait, avec ses bras étendus, un geste circulaire qui ressemblait aux grands coups d'aile des oiseaux de l'Océan; mais où elle était vraiment belle, c'est lorsqu'elle jetait hardiment son pied droit pardessus sa jambe gauche, renversant son corps à moitié, entrechoquant ses crotales sonores, et qu'elle marchait en relevant la tête avec le geste des bacchantes du musée d'Arles. Alors les rebecks grinçaient des notes suraiguës et les darabouks grondaient comme une tempête.

A chaque instant, on se reposait pour boire de l'araki qu'on servait impudemment dans des verres à vin de Champagne donnés par quelque touriste anglais. Le vieux musicien surtout était altéré comme une citerne vide, il buvait sans cesse et demandait toujours à boire; tout à coup, il se leva, prit la bouteille à plein ventre, l'entra dans sa bouche jusqu'à moitié du goulot et la vida sans désemparer; ensuite il reprit sa place et se mit à rire.

La nuit obscure était venue; on avait allumé des bougies apportées par Joseph et quatre veilleuses accrochées aux murailles; une vieille femme entra; c'était une ancienne almée fort célèbre dans son temps, mais aujourd'hui ridée, courbée, appauvrie par l'âge. Elle dansa, néanmoins, et avec un art, une précision que nulle de ces jeunes femmes ne possédait. La danse arabe, qui se perd tous les jours, représentait autrefois une action; je la compris en voyant les gestes de la matrone : il y eut rencontre, sollicitation, résistance et défaite.

Comme tu peux aisément te le figurer, cher ami, j'étais content, mais non pas satisfait. Venir sur la terre classique des almées sans voir danser l'*abeille* me semblait presque une impiété. Je la demandai à Koutchouk-Hanem qui finit par céder à mes prières, et surtout au cadeau d'une tabatière à musique que j'avais eu soin d'apporter comme en cas. On mit sans façon mes deux matelots à la porte, on enveloppa d'un mouchoir la tête du jeune musicien, on rabattit sur l'œil unique du plus vieux un anneau de son turban, on fit promettre à Joseph de ne pas trop regarder, les femmes s'accroupirent en cercle, frappant dans leurs mains, répétant sur un mode rapide : *La hénni ahó* ! et la danse commença. Ce ne fut point ce que tu peux croire ; il n'y eut ni abeille ni jeune fille piquée ; ce fut très-simple, passablement bête et assez grossier. Les danseuses étaient fatiguées et presque enivrées d'araki ; le musicien, ivre-mort, bavait sur son rebeck ; je dis adieu à Koutchouk-Hanem, et je regagnai ma cange, qui partit avec bonne brise vers quatre heures du matin.

Trois jours après, j'arrivais à l'entrée de la première cataracte. Le Nil se resserre, il devient vert et profond ; dans l'ouest, les montagnes sont d'un sable jaune comme de l'or ; sur le mamelon le plus rapproché s'arrondit un marabout blanc, qui domine quelques ruines en briques crues effondrées à mi-côte ; dans l'est on aperçoit les maisons et les minarets de la ville d'*Assouan* ; au sud, une colline ferme l'horizon ; vers le nord, le Nil remonte à perte de vue. Au milieu du fleuve s'épanouit l'île d'Éléphantine avec ses champs de froment si unis qu'ils ressemblent à des prairies, et ses bois de dattiers qui ont une séve, une vigueur, une beauté que je n'ai point encore vues.

De gros rochers en granit noir, luisants comme de la résine, lèvent leur tête au-dessus des eaux ; des hommes placés à califourchon sur un tronc de palmier qu'ils dirigent en pagayant avec les mains, traversent le petit bras du fleuve. Sur les quais d'Éléphantine, construits par les Romains avec des matériaux antiques, j'entends le bruit des sakiehs tournées par des bœufs que dirigent des enfants. Nous doublons un pan énorme de rochers sur lequel s'entaille le cartouche de Ramsès le Grand ; on cargue nos voiles et on attache la barque à un pieu fiché en terre, au pied d'un monticule surmonté de débris informes. Je me jette dans le canot et me fais descendre à Éléphantine, la Syène merveilleuse dont les anciens nous ont tant parlé.

Des barques tirées à sec sont échouées sur les rives où frissonne une végétation magique ; c'est comme un bouquet de fleurs éclos sur le Nil. Sous les palmiers l'ombre est si intense que le soleil ne la pénètre pas ; un air chargé d'effluves vitaux circule autour de moi ; quelle retraite pour celui qui, las du monde, chercherait le repos en attendant la mort !

Je marche à travers des orges si hautes, que j'y disparais, quêtant curieusement quelques restes des civilisations écroulées ; là il y avait des temples, des palais, un nilomètre ; il y avait des constructions de tous les peuples et de tous les âges ; vers l'extrémité méridionale, je retrouve les pieds-droits d'une porte rongée et brisée par les charrues.

Est-ce donc là tout ce qui subsiste de tant de monuments ? Qu'importe ? Si jamais on a le droit d'oublier les inscriptions, les temples, les traditions, les hommes et leurs œuvres, c'est en présence de cette nature éternelle, souriante et magnifique, c'est sous ce ciel profondément bleu, c'est devant ce Nil immense, recourbé, replié, avec ses îlots de sable gris, la verdure de ses rivages et les montagnes jaunes dont il baigne le pied. Il est bon d'aller dans les vieux édifices, de regarder longuement les idoles muettes, de déchiffrer la science des peuples d'autrefois, de se pénétrer du parfum qu'on respire dans les sanctuaires déshabités ; il est bon d'évoquer les ombres du passé ; mais il est meilleur de marcher sous les arbres, de mouiller ses pieds sur le sable des grands fleuves, de dormir sous les étoiles comme un roi-pasteur, de se recueillir pour écouter les mille bruits qui chantent dans les herbes et de communier directement avec Dieu en contemplant, en admirant, en adorant partout sa présence, qui est l'âme de toutes choses.

Ici la race n'est déjà plus la même ; l'Égypte finit et la Nubie commence : les hommes sont presque noirs, les femmes ne se voilent plus le visage ; au delà de la cataracte, elles vont nues tant qu'elles ne sont pas mariées, portant une simple ceinture composée de lanières de cuir ornées de coquillages et de verroteries ; leurs cheveux, nattés en mille petites tresses enduites de graisse de mouton ou d'huile de ricin, sont disposés absolument comme ceux des anciennes statues égyptiennes. Les villages des cataractes sont habités par des hommes alertes, durs, hardis ; on sent à les voir que s'ils n'ont plus la mollesse des fellahs d'Égypte, ils n'ont pas encore la douceur des Nubiens ; ils forment un peuple à part, vivant sur les rochers et luttant contre le fleuve auquel ils semblent avoir emprunté quelque chose de son énergie et de sa résistance. Le passage des barques leur appartient ; seuls, ils peuvent le diriger et l'effectuer. Reïs-Ibrahim remit donc aux *reïs des cataractes* le commandement de la cange qu'on avait eu soin d'alléger en enlevant le lest et tous les objets pesants qui la chargeaient. Des chameaux conduisirent mon bagage, sous la surveillance de Joseph, jusqu'à un village où je devais les retrouver ; quant à moi, je restai sur la barque.

La première cataracte n'est point une grande chute d'eau tombant avec fracas du haut des montagnes, elle est formée de *rapides* coulant violemment parmi les épis de rochers dont le fleuve est coupé, obstrué, rétréci sur un espace d'environ deux lieues ; on pourrait peut-être détourner le Nil, le diriger à travers le désert d'Assouan et ouvrir ainsi aux bateaux une voie large et commode; mais le gouvernement égyptien se soucie peu de pareilles améliorations et ne s'inquiète guère des dangers que courent les barques, les marchandises et les hommes.

Vers cinq heures du matin, la cange fut envahie par une vingtaine de matelots conduits par Reïs-Badjé-Baudi, grand Nubien assez semblable à ces images noires et repoussantes que les peuples de Guinée nomment Mama-Jombo; c'est lui qui devait opérer le passage avec l'aide de Reïs-Haçan-Duché, vieux marinier dont on consultait souvent l'expérience. Les hommes se mirent aux avirons et nous partîmes.

Le Nil est vert, transparent, bruyant; il se brise et fait de gros globules par-dessus les récifs à fleur d'eau; sur un lit de sable une carcasse de barque est couchée; plus loin une autre, plus loin encore une troisième : ce sont des épaves de naufrages. Les matelots chantent en ramant.

A la première chute, nous nous arrêtons; cent hommes environ nous attendent; on prépare les cordes, on les attache solidement à quelque fragment de granit; Reïs-Badjé-Baudi saisit le gouvernail; une amarre est passée autour de notre grand mât, à sa partie la plus solide; cinquante Nubiens réunis parmi les rochers et surveillés par un chef qui les excite et les bat à coups de courbah, tirent à grands efforts sur ce câble, pendant que cinquante autres hommes, montés à bord, hâlent sur une corde fixée à terre. Nos matelots, armés de fortes perches, veillent à parer les chocs qui menacent le bateau; à l'avant et à l'arrière, des hommes nus, entourés d'un grelin, sont debouts et prêts à se jeter à la nage pour le porter là où il sera utile.

A un signal donné, tous commencent ensemble leur travail. Entre les deux tractions combinées, la cange glisse lentement, en éraillant avec bruit ses parois contre la tête des récifs ; elle se balance comme indécise, recule quelquefois en talonnant contre un bloc, reprend sa marche pénible et triomphe enfin de l'obstacle, pendant que les hommes poussent de grands cris et que les reïs les frappent en les chargeant d'imprécations.

Nous eûmes ainsi cinq rapides à traverser, et nous les franchîmes heureusement, sans autres avaries que d'insignifiantes écorchures de notre coque.

J'ai pu, cher Théophile, t'expliquer sommairement comment s'exécute le passage de la première cataracte, mais comment pourrais-je t'en décrire les paysages auxquels rien n'est comparable parmi toutes les choses que nous avons vues?

Le Nil serpente à travers des détours incessants : ici, large et laissant voir les sables de son lit ; là, étroit, profond, tumultueux ; les rochers en granit noir, en granit rose, en grès brèche, en porphyre, semblent avoir été tout à coup saisis par le froid alors que, liquéfiés et bouillonnants pendant les convulsions plutoniennes, ils coulaient librement l'un vers l'autre comme des fleuves de feu. Je ne sais quel géant les a maniés lorsqu'ils étaient tièdes encore, mais les trous arrondis qui les creusent paraissent l'empreinte de doigts monstrueux. Au sommet de ces roches, d'où s'écoulent parfois des fientes d'oiseaux blanches comme des larmes d'argent, se tiennent, immobiles et songeurs, des hérons attentifs aux poissons qui passent.

Les îlots sont sans nombre ; parmi les sables gris pailletés de micas qui les recouvrent, des jusquiames, des euphorbes hautes comme des arbustes, des tabacs élancés ont poussé à côté des buissons de cassis et des palmiers battus par le vent. L'horizon est entouré de montagnes jaunes couronnées de rochers noirs ; le ciel est bleu foncé. C'est le matin et le soir qu'il faut voir ces paysages, car alors ils sont coupés par des ombres qui font valoir la lumière puissante qui les dore ; mais au milieu du jour ils disparaissent sous une clarté terrible, noire pour ainsi dire et qui semble ne pas éclairer, tant elle noie indistinctement tous les objets dans des teintes uniformes. Des enfants nus et charmants courent parmi les rochers, se jettent dans le fleuve, traversent les rapides et viennent m'offrir les truites qu'ils ont saisies en nageant.

Au village d'*El-mahatta*, je rejoins mes gens ; les reïs des cataractes nous quittent, et nous partons lestement afin de profiter de la brise. Nous passons à toutes voiles devant l'île de Philœ, dont les colonnades et les pylônes sont illuminés par le soleil couchant ; en doublant une petite île, j'aperçois une troupe de cinq à six mille cigognes, qui pose ses sentinelles et fait ses dispositions pour la nuit.

Maintenant, cher ami, je copie textuellement mes notes au jour le jour ; au milieu de ces phrases incomplètes, morcelées et pleines de répétitions, tu saisiras mieux au vif mes impressions variées à chaque nouvel aspect du pays.

Mercredi 13 *mars*. — Vent faible, chaleur déjà intense ; le Nil se rétrécit sensiblement entre les montagnes où s'amoncellent des rochers de toutes formes ; la terre cultivable se resserre aussi ; les palmiers sont d'une indescriptible beauté ; sur les hauteurs, ruines de forteresses élevées jadis par les Mameluks. Le fleuve devient rivière, il sent le poisson, on y entend chanter les grenouilles. Depuis hier, nous avons pris un pilote à bord; il doit nous conduire à Ouadi-Halfa et nous ramener à Assouan; il se nomme Reïs-Haçan : c'est un grand Nubien assez beau, silencieux et toujours assis à la poulaine, regardant vers le Nil.

Jeudi 14 mars. — Le matin, à dix heures, nous passons sous le tropique du Cancer. Voici le paysage : le Nil est plat et verdâtre; à droite, rochers énormes continuant la chaîne libyque culbutés les uns par-dessus les autres et simulant de loin les gradins d'un amphithéâtre; tout auprès, masures en limon recouvertes de paillassons. A gauche, groupes magnifiques de dattiers, cassis, érables, palmiers doums d'où s'échappent des roucoulements de tourterelles; chadouf manœuvré par deux nègres; plus loin, une sakieh tournant sous un gourbi disparu dans les étreintes d'une immense aristoloche. Champs d'orges, de cotonniers et de fèves; huttes du village d'*Abou-Hor* appuyées à une colline d'un gris roussâtre, fendillée et composée de blocs disposés comme un large escalier. Au moment où je marchais près d'une masure, une femme en est sortie suivie de ses enfants. Elle était enveloppée d'une loque en laine de chameau; ses yeux à sclérotique blanche tranchant sur l'iris noir, ses traits fermes et droits, lui donnaient une sorte de douceur féroce très-difficile à définir; sa fille aînée, âgée d'environ douze ans, était fort belle; ses cheveux à la nubienne, graissés d'huile, entouraient son front bas; ses yeux sont énormes, ses dents éblouissantes; elle allait la poitrine et les jambes nues, faisant à chaque mouvement sonner sur ses hanches les coquillages de sa ceinture de cuir. Ici, tous les habitants sont noirs; c'est presque le pays des nègres. Les hommes du village viennent m'offrir différentes curiosités, entre autres un bracelet taillé dans une seule dent d'éléphant et des boucliers en peau d'hippopotame, de girafe ou de crocodile. A l'ombre, dans le divan de la cange, trente-trois degrés centigrades.

Vendredi 15 *mars*. — Le Nil est comme une mer. Il vient des rafales qui donnent de grands coups dans notre voile dont on est obligé de lâcher l'écoute. Le vent est si violent, que le ciel est gris et le soleil tout pâle, ce qui contraste singulièrement avec l'extrême chaleur qui nous accable. Les rivages retournent, le matin, vers une apparence plus égyptienne : les montagnes s'éloignent et la terre cultivable est plus large. Vers le soir, au contraire, elles reprennent un aspect africain plus intense que jamais. Haute montagne qui est *Djebel-Séboua* et dont la structure régulière me rappelle la montagne des Lions, près d'Oran. Par une coïncidence singulière, *Djebel-Séboua* signifie *montagne des Lions*. Descendu à terre vers le coucher du soleil : sable jaune et épais couvert de petites touffes de joncs desséchés (*halfa*) ; rochers en grès rose et friable; grosses pierres de granit noir sur les bords du Nil; dans l'ouest, le désert.

Samedi 16 *mars*. — Apparence de plus en plus africaine des montagnes décharnées, brûlées, calcinées, noircies, volcanisées ; tamarix baignant dans le fleuve; palmiers découronnés, dont les longues feuilles, rongées par les sauterelles, pendent trouées, jaunes, dentelées de morsures et mortes; sakiehs criardes qui tournent jour et nuit. Vers deux heures, la cange s'arrête à *Korosko* pour faire des vivres. Entre le Nil et les montagnes s'étend une petite plaine plantée d'orges et de cotonniers. Les masures, basses, carrées, bâties en boue, disséminées, loin les unes des autres, sont habitées, pour la plupart, par des Arabes *Ababdehs* qui portent pour tout costume une courte draperie sur le ventre et les cuisses. Ils vont la tête nue, contrairement aux autres peuples orientaux; leurs cheveux, longs sur les oreilles, courts au sommet de la tête, graissés à outrance, sont ornés d'un aiguillon de porc-épic, ou quelquefois d'un simple fétu de paille qui les traverse, à la façon des épingles napolitaines. Les hommes sont noirs, solides et beaux. Un d'eux, dont les cheveux étaient taillés à la Caracalla, ressemblait, malgré sa couleur, à un proconsul romain. Quelques femmes tournaient curieusement autour de moi. Une vieille, grisonnante, était si profondément maigre et laide, qu'il était difficile au premier abord de reconnaître son sexe, quoiqu'elle fût presque nue. Une autre, fort jeune, portant au cou un collier de verroteries et de billes en bois, ayant les bras sillonnés de brûlures faites avec un couteau rougi au feu et les lèvres teintes en bleu, avait des cheveux si outrageusement enduits de graisse de chèvre, qu'on les prenait pour un bonnet en laine tressée. De nombreux chameaux et d'élégants dromadaires sont couchés sous des sycomores qui verdoient près d'une vallée rocailleuse où volent des corbeaux et des percnoptères. Korosko est le lieu de départ et d'arrivée des caravanes du Sennaar et de Khartoum; le matin même, cent chameaux étaient partis. Le cimetière est plein de tombes, comme partout où s'arrêtent les caravanes. Je regardai longtemps quelques Ababdehs occupés à coudre une semelle de cuir au pied blessé d'un dromadaire. A leur bras s'attachait par un bracelet un court et large poignard; un long glaive à lame allemande pendait à leur dos; leurs lances reposaient contre le tronc des arbres. Ils sont de belle race, hardie, batailllarde et querelleuse. Sur l'horizon du sud se découpe le profil bien mamelonné de montagnes qui rappellent la chaîne du petit Atlas; sans le Nil, on s'y tromperait.

Tout le jour il y a eu dans le ciel des nuages blancs éparpillés comme des crinières. Le soleil s'est superbement couché. J'étais en chasse sous des palmiers que le vent secouait. Le Nil, près de moi, avait des teintes violettes très foncées; plus loin il paraissait un lac d'étain en fusion, glacé de tons groseille. Les montagnes éclairées ressemblaient à d'immenses grenats transparents, enchâssés dans les sables jaunes que le soir bleuissait; le ciel était roux, moutonné, coupé de grandes lignes brunes qui tranchaient sur la lumière. Peu à peu tout cela s'est éteint; le crépuscule verdâtre est arrivé, la nuit livide lui a succédé et l'obscurité était tout à fait venue lorsque je suis rentré à bord.

Dimanche 17 *mars.* — Encore des nuages et du vent contraire. Les champs de cotonniers sont charmants; la feuille de l'arbuste se dessèche et devient rouge; quelques-uns ont encore leurs fleurs d'un jaune pâle, tandis que d'autres laissent échapper déjà les flocons blancs de leurs gousses entr'ouvertes. Depuis que je suis en Nubie, je n'ai pas vu une ville, j'ai rarement rencontré de village, mais partout j'ai trouvé des maisons; c'est comme un long faubourg qui suit les bords du Nil depuis la première jusqu'à la seconde cataracte. Le pays est très-peuplé, car le gouvernement égyptien ne peut y prendre aucun homme pour la corvée ou le service militaire. Les femmes y font tous les travaux fatigants, pendant que leurs maris fument à l'ombre et se racontent des histoires; aussi, c'est une richesse que d'avoir plusieurs femmes.

Les palmiers ne sont point isolés comme en Égypte, mais réunis en gerbes et retombant en mobiles cascades de verdure, que le soleil couchant frange de lumière pendant que le centre reste dans l'ombre. Placidité puissante et grasse des paysages. Le ciel a des tons profondément adoucis, semblables à ceux du pastel. La nuit, les palmiers noirs se détachent sur le ciel comme de grandes ombres chinoises.

Lundi 18 *mars.* — Je visite le temple d'*Amada*, isolé sur les bords du Nil, dans un désert. L'extérieur est trapu, écrasé, enfoui dans les sables jusqu'à moitié de la hauteur. Sur la terrasse s'arrondissent les ruines d'une coupole en briques crues. Jadis elle fut construite par les Coptes, qui du temple avaient fait une église. C'est Tothmès III qui l'édifia, et Champollion retrouva sa dédicace que voici : « Le dieu bienfaisant, seigneur du monde, le roi, SOLEIL STABILITEUR DE L'UNIVERS, le fils du soleil, TOTHMÈS, modérateur de justice, a fait ses dévotions à son père, le dieu Phrè, dieu des deux montagnes célestes, et lui a fait élever ce temple en pierres dures; il l'a fait pour être vivifié à toujours. »

Des écoulements de sables ont glissé dans les salles soutenues par des piliers carrés qui rappellent la forme dorique; les parois sont ornées de sculptures d'une extrême finesse couvertes d'une couche légère de peinture quelquefois disparue sous le limon dont les premiers chrétiens avaient barbouillé les murailles. Parmi les différentes représentations qui ont trait aux règnes de Tothmès III, Aménophth II et Tothmès IV, j'en remarque une fort singulière et dont le sens m'échappe. Une femme peinte en jaune, jeune, nue, couronnée d'une étoile, tenant de la main gauche une lance, et de la main droite une épée brandie, se termine par son extrémité inférieure à peu près comme un Hermès; deux mains appartenant à un corps invisible avancent au-dessous d'elle les jambes qui lui manquent. N'est-ce point le symbole d'une déclaration de guerre? Pendant que j'examinais ces sculptures, des femmes sont entrées et ont ramassé du fumier de chèvre qui sèche sur le sol d'une des chambres.

Le même jour, à trois heures, nous nous arrêtons à *Derr*, une vraie ville cette fois, presque entièrement peuplée par les descendants de Haçan-Kachef, mameluk qui s'y était établi autrefois. C'est une population blanche qui semble dépaysée au milieu de ces contrées habitées par des noirs. Les premières maisons apparaissent à un quart de lieue du Nil qui les baigne pendant l'inondation. En haut d'une berge, sous un immense sycomore, je rencontre un vieux Turc assis; c'est le gouverneur de la ville; il est arrivé depuis trois jours seulement et a déjà réussi à se rendre terrible. Il m'invite à prendre le café et nous causons ensemble de la Russie, cette préoccupation constante de tous les Osmanlis. La ville est propre, les rues sont larges, les enfants me suivent, les femmes me regardent; quelques-unes d'entre elles, avec leurs cheveux nattés et tombant sur leurs épaules nues, ont des tournures bien sculpturalement égyptiennes. Du haut de la colline qui termine Derr, je regarde les grandes maisons carrées à terrasses, les palmiers fourmillants, quelques marabouts blanchis à la chaux, et les jardins plantés de citronniers en fleurs. Dans cette montagne, qui n'est qu'une roche, Ramsès-Sésostris a fait creuser un spéos qu'il a dédié à Phré à la tête d'épervier (ἥλιος). Sur les parois extérieures, le roi est figuré offrant au dieu un groupe de sept ou huit prisonniers agenouillés et suppliants qu'il tient tous ensemble par leurs chevelures réunies dans sa main. En avant du pronaos s'élèvent quatre piédestaux qui supportaient des colosses actuellement brisés, et dont il ne reste plus que les jambes; des piliers soutiennent les plafonds intérieurs; sur les murailles, des sculptures d'un style très-châtié représentent des sacrifices à Ammon générateur, à Phrè, à d'autres dieux du Panthéon égyptien, et des cérémonies où des prêtres à la tête rasée portent des barques montées par des cynocéphales. Dans l'adyton, sur un banc de pierre, s'asseyaient jadis trois statues maintenant mutilées, décapitées et méconnaissables. On sent partout l'odeur aigre et pénétrante des chauves-souris qui sortent tout effarées des chambres où je pénètre.

Mardi 19 *mars.* — Vers trois heures, une cange chargée d'esclaves passe près de la nôtre, deux autres la suivent bientôt; je fais armer le canot et je me rends auprès de ces Djellabs afin de leur acheter quelques curiosités du Dar-Four et du Sennaar.

Dans ces grandes barques, les femmes sont entassées pêle-mêle, négresses, mulâtresses, Abyssiniennes, nues, brûlées par le soleil, abruties, humbles et sans force. Je les examine pendant que je suis assis sur l'habitacle avec les marchands. Presque toutes les négresses ont le dos et les bras tatoués de coups de couteau symétriquement rangés et intentionnellement tracés. La pleine lumière du jour brillait sur leur peau noire. Une d'elle broyait du blé entre deux pierres plates qu'elle faisait mouvoir avec effort; je la voyais de dos, grosse, grasse, large, reluisante; à chacun de ses mouvements ses longues et puissantes mamelles ballottaient en frappant contre sa poitrine. Je remarque une petite fille de dix à douze ans, Abyssinienne du plateau de Gondar; son teint est de couleur de terre de Sienne très-foncée; des verroteries s'enroulent à son cou, des piastres d'or et des grains de corail entourent son front, du *koheul* borde ses yeux tristes et doux; je lui donne un collier de fausses perles : elle se jette dessus comme un chat sur une proie et montre en riant ses dents blanches. Au moment où je remonte sur mon canot, une autre esclave d'Abyssinie sort de la chambre, met le pied sur le bastingage et, laissant tomber à demi la guenille qui la couvre, me demande un collier. Sa poitrine est large, ses cheveux crépus et tressés s'agencent sur sa tête en trois bourrelets séparés; son œil, grand, fendu, méprisant et hautain, regarde hardiment sans baisser la paupière; son nez droit, à narines ouvertes et soulevées, s'abaisse sur une bouche dédaigneuse qui surmonte un menton carré; elle avait l'air de quelque statue de bronze d'une divinité des Olympes oubliés. Toutes ces femmes et ces jeunes filles sont des enfants volés; dans leur pays, un homme de vingt ans, solide, bien fait, vigoureux, se paye de six à dix francs; rendu au Kaire, il vaut environ trois mille piastres (sept cent cinquante francs).

Je me fais descendre sur le rivage, et, pendant que je marche sous les palmiers illuminés par des nuages rouges que le Nil reflète, je pense au rapt de ces malheureuses filles, à leur lutte quand on les a enlevées, à leur tristesse, à leurs regrets, au désespoir de ceux qui les ont aimées; je m'en vais rêvassant des contes nègres, et me sentant pris d'un désir immodéré de suivre ces marchands de chair humaine dans leurs dangereuses expéditions.

Vendredi 22 *mars*. — La journée de la veille avait été pleine de khamsin ; le vent avait été chaud, énervant, chargé de lassitude et de sommeil ; au milieu de la nuit, il changea et nous poussa rapidement entre les rives qui fuyaient avec la forteresse d'Ibrym, les colosses d'Ibsamboul et les crocodiles endormis sur les îlots. Le soir à huit heures, nous arrivâmes à *Ouadi-Halfa*, quarante-six jours après notre départ du Kaire.

La brise est dure ; la lumière de la lune ressemble sur le sable gris à un effet de neige ; un groupe d'hommes est réuni sur la rive pour voir l'abordage de notre cange. Reïs-Ibrahim se précipite vers moi, me saisit les mains et s'écrie : « Que Dieu te ramène dans ton pays aussi heureusement qu'il t'a conduit à la seconde cataracte. » Je reçois immédiatement la visite du cheikh de Ouadi-Halfa, d'un ingénieur égyptien et du nazir d'Ibrym en tournée de perception. Ils me demandent de l'eau-de-vie et me fatiguent de leur bavardage. Pourquoi suis-je triste d'être déjà parvenu au terme de mon voyage d'Égypte et de Nubie? Dans quelques jours, on tournera ma barque vers le Kaire ; j'ai bien des pays à traverser avant de rentrer en France, je le sais, bien des mois à marcher, bien des nuits à passer sous le ciel ; mais n'importe, je sens que c'est déjà le commencement du retour !

CHAPITRE III

LA NUBIE INFÉRIEURE

La seconde cataracte. — Descente du Nil. — On rame en chantant. — Les spéos d'*Ibsamboul*. — La forteresse d'*Ibrym*. — Le temple de *Séboua*. — Un courrier de la poste. — Visite d'un nazir. — L'impôt. — La bastonnade. — Abbas-Pacha. — Temple de *Maharakka*. — En voyage. — Temples de *Dakkeh* et de *Kircheh*. — Une mèche de cheveux. — *Kalabcheh* et *Beit Oually*. — *Tafah* et *Kardassy*. — Les fantômes. — Temple de *Deboudeh*. — Un sorcier. — Descente de la première cataracte. — Le désert d'*Assouan*. — La légende de *Bellal*. — *Philæ*. — Le grand temple d'Isis. — Les iconoclastes. — Le dieu des lettres. — Ruines romaines. — *Mammisi*. — Paysages. — L'île de *Bégéh*. — Les palmiers. — La légende de Caïumarath.

Ouadi-Halfa (la vallée des roseaux) est un village dont les maisons dispersées parmi les champs et les dattiers se disséminent sur la rive droite du Nil ; sur la rive gauche, un grand khan sert d'asile aux Djellabs et aux caravanes ; le paysage est terne et grisâtre, le tropique est déjà loin. Le khamsin courbe les arbres et charrie des tourbillons de poussière. Dans le ciel on voit passer incessamment de longues bandes de cigognes qui émigrent vers le nord.

Au delà d'Ouadi-Halfa, c'est la seconde cataracte, où commence la Nubie supérieure. La limite est indiquée par une haute montagne nommée *Djebel-Abouçir* ; je voulus aller la gravir pour contempler les horizons que l'on y découvre.

L'âne qu'on m'avait réservé pour cette promenade ressemblait trop à celui dont je t'ai parlé dans mon excursion au lac Mœris, mon cher Théophile, pour que je ne préférasse pas faire la route à pied, cheminant parmi les pierres bleuâtres pleines d'oxyde de cuivre qui jonchent les sables jaunes que j'avais à traverser. Après trois heures de marche, j'arrivai à Djebel-Abou-çir. C'est une montagne immense, plongeant dans le Nil ses flancs rocailleux qu'habitent les ramiers ; elle s'arrondit du côté de la terre ferme en une bosse demi-circulaire que les voyageurs ont déshonorée par une quantité insensée d'inscriptions et de noms gravés en ronde, en coulée, en moulée, en bâtarde, en romaine, en majuscule, en gothique, en anglaise.

Du haut de la montagne, on aperçoit dans l'ouest le désert d'Abou-Solôme, plat jusqu'au ciel avec deux petits monticules semblables à des tumulus; au nord, à l'est et au sud, on ne voit que la cataracte, *Batn-el-Hagar*, le ventre de pierre, ainsi que l'appellent les Arabes; tout au fond, du côté de l'Éthiopie, on distingue un rideau de verdure à moitié disparue, derrière une brume de sable soulevée par le vent. Large, sinistre, hérissée de rochers noirs, remplie de bouillonnements verdâtres, fourmillante d'arbustes épineux et de plantes vénéneuses, infranchissables pour les barques, la cataracte s'étend sur un espace de six lieues. Nul peuple ne l'habite ; il n'y a sur les bords ni village ni maisons ; elle est déserte et muette. Un jour, je l'ai parcourue en canot, j'en ai remonté les rapides, j'ai passé à travers les aigrettes de rochers noirs comme des blocs de charbon de terre, je suis descendu sur les îlots brûlants où poussent des arbres qui ont plus d'épines que de feuilles, j'ai été étourdi par le silence, et j'ai pensé que c'était là que devaient habiter les héros des contes de l'Orient, la fée des roseaux verts et le génie des sombres eaux. Près d'une grève abreuvée par le fleuve, à côté d'un bouquet de jusquiames, j'ai vu des formes étranges qui remuaient; je me suis approché et j'ai aperçu un chacal, des gypaëtes blancs et des vautours chenus qui déchiraient le cadavre pourri d'un crocodile échoué sur le sable.

Depuis huit jours, le ciel est plein de grands nuages blancs échevelés; la chaleur est lourde, le vent est chaud, on sent que le khamsin souffle en Egypte. La cange est disposée maintenant pour la descente du fleuve; on a abattu les deux mâts et les vergues, on a enfoncé de forts tolets dans les plats-bords, les avirons sont armés, on est prêt à partir.

Douze matelots sont debout, six de chaque côté de la barque, tenant chacun un aviron de dix-huit pieds de long; le second est au gouvernail; Reïs-Ibrahim a donné le signal, on largue l'amarre qui nous attachait au rivage et nous nous éloignons au gré du courant. Les matelots entonnent un chant monotone qui accompagne et soutient leur travail; le bruit des douze rames retombant en cadence scande sourdement chaque verset de leur chanson. Pendant trois mois et demi je les ai vus ainsi, tout le jour et quelquefois la nuit encore, maniant leurs avirons, luttant contre le vent contraire, maigris de fatigue, dormant à peine quelques heures, mais toujours courageux et toujours psalmodiant leur mélancolique refrain, dont les notes douces et lentes bourdonnent encore dans mon souvenir. Dans cette saison avancée de l'année, le Nil est au plus bas, aussi chaque jour et plusieurs fois souvent ma barque s'ensablait; alors les hommes laissaient là les rames, dépouillaient leurs vêtements, se jetaient à l'eau, et avec de grands efforts soulevaient la quille engagée dans le lit du fleuve. On entendait des cris étouffés qui ressemblaient à des gémissements, puis les cris s'accéléraient, se précipitaient, devenaient rapides, gais comme un appel de fête, et la barque reprenait sa route pendant que les matelots sautaient à bord par-dessus les bastingages et revenaient parfois avec les épaules ensanglantées. *Allah Akbar !* Dieu est le plus grand ! et on reprenait les avirons.

Le lendemain de mon départ d'Ouadi-Halfa, j'arrivai à *Ibsamboul*, que les Égyptiens nommaient *Abochek*, les Grecs *Abcocis*, et les Arabes *Abou-Sembil*, le père de l'épi.

Dans les entrailles de deux montagnes séparées par un fleuve de sable coulant sans cesse du désert, Ramsès le Grand a fait creuser deux temples troglodytiques : le premier orienté au nord-est, dédié au dieu Phrè (le Soleil); le second, tourné vers le Nil et consacré à la déesse Hathor (Vénus).

La montagne où fut ouvert le spéos de Phrè est en grès brèche; elle a été évidée, ciselée, découpée comme une noix. Les statues, les piliers, les corniches, les poutres, les autels ont été pris à même le rocher; rien dans nos pays ne peut donner idée du travail qu'a dû coûter cette œuvre gigantesque; figure-toi Notre-Dame de Paris taillée dans un seul bloc de pierre. Au devant du temple et adossés à la façade, dont ils font partie intégrante, quatre colosses s'avancent qui représentent : LE SOLEIL DIRECTEUR DE JUSTICE, L'APPROUVÉ DU SOLEIL, L'AIMÉ D'AMMON, RAMSÈS, c'est-à-dire Sésostris.

Assises sur un trône, couronnées du pschent, cette singulière coiffure que les anciens voyageurs prenaient pour un boisseau, les deux mains placées sur les cuisses, la face souriante côtoyée par des bandelettes, les bras cerclés de bracelets qui portent le cartouche royal, impassibles, sereines, presque déifiées, ces statues ont chacune soixante et un pieds d'élévation. La première est enfouie jusqu'aux chevilles, la seconde est brisée à la hauteur des genoux, la troisième disparaît dans les sables jusqu'à la poitrine, la quatrième jusqu'au menton.

On reconnaît facilement par quel procédé la seconde statue a été brisée, ou, pour mieux dire, détachée de la montagne; à hauteur de la poitrine, on a foré un trou horizontal d'un mètre de profondeur environ; on y a chassé avec force un morceau de bois très-sec, puis on a versé de l'eau sur celui-ci; la dilatation produite par l'humidité a suffi pour rompre le colosse en deux et faire éclater toute la partie supérieure qui a été précipitée.

Entre la seconde et la troisième statue s'ouvre une porte dont le linteau, formé d'un bourrelet saillant, émerge seul au-dessus des sables; dans une niche carrée qui la surmonte, se dresse le dieu Prè, à tête d'épervier, ceint des plis pressés d'une courte jaquette, portant de chaque main une croix ansée, emblème de divinité, et soutenant sur son front le globe où s'enroule l'urœus, le serpent sacré [1]. De chaque côté, Sésostris est debout, de profil, offrant au dieu une petite image accroupie de la Vérité. Des hiéroglyphes, des légendes, des cartouches sont entaillés sur toute cette

1. L'*urœus* des monuments égyptiens n'est autre que la couleuvre *cobra capella*.

façade que termine une corniche de cynocéphales sculptés en relief.

On pénètre dans le temple en se laissant facilement glisser du haut des monticules qui obstruent la porte, et on entre dans une salle (pronaos) appuyée sur huit piliers, contre chacun desquels s'adosse un colosse de trente pieds de haut, qui est encore un portrait de Ramsès-Sésostris. Ces colosses sont tous semblables, coiffés du pschent orné de l'urœus, tenant de la main droite une sorte de fouet qui a forme de fléau, et de la gauche un sceptre court terminé en crochet arrondi. Le contour des yeux est indiqué en noir, ainsi que le cordon qui rattache la barbe; ils sont vêtus d'une tunique plissée si légèrement indiquée, qu'elle est perceptible seulement à partir des hanches; entre leurs genoux pend un appendice carré, très-historié, qui doit figurer les franges de la ceinture dont la plaque reproduit le cartouche pharaonique; la plupart sont mutilés, écornés et défigurés; seul, le dernier de la rangée de droite a conservé son visage intact; j'y vois des yeux grands et durs, un nez droit sensiblement recourbé à sa pointe et une belle bouche dont les grosses lèvres semblent sourire. Le plafond, coupé transversalement par de fortes poutres de pierre faisant corps avec les piliers, est enluminé d'une couleur brunâtre sur laquelle ressort le vautour sacré, déployant ses ailes et brandissant dans une de ses serres une arme qui ressemble à un fauchard du XVe siècle.

Sur les parois, on a tracé de véritables tableaux qui se rapportent aux conquêtes de Ramsès en Afrique; le roi y est toujours représenté de grandeur naturelle et peint en rouge. Voici dans leur ordre ces œuvres d'un art très-élevé qui sont autant des bas-reliefs que des fresques.

Côté gauche, trois tableaux :

1° Debout sur son char qu'entraîne le galop de quatre chevaux aux jambes grêles, à la crinière de zèbre, à la tête empanachée de plumes d'autruche, Ramsès lance des flèches contre une forteresse où tout un peuple tend vers lui ses mains désarmées; un homme tombe du haut de la muraille; le vautour sacré vole au-dessus du pharaon que suivent des soldats montés sur des chars.

2° Ramsès, poussé en avant par un mouvement rapide, foule aux pieds des cadavres et perce de sa lance un ennemi qu'il tient de la main gauche par les cheveux.

3° Ramsès triomphe; il est sur son char dont les chevaux marchent au pas sous la conduite d'un homme qui porte l'arc et la lance royale; des prisonniers vont devant lui, les mains liées derrière le dos et le cou serré dans un carcan. Près d'eux s'agite un nègre que nul peintre de nos jours ne rendrait avec autant de science, de naturel et de vérité.

Sur le côté droit, il n'y a qu'un seul tableau montrant le pharaon assis sur son trône; derrière lui ses officiers balancent de grands éventails de plumes semblables à ces *flabella* qu'on porte à Rome lors de l'exaltation des papes; près de lui sont rangés des prêtres reconnaissables à leur tête rasée et à leur longue robe blanche. Au fond, on aperçoit des cavaliers, des chariots et des fantassins.

Différents autres anaglyphes coloriés chargent encore les murailles : à droite de la porte d'entrée, Ramsès offre au dieu Phrè un faisceau de prisonniers qu'il a saisis par leurs chevelures; à gauche, c'est à Ammon-Ra qu'il les présente.

Puis sur les parois du fond on a peint le roi faisant des oblations à Ammon générateur, à Phrè, à Toth Ibiocéphale (Hermès deux fois grand), à Phtah (Vulcain), à la déesse Tafnè Léontocéphale, à Anubis et à d'autres dieux.

La salle (sécos) qui s'ouvre ensuite est encore grande et soutenue par quatre gros piliers carrés; sur les parois on reconnaît, parmi les peintures qui les décorent, Ramsès conduisant la *bari* (barque sacrée) d'Ammon portée par des prêtres.

Dans une troisième salle (adyton) fort obscure, et au milieu de laquelle s'élève un petit autel carré, le pharaon est mis au rang des dieux : c'était là le sanctuaire. Au fond, sur un banc de pierre, sont assises quatre statues : ce sont les dieux Ammon-Ra, Phrè et Phtah qui ont placé Ramsès auprès d'eux.

Dans les autres salles, qui sont au nombre de onze et disposées latéralement comme des ailes, je vois sur les murailles des traits au ciseau plutôt que des sculptures; il semble que le travail ait été abandonné tout à coup, car on trouve des figures indiquées au pinceau, incisées à moitié et quittées sans que depuis on se soit jamais occupé de les achever. Plusieurs de ces salles n'ont même ni sculptures, ni inscriptions, ni peintures, et leurs parois sont à peine dégrossies à la boucharde.

Le spéos d'Hathor, qu'on appelle généralement le petit temple d'Ibsamboul, est séparé du Nil par une berge étroite ; pendant l'inondation, le fleuve lui baigne les pieds. Il paraîtrait colossal, s'il n'était écrasé par le voisinage du spéos de Phrè; comme ce dernier, il est creusé en pleine montagne.

Six statues de trente et un pieds de hauteur sont

debout devant la façade; elles sont isolées et encadrées par des contre-forts de rocher poli, plus larges à la base qu'au sommet; les légendes hiéroglyphiques déroulées sur ces contre-forts expliquent que ce temple a été dédié à Athor par Ramsès, au nom de sa femme Nofré-Ari. Quatre colosses représentent Ramsès escorté de ses fils, et les deux autres Nofré-Ari, accompagnée de ses filles; la reine est toujours placée entre deux statues du roi.

Une porte assez basse conduit dans le pronaos qu'étayent six piliers carrés. Sur les façades externes de ceux-ci s'allonge une bande couverte d'hiéroglyphes et surmontée par une tête d'Hathor, tête large et plate, garnie de grandes oreilles, de cheveux bouclés et coiffée d'un temple carré : cela ressemble singulièrement à un bâton à perruque. Sur les parois, ce sont des oblations de Ramsès à Ammon, à Phrè, à Tafné, au dieu à tête de musaraigne, à Toth hiérogrammate, à Hathor, à Phtah; il offre des fleurs et des fruits.

Dans le sécos, parmi différentes peintures, je remarque un groupe charmant. Hathor, enfermée et serrée dans un vêtement jaune à raies brunes, portant légèrement le temple qui alourdit son front, ornée de trois colliers d'or flottant sur son cou délicat, est debout; d'une main elle tient la croix ansée et de l'autre une fleur de lotus, dont la tige flexible retombe par-dessus son épaule; elle est précédée et suivie par une femme coiffée du globe et des cornes, comme Isis, et qui lève le bras vers elle.

Une statue assise dans le sanctuaire est tellement mutilée et dégradée, qu'il ne m'est pas possible de lui donner un nom. Toutes les peintures de ce spéos sont d'une exquise finesse; ce sont d'inimitables gouaches dont la pureté dépasse celle des sujets dessinés sur les vases grecs.

Les salles des deux temples d'Ibsamboul se trouvent plongées dans l'obscurité, car la lumière, n'y pénétrant que par la porte, suffit à peine à éclairer le pronaos. Pendant que j'y prenais mes notes, je me faisais accompagner de deux matelots portant des bougies qui effrayaient fort les chauves-souris. Une discussion s'éleva entre eux pour savoir à quoi servaient jadis ces chambres immenses : c'était un café, dit l'un ; c'était un bazar, répliqua l'autre. Cette dispute archéologique devint si violente, que je fus obligé d'y mettre fin en faisant taire les deux interlocuteurs.

Le lendemain, au coucher du soleil, j'arrivai au pied de la haute montagne que couronne la forteresse d'*Ibrym*. C'est l'ancienne Premnis ; Olympiodore donne à ce nom une étymologie qui me paraît contestable : « C'était jadis la première ville de la Thébaïde, dit-il, à partir du pays des barbares, c'est pourquoi les Romains l'ont appelée *Prima*, la première, d'où le nom de *Premnis.* » Il est indubitable, au reste, que les Romains ont eu là une place forte ; Strabon raconte qu'elle fut prise par Petronius lors de ses guerres contre la reine Candace. La ville resta au pouvoir des Nubiens chrétiens jusque sous le règne de Saladin, qui la fit assiéger et détruire par son frère Chems-ed-Doulah ; depuis, Sélim II y mit une garnison de Bosniaques, dont la descendance a peuplé le pays ; aussi les Nubiens du district d'Ibrym s'enorgueillissent-ils de leurs yeux bleus et de leurs cheveux blonds.

La montagne qui porte la citadelle ruinée est immense et tombe droit dans le Nil, comme un rempart ; les murailles, les tours carrées découpent au sommet une silhouette effondrée et dentelée par le temps. Je gravis les pentes abruptes qui y conduisent, et, après avoir passé sous une porte évidemment romaine, j'entrai dans la ville. Les scorpions l'habitent, les chacals se réfugient parmi les débris, les milans perchent sur les minarets lézardés. Les maisons écroulées au milieu des rues laissent voir les chambres désertes; les colonnes d'une petite mosquée tremblent de décrépitude; le bruit des pas résonne seul à travers ces ruines où nul homme, nul animal domestique ne se montrent; la ville ressemble à une cité délaissée après un siége, une famine ou une peste; elle est absolument abandonnée.

Du haut d'une des tours qu'ébranlait le vent du sud, j'ai regardé le paysage. Au pied de la montagne, le Nil coulait, large et pacifique; dans l'est, c'était le désert; dans l'ouest, le désert encore. Sur l'autre rive du fleuve, deux Arabes passaient en causant; un si grand silence s'étendait sur toute la nature, que le bruit de leur voix parvenait jusqu'à moi.

Les sables vont loin sur la côte occidentale du Nil, car je les retrouvai encore le surlendemain au temple de Séboua, qu'ils ont presque entièrement englouti. On aperçoit seulement la tête des colosses osiriaques qui soutiennent le portique précédé par de hauts pylônes[1] dont le temps a disjoint les pierres. C'est encore Ramsès-Sésostris qui le fit élever. Quatre statues du

1. Les *pylônes* sont ces masses immenses en forme de pyramide tronquée qui précèdent généralement les temples égyptiens. Diodore les nomme Πυλών; Léon l'Africain dit que les gens du pays les appellent *barba : Altissimas turres quas* BARBA *vocitant.* (*L. Africanus*, lib. VIII.) Le *propylon* est une sorte de haute porte triomphale placée aussi en face de l'entrée principale d'un temple, ainsi que son nom l'indique.

pharaon se dressaient autrefois devant la porte, mais deux seulement sont demeurées debout; les deux autres, brisées et culbutées, sont enfouies sous les débris qui n'en laissent plus voir que les pieds adhérents au socle. Une allée de sphinx accroupis conduisait jadis jusqu'au fleuve; maintenant il n'en reste plus que quatre, dont deux sont décapités. Les Arabes les appellent les lions (*séboua*), d'où le pays a pris son nom.

Le village est de l'autre côté du Nil. J'allai y chasser sous les palmiers pendant que le vent nous retenait au mouillage. J'ai passé près d'un cimetière ombragé sous de gros mimosas; les tombes sont indiquées par des pierres fichées debout sur un petit renflement du terrain. A côté, dans une masure abritée par des nattes déchirées, déchiquetées, traversées par le soleil, j'ai aperçu quatre tombeaux construits en limon; des vases pleins d'eau et des pains reposaient près d'eux. Pendant que je les regardais, j'ai entendu le bruit d'une sonnette, je me suis retourné et j'ai vu un homme qui courait. C'est un vieillard dont le visage noir est entouré d'une barbe blanche; une robe grossière en poils de chameau tombe de ses épaules et bat sur ses jarrets; son long turban, gris de poussière, laisse flotter un bout d'étoffe jusque sur ses reins; ses pieds sont serrés dans des sandales de cuir; il porte au bout d'un bâton un sac en peau de gazelle : c'est un courrier de la poste; il se presse en agitant sa clochette, chacun se range et le salue au nom de Dieu ! Tu vois, cher ami, que la civilisation marche lentement dans ces bonnes contrées du Nil. Voilà un pays qui a des bateaux, des chevaux, des dromadaires rapides, et qui en est encore au système postal inventé par Cyrus, cinq cent soixante ans avant Jésus-Christ. Il est juste de dire qu'ici la vie d'un homme est moins précieuse que celle d'un dromadaire ou d'un cheval, et pour te le prouver, je n'ai qu'à te raconter la visite que me fit le lendemain l'effendi, nazir d'Ibrym.

Je t'ai dit que le soir même de mon arrivée à Ouadi-Halfa j'avais vu entrer dans ma cange différents personnages, et entre autres un nazir en tournée de perception dans la province. Il avait quitté la seconde cataracte avant moi et s'était rendu au village de *Médyk* afin de recevoir l'impôt. Les habitants avaient refusé de payer; alors il avait fait saisir le cheikh, qu'il conduisait avec lui, enchaîné sur sa barque. Sa cange avait déjà passé deux fois près de la mienne, et j'avais pu remarquer un misérable vieillard, maigre, décharné, osseux, lié, couché sur le dos et exposé au soleil qui l'emperlait de sueur. Mon domestique, en le voyant, avait sans doute voulu me donner une idée favorable de sa littérature, car il m'avait dit mélodramatiquement : « Quelle belle tête de vieillard ! » Or le malheureux prisonnier était véritablement hideux. Des hommes et des femmes marchaient sur la berge orientale du Nil et semblaient suivre la barque, vers laquelle ils se tournaient souvent. Tout à coup elle accosta la mienne et le nazir monta à mon bord en se faisant précéder d'un mouton noir qu'il me pria d'accepter. Je reconnus ce cadeau par deux bouteilles d'eau-de-vie qui semblèrent le mettre fort en joie.

Nous nous assîmes sur les divans, et, tout en prenant du café et en fumant chacun un narguileh, nous causâmes, ainsi qu'il convient entre voyageurs qui se rencontrent. Il est fort jeune et ne paraît pas avoir plus de vingt-cinq ans; une petite moustache blonde couvre à peine ses lèvres minces; ses yeux verdâtres ont une apparence féline désagréable que la forme pointue de son nez effilé augmente encore. Il est né à Constantinople, à la fonderie de canons de Top-hana, où son père occupe un emploi important. Il est venu en Égypte se mettre au service du vice-roi, parce qu'il s'ennuyait à Stamboul, qu'il voulait voir du pays, et maintenant il voyage sur le Nil en percevant les impôts. Pour lui, le paysan est un peu moins qu'une bête, un peu plus qu'une plante; c'est une créature intermédiaire, corvéable à merci, bastonnable, hors le droit et la loi; s'il donne son argent, on l'accepte; s'il le refuse, on le lui prend, ou l'on demande sa vie en échange : c'est un serf, un ilote, un vaincu, quelque chose qui naît, vit et meurt comme un homme, mais qui n'en est pas un; on en ferait au besoin de l'engrais liquide ou du noir animal; ce n'est même pas un esclave, car un esclave représente un capital, c'est une machine animée dont on fait, selon les circonstances, un soldat, un marin, un laboureur, un terrassier, un maçon, un portefaix, un cureur de marais, un mineur, un tailleur de pierres; c'est un être que l'on enlève sans souci à sa femme, à ses enfants, à sa maison, à son fleuve; en un mot, c'est un fellah.

Il me disait tout cela en souriant, ce jeune nazir, et semblait surpris de l'expression sérieuse de mon visage.

— Effendi, lui demandai-je, que vas-tu faire du cheikh de Médyk?

Il se mit à rire, car il riait toujours, et me répondit :

— Je vais le conduire à Derr, où je le remettrai entre les mains du gouverneur.

— Et qu'en fera le gouverneur?

— Il lui fera d'abord donner quatre ou cinq cents

coups de bâton, parce que c'est un homme qui n'est point cruel et qui voudra épuiser la clémence avant d'en arriver à la rigueur; puis il attendra que les habitants de Médyk apportent l'impôt.

— Et si les habitants de Médyk n'apportent point l'impôt?

— Alors, tant pis pour le cheikh! on l'attachera sous le grand sycomore de Derr, les mains et les pieds liés à l'arbre; des chaouchs le garderont, afin d'empêcher que nul n'en approche pour lui donner à manger, et il restera là jour et nuit, geignant et pleurant, jusqu'à ce que les hommes de son village versent l'impôt ou qu'il meure de faim.

— Et s'il meurt de faim?

— Alors, on retournera à Médyk, on prendra l'homme le plus important du pays et on lui fera subir le même traitement. Tu comprends qu'il faut bien que l'impôt soit payé.

— Et tu ne crains pas que le village se révolte?

— Ah! il n'y a pas de danger, répliqua-t-il avec un indéfinissable sourire, tous les fellahs sont désarmés; il n'y a que les Turcs auxquels on ne puisse jamais retirer les armes. Et puis cela n'est pas à craindre, la seule vue d'un Arnaute mettrait en fuite toute la Nubie.

— Mais il me semble, lui dis-je, que les quatre ou cinq cents coups de bâton que tu réserves au cheikh de Médyk causeront infailliblement sa mort.

— Oh! non; il y a manière de les donner. On le battra sur le gras des cuisses et sur la plante des pieds; cela le rendra invalide pour cinq ou six mois, mais il n'en mourra pas. Lorsqu'on veut tuer le patient, on frappe deux ou trois coups violents sur la colonne vertébrale, qui est vite brisée, et alors l'homme expire tout de suite; cela est bien simple, comme tu vois.

Le nazir me quitta et remonta dans sa barque; il était arrivé près d'un village où l'appelaient ses fonctions. Il s'approcha de terre, descendit, ouvrit un large parasol et se mit à gravir lentement la berge. Les hommes et les femmes s'approchèrent de lui, son chaouch les écarta à coups de courbach; il s'assit sous un arbre; ma cange doubla un coude du Nil, et je ne vis plus rien.

Ne crois pas, cher ami, que cet homme ait exagéré ces paroles par une sotte forfanterie de cruauté; non, il m'a dit la vérité; c'est ainsi que l'Égypte est gouvernée. Je ne veux point pleurnicher avec sensiblerie sur le sort des fellahs, mais ils sont réellement si misérables qu'ils feraient pitié même à un trafiquant de chair humaine.

Lorsque les blés sont hauts et que vient le moment de la récolte, le nazir arrive; il fixe le prix auquel le gouvernement consent à acheter les céréales sur pied, puis il paye en papier-monnaie et s'en va. Trois mois après, lorsque la moisson est faite et le blé livré, il revient et demande l'impôt, au moins doublé, selon la fantaisie des commis, des percepteurs, des gouverneurs, des pachas et même des ministres. Le paysan apporte le papier-monnaie qu'il a reçu précédemment; on le refuse, il faut de belles espèces sonnantes et trébuchantes. Il n'en a pas; on le bâtonne jusqu'à ce qu'il en ait trouvé; s'il n'en trouve pas, on prend le cheikh du village, et tu sais maintenant comment on le traite. Lorsqu'un fellah fait cette réflexion que, puisqu'il faut toujours finir par payer, il est plus sage de payer avant qu'après le bâton, et qu'il offre sa cotisation personnelle à première demande, il est immédiatement soupçonné d'être riche, d'avoir découvert un trésor, que sais-je? d'être en rapport avec les génies qui gardent les mines de diamants ; alors on exige arbitrairement de lui une somme quelconque, et on le roue de coups jusqu'à ce qu'il l'ait versée. Aussi jamais un paysan de Nubie ou d'Égypte ne paye que sous le courbach. Lorsqu'il rentre à sa hutte, les jours de perception, sans avoir été suffisamment bâtonné, sa femme l'appelle lâche, fils de chien, juif, et lui crache au visage.

Pendant qu'on pressure, qu'on écrase, qu'on pille son peuple, Abbas-Pacha vit grassement dans son nouveau palais d'Assoua, entouré de ses honteux favoris et perdu dans ses crapuleux plaisirs. Rien ne lui coûte pour satisfaire ses fantaisies souvent ineptes. Il aime les animaux, il met à ses chiens des colliers de diamants, passe des épingles ornées de perles fines dans les narines de ses pigeons, et dernièrement a fait battre et exiler le gardien de ses ânes, parce que celui-ci avait négligé une seule fois de leur donner l'orge à l'heure ordinaire. Il s'est fait, à l'aide de nos idées européennes, un jargon ridicule.

— Est-ce que tu crois en Dieu? disait-il un jour à Artim-Bey.

— Oui, Altesse, j'y crois.

— Tiens, cela m'étonne, je te croyais *voltairien*.

Lorsqu'il n'était que gouverneur du Kaire, sous le règne de Méhémet-Ali, son grand-père, il se rendait souvent au palais de Choubrah, dans une calèche attelée de quatre chevaux lancés à toutes jambes, et passait sur les fellahs endormis à l'ombre des arbres de la route. Le consul général d'une haute nation intervint pour empêcher ces monstruosités aussi bêtes qu'inutiles. Un jour, à la citadelle, je l'ai vu. Il était échoué dans le coin d'un divan; c'est un homme de quarante ans, gros, court, engoncé, sans distinction et sans grâce; on ne lit rien sur son visage hébété, ni grandeur, ni volonté, ni finesse.

Toutes les œuvres entreprises par Méhémet-Ali, il les a abandonnées : les filatures sont détruites, les fonderies de canons transformées en fabriques de balustrades, les écoles licenciées. On a grand'peine à l'empêcher de faire dépecer les navires de sa flotte. Il a renvoyé tous les Européens de valeur sérieuse que Méhémet-Ali avait autrefois réunis autour de lui; toutes les machines à vapeur, qu'à grands frais on avait fait venir de France, d'Angleterre et d'Allemagne, sont entassées pêle-mêle dans un magasin à Boulaq; lorsqu'on a besoin d'un boulon, d'un écrou, d'une barre de fer, on va là, on casse, on brise, on emporte, et nul ne s'en occupe. L'Égypte ne veut plus de cet homme. Des cheikhs me disaient : « Nous ne voulons plus de tarbouch, nous ne voulons plus de turban; nous voulons des chapeaux pour nous gouverner. Les infidèles valent mieux pour nous que les croyants. Cette année, nous avons vendu les grains réservés aux semailles pour payer l'impôt; comment donc ferons-nous pour le solder plus tard? Nous nous donnerons au premier Européen qui viendra, qu'il soit Allemand, Français ou Anglais, peu importe, mais à la condition qu'il nous garde. Heureux sont-ils ceux qui ont vécu au temps de Bouénaberdi! »

Au secours, cher Théophile! toi qui connais si bien tous les artifices de notre difficile langage, indique-moi une transition pour rentrer dans mon sujet et te conduire au temple de *Maharakka*, où je débarquai vers le coucher du soleil. Il est fort petit, garni de quatorze colonnes inachevées, construit en grès blanchâtre et date des derniers temps de l'occupation romaine. Une inscription tracée au pinceau sur une des architraves m'apprend qu'il fut dédié à Isis et à Sérapis. Quand la religion chrétienne, installée à Alexandrie après le martyre de sainte Catherine, eut remonté le Nil en convertissant les infidèles de ces rivages, les Coptes prirent ce temple et le changèrent en une église qu'ils consacrèrent à saint Jean. Sur les murailles, ils peignirent une *Tentation de saint Antoine*, dont il reste encore quelques traces indistinctes et difficiles à préciser. Lorsque les musulmans se sont emparés de la Nubie, l'église fut abandonnée ; puis un jour quelque tremblement sénile l'agita et en fit une ruine. Son couronnement précipité l'entoure de débris, sa terrasse infléchie et crevassée est près de tomber, ses assises disjointes semblent de loin les fragments rapprochés d'un jeu de patience ; de larges degrés devaient y conduire, mais ils ont disparu. Dans une des chambres latérales, au milieu d'un monceau de pierres équarries amassées pêle-mêle les unes par-dessus les autres, j'aperçois les dernières marches d'un escalier *en colimaçon*. C'est le seul exemple de ce genre que j'aie vu dans les monuments anciens de l'Égypte et de la Nubie. Je devais plus tard, à Kalabcheh, à Philœ, à Denderah, retrouver des escaliers, mais tous droits, appuyés contre les murailles et coupés à angles obtus. Sur une des colonnes, je lus ce nom : «Caillaud, 1816.»

Près du temple s'élève un pan de muraille isolé en grès brèche. Sur la face septentrionale on a sculpté une scène singulière dont le sens m'échappe. Une femme, vêtue d'une ample robe serrée d'une ceinture, coiffée de deux bandeaux terminés par des tresses, est assise sous un palmier; elle tient la main d'un homme couché à ses pieds et dont la tête repose sur ses genoux; vers elle marche un enfant qui porte un vase. Cette sculpture est d'un style déplorable, grossière, lourde, décadente ou primitive, quoique l'on y distingue certains efforts de tradition pour donner une tournure grecque à l'enfant. Cela me paraît un bas-relief chrétien représentant les faits d'une légende que j'ignore.

Quand la nuit fut venue, j'allai m'asseoir sur un monticule de sable apporté par le vent contre les faces latérales du temple; à travers les pierres écartées des parois, j'apercevais le ciel tout brillant de sa propre lumière, car la lune n'était pas encore levée; des palmiers noirs bruissaient sur les bords du Nil, qui coulait en miroitant sous la clarté des étoiles. Le ciel scintillait de toutes parts; jamais je n'avais vu aux astres une grandeur, un éclat, une splendeur pareils; la nuit en était illuminée; nous approchons du Tropique. Le bruit d'une sakieh qui grinçait en tournant venait jusqu'à moi, accompagné par un chant demi-sauvage. A la lueur des lanternes qui brûlent à bord de la cange, je distingue les matelots réunis en cercle et suspendus aux lèvres du drogman qui leur conte sans doute quelque belle histoire toute pleine de sorcelleries; un air frais m'apporte les senteurs embaumées des dattiers en fleurs; dans le lointain, des miaulements douloureux se font entendre, ce sont les cris des chacals qui vont se mettre en chasse; dans quelques heures les gazelles du désert viendront boire au fleuve; les crocodiles dorment sur les îlots de sable, les tourterelles sont tapies sous les feuilles des mimosas. Ah! qu'il est bon d'être en voyage, de vivre joyeux sous le soleil, de se baigner hardiment dans les fortifiants effluves de la nature et de marcher dans sa liberté sans limites! Je le dis à ma honte, jamais dans d'autres pays je n'ai regretté ma patrie, jamais je n'ai senti mon cœur se gonfler au souvenir des lieux qui m'ont vu naître, ainsi que disent les romances, car rien ne me rappelle dans ma maison vide; j'aime les montagnes, les fleuves, les forêts et les déserts; je séjourne dans les villes le moins longtemps que je puis et je reprends vite ma route vers des horizons nouveaux : j'irais ainsi sans regret et sans peine

D'un bout du monde à l'autre bout!

et de tous ces voyages que j'ai déjà faits, de tous ces pèlerinages à travers le monde d'autrefois, j'ai toujours rapporté une intolérable tristesse, un désir immodéré de retourner vers le soleil et un ennui incurable, profond, nostalgique, que je traîne comme je peux sous les nuages froids de notre ciel brumeux. La nuit, dans les rues de Damas, lorsque les sentinelles me criaient : Qui vive? j'étais toujours près de répondre : Cosmopolite!

J'étais arrivé à cet endroit de la Nubie que les géographes nomment le pays des Temples. En effet, ceux-ci sont fréquents, tous bâtis sur la rive orientale du fleuve, et prouvent par leur nombre que cette contrée, aujourd'hui plutôt abandonnée que déserte, regorgeait autrefois d'habitants. Au reste, la Nubie a fatalement été entraînée dans la décadence de l'Égypte; la vallée du Nil, qui jadis put nourrir l'empire romain, suffit à peine maintenant aux besoins de ses fellahs! Et ce dépérissement ira croissant de jour en jour, tant qu'un sang jeune et vigoureux ne sera pas venu régénérer la vieille race qui végète et s'éteint dans cet incomparable pays.

Le premier temple que je rencontrai sur ma route après Maharakka fut celui de *Dakkeh*, l'ancienne Pselcis, dont Strabon parle comme d'une ville fortifiée. Son ensemble lui donne l'apparence d'une pyramide tronquée ; c'est, au reste, la forme qu'affectent presque tous les temples égyptiens. Précédé de deux pylônes orientés vers le Nil, entouré d'un temène détruit à certaines places, bâti en pierres de grès très-fin, il paraît intact de loin et semble complet. Mais l'illusion n'est pas de longue durée, dès qu'on en approche on reconnaît qu'il a été entièrement saccagé et pillé. Les portes sont brisées, les murailles effondrées, les peintures écaillées, les sculptures effacées.

Selon Champollion, il fut commencé par le roi éthiopien Ergamènes, qui le consacra au Dieu Tôth ; les Ptolémées, Évergète Ier, Philopator et Evergète II le continuèrent; l'empereur Auguste le termina. Si l'on en croit le docteur Leipsius, c'est à Hôrus, et non pas à Tôth, qu'il était dédié.

On y pénètre par une porte ruinée, dont les pieds-droits sont engagés dans deux colonnes couronnées d'un chapiteau à fleurs de lotus ; toutes les sculptures qui les décorent sont en relief, d'un mauvais travail, alourdi par la décadence, et rappellent les hiéroglyphes du temple d'Esné. Au-dessus de la porte, dans la corniche, s'arrondit le globe ailé portant l'urœus à son centre. Comme la plupart, sinon comme tous les édifices de la vieille Égypte, il a dû servir d'église aux chrétiens, car, sur les parois de la première salle, je distingue très-nettement des traces de badigeon blanc enluminé çà et là de coloriages récents. Autour de la quatrième chambre, qui est la dernière, règne une série de bas-reliefs représentant tous la même femme, coiffée de fleurs de lotus, ayant de doubles mamelles et tenant de chaque main une urne qu'elle présente à une grande tige de lotus ; à ses pieds repose toujours un animal, tantôt un bœuf, tantôt une chèvre, tantôt un oiseau. Les rois qui font les oblations aux dieux ont des coiffures d'une extravagance insensée. L'un d'eux est couronné du pschent d'où s'élancent deux longues plumes d'autruche ; deux cornes droites et aiguës montent parallèlement à elles, et portent sur chacune des pointes une chouette immobile, surmontée elle-même d'un globe orné de l'urœus. Cet échafaudage que le roi semble soutenir assez légèrement, en faisant offrande d'un petit sphinx à Tafné Léontocéphale, étonna mon domestique qui s'écria : « Quelle drôle de casquette ! »

Après Dakkeh, c'est le temple de *Kirchch*, vaste hémispéos creusé dans une montagne, sous Sésostris, et qui, par ses dimensions rappelle les cavernes d'Ibsamboul. Un portique soutenu en façade par six colonnes composées de pierres cubiques, et sur les côtés par quatre piliers quadrangulaires contre lesquels s'appuient des statues osiriaques décapitées, conduit jusqu'à une porte carrée, taillée dans le rocher.

Le pronaos, recrépi à la chaux, est étayé sur huit piliers augmentés de colosses debout sur un piédestal ; dans les murailles s'ouvrent quatre niches où sont assises des divinités devenues méconnaissable, à l'exception de Tafné, facilement désignée par sa tête de lionne.

On ne peut rien distinguer sur les parois du sécos, tant elles sont disparues sous les fientes d'oiseaux de nuit qui y ont établi leur demeure.

L'adyton est grand; au milieu se dresse un petit autel conique, placé devant quatre personnages dont l'un est Phtah auquel le temple est dédié.

Les salles latérales sont si fourmillantes de chauves-souris qu'il est impossible d'y rester au milieu du bourdonnement d'ailes et des cris stridents de ces animaux immondes. En agitant, pour me défendre de leur contact, la baguette de palmier que je tenais à la main, j'en abats plus d'une vingtaine : ce sont toutes des *oreillards.*

Des enfants m'accompagnaient pendant cette courte excursion dans les entrailles de la montagne; ils portaient, en guise de torches, des faisceaux de vieux cordages enflammés dont la clarté, agitée par le vol des chauves-souris, projetait des lumières et des ombres magnifiques dans les profondeurs de ce gigantesque temple souterrain.

Pour revenir à ma cange, je traversai le village de *Gerf Hussein*, qui est grand, propre, composé de maisons construites en limon du Nil, mais toutes couvertes en terrasses, ce qui est rare en Nubie; j'y vois même une mosquée qui est une large chambre carrée garnie de nattes du Kordofâl et ornée de quelques lampes pendues à des cordes. Un vaste sycomore, qui répand une ombre impénétrable, abrite un troupeau de bœufs du Sennaar couchés et ruminant sous la surveillance de trois nègres venus avec lui de Dongola.

J'entre dans la maison d'un Djellab pour acheter quelques singularités de la haute Nubie; sa femme vient à chaque minute m'examiner, malgré les injonctions et les menaces de son noir époux. J'achetai chez lui un de ces flacons dans lesquels les Nubiennes enferment le koheul dont elles se teignent les yeux. Ce flacon, qui peut avoir un pied carré, est une véritable pelote enjolivée de coquillages, de verroteries et de réseaux de perles alternés avec des noisettes. Qui le croirait? en examinant les ornements qui le décorent, j'ai retrouvé un bouton de culotte, perdu sans doute par un Européen et ramassé vite comme un bijou du pays des Francs. Dans cette pelote on enferme une petite bouteille à laquelle on adapte un goulot saillant en bois que l'on bouche avec de courtes plumes d'autruches. Cela est fort étrange et d'une grande sauvagerie. J'achetai là aussi un autre objet dont le commerce est moins rare chez nous qu'en Nubie; c'est une mèche de cheveux. Les Nubiennes mariées ont une façon singulière d'agencer la boucle frontale de leur chevelure avec des anneaux d'argent, des morceaux de nacre et des plaquettes de cuivre. J'offris à une des femmes qui me suivaient avec curiosité, de lui payer une mèche semblable un medjidi (à peu près cinq francs) : elle refusa. Par bonheur son mari avait entendu ma proposition, il prit sans façon un couteau pareil aux *goujons* avec lesquels on enlève la peau des moutons morts, s'approcha de sa femme, et, malgré tous les efforts de la malheureuse, qui pleurait et invoquait le Prophète, il trancha d'un coup la fameuse boucle qu'il échangea triomphalement contre mon argent. Un quart d'heure après, comme je remontais dans ma cange, plus de vingt maris accouraient et m'offraient au rabais la mèche de leurs femmes qu'ils avaient préalablement coupée, croyant sans doute que j'en faisais collection; mais j'en avais assez d'une et je refusai à leur grand étonnement; quelques-uns m'accusèrent d'injustice, mais je n'entendis point leurs reproches; car l'équipage avait repris ses avirons et ramait en chantant. Il alla ainsi jusqu'à *Dandour*, où nous arrivâmes comme le soleil disparaissait à l'horizon du côté de la Libye. Sur le ciel empourpré par les dernières lueurs du jour, le temple découpait sa silhouette anguleuse, des bouquets de palmiers tremblaient sur les collines d'un bleu foncé, l'étoile du berger éclatait au-dessus de ma tête et les grenouilles coassaient à toute gorge sur les bords du fleuve.

Le petit temple de Dandour, appuyé à la montagne, précédé par un propylon chargé de mauvais reliefs représentant l'empereur Auguste faisant des offrandes aux dieux, entouré de débris, curieux seulement par des sculptures relatives à l'incarnation d'Osiris sous forme humaine, fut dédié, selon le docteur Leipsius, à un dieu particulier nommé Pétisi, qui semble une divinité locale, car on ne le retrouve point ailleurs. Il y a loin de cette ruine à celle du temple de *Kalabcheh* que je visitai le lendemain. Là s'éleva autrefois la ville de Talmis, capitale de ces Blemmyes qui si souvent inquiétèrent les Romains, et contre l'invasion desquels ils avaient fortifié l'île de Philœ.

Trois fois ce temple a été construit: la première fois par Aménophth II, la seconde par les Ptolémées, la troisième par les empereurs Auguste, Caligula et Trajan; de celui-là aussi les chrétiens des premiers siècles avaient fait une église; maintenant ce n'est plus, pour ainsi dire, qu'une vaste et inépuisable carrière où les habitants du pays viennent prendre des matériaux pour bâtir les fondations de leurs demeures.

Je ne sais quelle armée de barbares, passant sur les bords du Nil, s'est abattue sur ce monument et l'a mis à sac. C'est une ruine ruinée. Les plafonds écroulés obstruent les salles où s'amoncellent les chapiteaux tombés, les colonnes renversées, les piliers jetés bas. Partout, sur les murailles, sur les portes, sur les corniches, sur les pylônes, sur les architraves, sur les entablements, dans le sanctuaire, on reconnaît la trace du fer, des marteaux et des pics; on a descellé les assises, bouleversé les escaliers, brisé les autels, martelé les inscriptions, pulvérisé les statues, gratté les peintures et comblé les souterrains.

L'entrée de la cour du temple est d'un indicible effet; des monceaux de pierres brillantes s'entassent jusqu'au sommet des portes toutes surmontées, selon l'usage égyptien, du globe ailé entouré de l'œrus; le soleil, projetant sa lumière à travers les trous qui effondrent les parois, éclate sur les hiéroglyphes et sur les dieux mutilés. Des restes d'habitation en briques crues encombrent encore les terrasses et le temène. Les sphinx, qui s'alignaient autrefois jusqu'au fleuve, ont disparu; les pylônes sont éventrés du haut en bas. Tout l'édifice est détruit, saccagé, mais debout encore et superbe sous le ciel bleu. Il était dédié au dieu Malouli, fils d'Hôrus et d'Isis.

Malgré les dégradations qui ont bouleversé les salles, j'y reconnus, surtout dans l'adyton, des traces évidentes de peinture et même de dorure; quelques images ont échappé aux iconoclastes, et je trouve un dieu à tête d'épervier peint en vert tendre du plus charmant effet : ce doit être Hôrus Arsiési.

Autant l'intérieur du temple est ravagé, autant l'extérieur en est intact, surtout sur la face occidentale.

Là sont sculptés de grands personnages dont chacun mériterait une description particulière. Je ne t'en citerai que deux : un roi et une déesse. La déesse, c'est Isis; le roi, c'est Ptolémée Césarion, fils de Cléopâtre et de Jules César : il se tient debout, et, comme toujours, de profil; une jaquette qui couvre ses hanches et ses cuisses, est alourdie d'une large broderie ornée d'une tête de lion et d'urœus couronnés du pschent. Des bracelets d'orfévrerie serrent ses bras; son cou est entouré d'un large collier qui retombe sur sa poitrine; son front, enfermé dans un casque sans visière, où le serpent sacré dresse la tête et gonfle la gorge, soutient des cornes de bouc étendues au milieu desquelles s'arrondit une sphère; quatre plumes d'autruche et deux antennes d'insecte surmontent cette coiffure, qui porte au centre le globe ailé invariablement accompagné des urœus.

Il offre à Isis un petit vase d'où s'échappe une flamme. La déesse est debout aussi et tournée vers lui; de la main gauche, elle s'appuie sur un sceptre terminé par un bouton de lotus entr'ouvert; de la main droite, elle tient la croix ansée; un long vêtement de plumes ceint son corps et dessine ses formes délicates; comme Ptolémée Césarion, elle porte des bracelets et des colliers. Ses longs cheveux, tressés en fines nattes qui descendent sur les épaules et sur le sein, sont cachés au sommet de la tête sous la dépouille d'un vautour dont le bec s'avance au-dessus du front et dont les ailes se rabattent derrière les oreilles; de là s'élancent deux hautes cornes de vache précédées de l'urœus et chargées du globe qui s'amincit en une pointe aiguë.

A deux cents pas de ce temple, dont les ruines splendides indiquent les magnificences oubliées, s'ouvre dans la montagne un spéos plutôt ciselé que sculpté et taillé sous le règne de Menephta, le père de Ramsès-Sésostris. On y arrive par une allée creusée à ciel découvert dans des rochers de calcaire blanc. Sur les parois on voit le pharaon assis au milieu des scribes royaux, recevant les tributs apportés de l'Éthiopie ; ces tributs se composent de chiens, de singes, de girafes, de léopards, d'autruches, de poudre d'or, de poutres de bois (d'ébène sans doute), de lions, de dents d'éléphants ; ces bas-reliefs plats, à peine ressortis, sont d'une finesse qui rappelle certaines pierres gravées du musée de Naples. Ailleurs le roi, debout sur son char, frappe ses ennemis, et plus loin il les offre au dieu en un seul groupe. Ce petit temple est composé d'une salle appuyée sur quatre piliers proto-doriques ; malheureusement, les murailles ont été barbouillées de limon ; néanmoins, les peintures sont perceptibles par places : un dieu y est représenté avec une cotte de mailles d'un jaune si vif encore, qu'à première inspection j'ai cru que c'était de la dorure brillante. Ce spéos, qu'on appelle le temple de *Bèit-Oually*, était dédié à Ammon-Ra, père des dieux, et à sa forme secondaire, Chnouphis.

Après une journée si durement employée à travailler parmi ces ruines, je pris mon fusil et j'allai me promener sur les bords du Nil, afin de tuer quelques tourterelles pour mon dîner. Le vent, qui contrariait mon voyage depuis plusieurs jours, courbait les palmiers et donnait à leur cime l'apparence d'une tête de femme échevelée. Les rochers de la rive orientale, éclairés par les rayons du soleil couchant, avaient des teintes pourpres que reflétaient les sables jaunes ; des enfants nus couraient autour de moi ; un homme passa au grand trot d'un dromadaire, une petite barque remontait le fleuve à toutes voiles; je m'assis sur une berge et j'y restai jusqu'à la nuit, regardant couler l'eau, oubliant les tourterelles et mon dîner.

Le lendemain, le soleil n'était pas encore levé que je fus éveillé par un choc que ma barque donnait au rivage en accostant près du temple de *Tafah*. Il n'a ni sculptures ni inscriptions; la façade est entièrement détruite; les murailles latérales subsistent encore, et contre celle du fond s'appuient deux colonnes à chapiteaux palmiformes; des joncs ont poussé entre les assises; au milieu de la chambre unique, une touffe de dattiers a pris racine. De grands débris répandus sur le sol décrivent encore une enceinte dont les monuments n'existent plus.

Deux heures après, j'étais à *Kardassy*, pays désolé, pierreux, sans verdure; le soleil mord comme une brûlure de fer rouge. Sur une colline conique qui domine le Nil et le désert, un petit sanctuaire d'Hator élève ses ruines élégantes. Dans ces contrées pleines de constructions cyclopéennes, on est surpris de trouver un temple grêle et délicat. C'est le temps qui, en faisant son œuvre, l'a rendu si charmant; en effet, il a abattu les murailles, la terrasse et n'a laissé debout que deux colonnes et deux piliers qui se détachent sur le ciel bleu. Les colonnes, reliées par une architrave monolithe de seize pieds de long, ont des chapiteaux à fleurs de lotus. Les piliers carrés, encore embarrassés des jambages d'une porte brisée, sont surmontés par une tête d'Hator, entourée de bandelettes et couronnée d'un petit temple, sa coiffure spéciale; nulle inscription ne raconte l'époque de la construction, qui paraît remonter aux empereurs romains. A travers l'intervalle des colonnes on aperçoit à l'horizon des palmiers verdoyants et les méandres du fleuve. Près de là s'ouvrent des carrières de grès autrefois exploitées, et d'où, selon Burckard, on a tiré les pierres des monuments de Deboudeh et de Philœ. Les rochers, coupés à pic comme des murailles, sont surchargés d'inscriptions grecques manifestement chrétiennes; cet endroit fut un lieu de pèlerinage. Quelque ermite y vivait sans doute et attirait près de lui, par sa réputation sainte, les habitants de la Nubie. Des lions imparfaitement dessinés, deux têtes d'évêques barbus et mitrés, des formes de pieds, indiquées au couteau, sont entaillés dans le grès rose, où sont creusées quelques niches qui ressemblent à des stalles byzantines.

D'après les gens du pays, tous les soirs à minuit on aperçoit venir de grands fantômes blancs qui s'appuient sur des lances d'or, et dont le front est armé de cornes d'ivoire; leur longue barbe flotte sur la poitrine; leurs yeux sont si perçants qu'ils voient au delà du ciel empyrée; ils marchent lentement, deux par deux, chacun suivi par un chien qui a un oiseau sur la queue et un scarabée d'argent sur le dos; ils font processionnellement le tour des rochers en remuant la tête comme des idoles chinoises. Quand ils ont terminé cette promenade circulaire, un corbeau vient, qui leur dit : » Vous pouvez vous asseoir » ; puis il s'envole à tire-d'aile. Alors les vieillards se placent sur des pierres, les chiens se couchent à leurs pieds. Un vautour arrive à son tour et dit : « Vous pouvez parler » ; puis il part sans se retourner. Les fantômes immobiles parlent sans faire de gestes et se racontent les travaux que les djinns et les péris exécutent sur terre à l'insu des hommes; puis les chiens aboient, les scarabées bourdonnent, les oiseaux chantent. Quand le crépuscule paraît à l'horizon et annonce le jour, une cigogne se présente, se tient debout sur une patte au milieu de l'assemblée et dit : « Il n'y a d'autre Dieu que Dieu ! » A ces mots, tout disparaît, et le soleil se lève.

Malgré un vent violent qui, ralentissant la marche de la barque, me permit de faire une longue course sous les palmiers et dans les champs de *Demhid*, nous arrivâmes le lendemain au village de *Deboudeh*, où se dressent trois propylônes, placés à d'inégales distances et précédant un temple dédié à Ammon-Ra, à Hathor, et subsidiairement à Osiris et à Isis. Commencé par Ataramoun, roi éthiopien, contemporain de Ptolémée Philadelphe, il fut continué et achevé par Auguste et Tibère. Parmi les sculptures mutilées et d'un style peu châtié, je ne vois rien qui offre un grand intérêt, si ce n'est un roi à tête crépue, sur lequel Ammon-Bélier et Osiris-Épervier versent un flot de croix ansées qui, comme je te l'ai déjà dit, sont un symbole de divinité. Dans une des salles gît une niche monolithe en granit rose, haute d'environ cinq pieds et demi ; elle est écornée et brisée, mais on peut voir encore les trous où s'enfonçait la grille aujourd'hui absente. C'était sans doute la cage destinée à la garde d'un épervier sacré.

Lorsque j'arrivai à la cange, je vis Joseph qui m'attendait debout sur le pont ; il vint à moi rapidement :

— Savez-vous ce qu'il y a de nouveau, signor, me dit-il, voilà un *strego* (sorcier) qui prétend pouvoir lire dans le sable, et qui veut vous dire votre bonne aventure.

En effet, j'aperçus parmi les matelots un noir dont le visage intelligent dénotait une grande finesse ; il se dirigea vers moi, me prit la main, la baisa et resta immobile. Je consentis volontiers à l'expérience que me proposait Joseph. Le Nubien tira de dessous sa longue robe bleue un petit plat en cuivre, le fit remplir de sable et s'accroupit près des bastingages pendant que je me tenais devant lui.

Il appliqua la paume de sa main droite sur le sable, y traça certains signes entre-croisés, et, parlant lentement, il me dit sans lever les yeux sur moi :

— Ton esprit n'a point de patrie, tu dors aussi bien sous la tente que dans la maison ; ton cœur est noir, car ceux qui l'habitaient sont maintenant dans la trompette de l'ange du jugement dernier ; tu penses trouver des lettres à Assouan, mais il n'y en a pas : tu n'en recevras qu'au Kaire ; en les lisant, un grand orage s'élèvera dans ta poitrine, et tu pleureras comme un nouveau-né ; tu reviendras dans ton pays, où tu as été longtemps malade ; tu n'y resteras pas, car les pieds te démangent dès que tu es en repos ; tu feras encore des voyages sur des dromadaires.

Il s'arrêta. Plusieurs choses étaient vraies parmi celles qu'il venait de me dire, mais Joseph avait pu les lui indiquer après les avoir apprises de mon domestique. Malgré son horoscope, je trouvai le surlendemain des lettres à Assouan ; mais au Kaire, en effet, je devais apprendre d'exécrables nouvelles.

Je payai le magicien et la cange partit.

Le vent avait fléchi, et nous descendions lestement le cours du fleuve ; nous passâmes devant une berge inhabitée qu'on nomme *Chems-el-Ouadi*, l'œil de l'oasis ; la tradition veut que ce soit de là que part souterrainement l'eau qui va arroser la grande oasis d'El-Khardjeh, située dans le désert Libyque, entre

Syout et Esné. Je n'y vois rien qu'une haute montagne de sable jaune, que perce la crête des rochers de granit noir; sur le rivage, trop élevé pour être fécondé par l'inondation, se balancent deux maigres palmiers et s'arrondissent des touffes de mimosas épineux. Cela est sinistre et presque féroce.

A cinq heures du soir, nous arrivâmes à Philœ, et nous prîmes notre mouillage dans l'est de l'île, en face de la route qui conduit à Assouan par le désert.

Le premier soin dont s'occupa Reïs-Ibrahim fut de faire prévenir les reïs des cataractes. En effet, la saison avancée avait sensiblement abaissé les eaux du Nil, la cange était lourde, et l'on pouvait craindre, pendant la descente des rapides, des accidents que Reïs-Ibrahim semblait redouter fort. Je fis piquer ma tente sur les bords du fleuve, dans l'île sacrée, où j'avais à travailler pendant plusieurs jours; je gardai avec moi les objets dont j'avais besoin; des chameaux transportèrent le gros bagage à Assouan, ainsi que les mâts, les vergues, les voiles de la barque, et, le lendemain, nous fûmes prêts à opérer le passage.

Au point du jour, nous partimes; Reïs-Ibrahim avait fait monter à bord un thaleb qui récitait les principaux chapitres du Koran, et faisait des prières pour obtenir de Dieu et de son Prophète une expédition favorable. Les reïs des cataractes étaient à leur poste; les hommes disséminés sur les îlots se tenaient prêts à nous porter secours, et les cordages étaient amarrés à nos poutres transversales. Quand nous fûmes arrivés près des cataractes, on fit virer la barque de bout en bout, de façon qu'elle présentât l'arrière aux rapides; on fila lentement le grelin attaché aux blocs de granit; la cange se traîna lourdement en grinçant contre les rochers, retomba dans le courant, et reprit sa marche ordinaire. En passant la dernière chute, le gouvernail talonna si durement contre un bloc que la longue barre, déviée tout à coup par la violence du choc, envoya rouler dans le fleuve les deux hommes qui la maniaient; ils en furent quittes pour une contusion et un bain. Nous arrivâmes enfin au mouillage d'Assouan, n'ayant d'autres avaries qu'un bordage enfoncé que l'on s'empressa de réparer. Malheureusement, en portant une poutre nécessaire à cette opération, un des matelots se brisa la jambe. J'avais dans ma pharmacie de voyage des attelles et des bandes, ce qui me permit de réduire immédiatement la fracture.

Je revins le jour même à Philœ, en traversant à âne le petit désert d'Assouan. C'est une route moitié sable et moitié terre, qui circule entre deux collines de rochers de granit rose couverts d'inscriptions de toutes les époques. C'est de là que sortaient ces fameuses pierres de Syène qui, sous la main des Égyptiens, devenaient des obélisques, des colosses, des stèles, des chapelles monolithes, des statues, des scarabées, et quelquefois des temples. Un grand obélisque, couché dans la poussière, adhérant encore au rocher par une de ses faces, attend, depuis vingt siècles peut-être, qu'on vienne le chercher pour l'élever devant des pylônes. Une grande muraille en briques cuites défendait jadis ce désert du côté de l'Orient et l'entourait depuis Assouan jusqu'à Philœ ; elle est l'œuvre des empereurs qui l'avaient fait bâtir à l'époque où une légion romaine occupait la ville de Syène et l'île de Philœ. Maintenant elle est en ruines, écroulée de toutes parts, et s'envole en poussière sous le souffle du khamsin. La coupole de quelques tombeaux musulmans apparaît au pied des montagnes. La main de l'homme a trop passé par là, elle est trop visible, elle a détruit la pureté des lignes et l'harmonie générale. De tout temps ç'a été la route qui conduisait à Philœ; Strabon raconte qu'il la parcourut en voiture.

C'est auprès du village de *Bellal* qu'on retrouve le Nil; en face s'étend l'île sacrée. Ce village, disparu sous des palmiers dont la beauté est presque attendrissante, est complété par une mosquée très-grande, garnie d'un haut minaret, de chambres, de salles, de coupoles, d'arcades et de larges escaliers; elle est aujourd'hui délaissée, sinon abandonnée tout à fait. Elle a sa légende qui rappelle singulièrement celle que Victor Hugo a chantée dans la ballade des *Deux Archers.*

Le premier muezzin du Prophète, celui qui, pour la première fois, annonça à Médine l'heure de la prière, était un Nubien nommé Bellal; il aimait son pays et voulait le revoir; il demanda à Mahomet la permission de faire un voyage sur les bords du Nil.

— Va, lui dit le Prophète, je t'accorde quarante-huit heures.

De Médine à Philœ la route est longue; il faut bien des jours et même bien des mois pour la parcourir. Bellal ne s'en inquiéta pas; confiant dans la parole de l'envoyé du Seigneur, il partit, et, deux heures après s'être éloigné de la ville sainte (sur qui soient les bénédictions de Dieu !), il arriva au sommet de la montagne qui domine son petit village; le soleil allait se coucher, c'était l'heure de la prière d'*El-Móghreb.* Le voyageur fit ses ablutions avec du sable, et entonna à haute voix la formule consacrée : « Le salut soit avec vous ! avec vous soit le salut ! L'unité atteste son unité !

Déclarez son unité! Il n'y a d'autre Dieu que Dieu, et Mohammed est le Prophète de Dieu! Dieu est le plus grand! Dieu est le plus grand! J'atteste qu'il n'y a d'autre Dieu que Dieu! J'atteste que Mohammed est le Prophète de Dieu! Vive la prière! Vive la prière! Vive l'action du salut! Dieu est le plus grand! Dieu est le plus grand! Il n'y a d'autre Dieu que Dieu!

En entendant ces paroles étranges qui sonnaient au-dessus de leurs maisons, les habitants du village sortirent de leurs demeures, gravirent la montagne et virent un homme qui priait avec ferveur, prosterné dans la direction du levant.

— Qui es-tu, lui dirent-ils, toi qui viens de chanter des mots que nous ne comprenons pas?

Avant de répondre, l'homme termina ses oraisons; puis après avoir, selon l'usage, salué les anges à droite et à gauche, il se tourna du côté des Nubiens et leur dit :

— Je suis Bellal, votre compatriote; ne me reconnaissez-vous pas?

— Sois le bienvenu alors, descends avec nous de la montagne jusque dans nos huttes, viens t'asseoir sur nos nattes de palmiers et rompre le pain de l'hospitalité.

— Non, répondit le muezzin, car vous êtes des infidèles; vous, les ignicoles, vous adorez le feu, objet matériel qui s'éteint, se rallume et s'éteint encore; vous, les chrétiens, vous priez Jésus, qui fut un homme comme nous, mais qui n'est point fils de Dieu, car Dieu est unique : loin de lui ce blasphème d'avoir eu des enfants. Je vous le dis en vérité, vous brûlerez éternellement dans les feux de la géhenne.

— Et qui donc adores-tu, prophète de malheur? lui cria-t-on de toutes parts.

— J'adore le Dieu unique que servent les anges, qui n'a point eu et n'aura jamais d'enfant, qui est le maître de l'univers, le clément, le miséricordieux, qui sera souverain au jour de la rétribution, qui a envoyé sur terre son Prophète, notre Seigneur Mohammed !

Puis Bellal se mit à prêcher ; il parla avec éloquence et persuasion, car le Seigneur éclairait son esprit. Il expliqua la loi nouvelle, annonça le renversement des idoles, prophétisa la conversion des peuples et somma ses compatriotes d'embrasser le culte du vrai Dieu.

— Qui nous apprendra que tu ne mens pas, ô Bellal? lui demandèrent les hommes du pays. Fais quelque prodige à nos yeux ; si ton Dieu est aussi grand que tu le prétends, rien ne lui sera impossible pour nous amener à lui.

— Hommes de peu de foi, répondit Bellal, rentrez dans vos maisons, car la nuit est venue, et demain, lorsque vous sortirez au lever du soleil, levez les yeux, et vous verrez que Dieu est le plus grand.

Les Nubiens s'éloignèrent ; Bellal se prosterna et invoqua le Dieu annoncé par Mahomet. Au point du jour, lorsque les habitants du village quittèrent leurs huttes pour se rendre dans les champs, ils virent une mosquée magnifique bâtie sur une place où, la veille encore, il n'y avait que des sables, et dans le haut minaret le muezzin qui chantait l'appel à la prière du lever du soleil. Tous les habitants se convertirent à l'islamisme, et le lendemain Bellal était retourné à Médine aussi vite qu'il en était venu.

On montre encore, sur une pointe de rochers placée près du Nil, un marabout qui est le tombeau de Bellal. Chaque bon musulman doit en passant y déposer une pierre et réciter la profession de foi.

A l'époque où ce miracle s'accomplit, l'île de Philœ était encore habitée par les chrétiens. Aujourd'hui elle est déserte ; quelques Arabes viennent offrir leurs services aux voyageurs qui la visitent ; sur la grève, on cultive des pastèques, mais nul n'y a sa demeure, et les ruines s'étendent en liberté sans être troublées par le pas des hommes.

Un mur d'enceinte, construit par les Romains et restauré au VIe siècle sous le règne de Justin, l'entourait tout entière, excepté à l'angle sud-sud-est, suffisamment protégé par des rochers. Elle a été autrefois couverte d'habitations en briques crues, dont les restes encombrent encore les temples et l'espace libre laissé entre eux. Partout il y a des palmiers et des buissons de cassis.

C'est sur la rive occidentale que s'élève le grand temple d'Isis, vaste édifice, augmenté de constructions diverses et dont aucune ne rentre dans l'axe du monument principal. Ici tout est moderne, selon l'expression de Champollion, c'est-à-dire de l'époque grecque et romaine, à l'exception d'un propylon dédié sous Nectanèbe Ier et engagé dans les premiers pylônes du temple d'Isis.

L'ensemble des ruines est grandiose ; lorsque le soleil couchant les éclaire, on croirait voir les débris immenses d'une ville féerique.

Voici dans quel ordre les monuments se présentent au voyageur qui marche du sud au nord. Au-dessus de la terrasse qui domine le Nil, en haut de quais très-solidement bâtis, un petit obélisque, qui n'a plus ou n'a jamais eu de pyramidion, se dresse près d'un temple hypètre presque détruit, et qui fut consacré à la déesse Hathor par le pharaon Nectanèbe Ier. Une longue colonnade irrégulière s'allonge ensuite et forme le dromos en avant des premiers pylônes. Les rangs de colonnes ne se suivent pas parallèlement; l'allée qui les sépare s'élargit à mesure que l'on se rapproche du temple. Seize colonnes s'alignent sur la rive orientale et trente-quatre sur le côté occidental; elles sont toutes surmontées de chapiteaux dont les formes variées sont empruntées aux lotus et aux palmiers. Entre les dernières colonnes de la face orientale on trouve une petite chapelle obscure et dégradée, consacrée jadis par Ptolémée Épiphane à Esculape (Imoutph, fils de Phtah et d'Hathor). Entre la douzième et treizième colonne de la rangée occidentale, s'ouvre l'entrée d'un escalier qui circule dans l'épaisseur des murailles et conduit à une poterne débouchant sur les bords du Nil au milieu des rochers de granit rose. Tout le dromos, terni, noirci, souillé par le temps et la poussière, est enterré jusqu'au tiers de la hauteur dans des monticules de poteries et de briques crues.

Des lions, accroupis autrefois devant le temple, jonchent le sol de leurs membres brisés. Les pylônes immenses sont ornés de sculptures colossales représentant Ptolémée Philométor offrant des prisonniers à Isis et à son fils Hôrus. Gravée sur une des faces internes de la porte de Nectanèbe, enclavée entre ces pylônes, une inscription française rappelle nos gloires passées et le séjour à Philœ de la demi-brigade commandée par le général Desaix.

Une large cour s'étend ensuite entre deux colonnades qui relient les premiers pylônes aux seconds. Une galerie allongée derrière la colonnade orientale se dégorge dans plusieurs chambres que la lumière pénètre imparfaitement et que construisirent Ptolémée

Philométor et Tibère. La colonnade occidentale fait partie d'un petit temple dédié à Hathor par les Ptolémées Épiphane et Évergète II ; c'est un *mammisi*, c'est-à-dire un édifice élevé en commémoration d'une naissance illustre ; celui-ci rappelle la délivrance d'Hôrus qu'Isis vient d'enfanter; toutes les sculptures extérieures ont été exécutées sous les règnes d'Auguste et de Tibère. Sur la muraille du fond de l'adyton, je vois Isis à genoux, appuyée sur ses talons ; elle porte dans ses mains le jeune Hôrus suspendu à sa mamelle. Au-dessus d'elle, des lotus, disposés comme des rayons de soleil, entourent un épervier coiffé du pschent ; Tôth à tête d'ibis est placé derrière la déesse et lui soutient les bras.

Sur la face de droite des seconds pylônes s'appuyait un petit monument en calcaire blanc, dont les fragments, aujourd'hui dispersés, embarrassent la cour et cachent à moitié un rocher de granit poli, sur lequel est gravée une longue inscription hiéroglyphique [1]. Les seconds pylônes sont moins hauts que les premiers ; des sculptures y montrent LE DIEU RESPLENDISSANT, SUBSTANCE DE PHTAH, APPROUVÉ D'OSIRIS, PTOLÉMAIOS TOUJOURS VIVANT, AIMÉ DE PHTAH, c'est-à-dire Ptolémée Évergète II, faisant hommage du temple à Hôrus et à Isis. Au seul surchargement de la coiffure royale, on reconnaît sans peine la décadence où l'art était tombé en Égypte sous les Lagides. Il y a loin de ces représentations grossières et lourdes aux fines ciselures d'Ibsamboul, de Derr et d'Amada.

Un portique soutenu par dix colonnes gigantesques

1. Cette inscription porte la date de la vingt-quatrième année du règne de Ptolémée Evergète II ; le Lagide y est représenté accompagné de sa femme, et faisant des offrandes à Osiris, à Isis et à Hôrus.

fait suite aux seconds pylônes; les fûts en étaient peints, les chapiteaux le sont encore. De belles couleurs bleues et blanches, fraîches comme si on venait de les appliquer aujourd'hui, font vigoureusement ressortir les contours des feuilles de palmiers et des fleurs de lotus; cela est magnifique, et convertirait à première vue les ennemis de l'architecture polychrome. Mais où trouver le soleil qui pourrait la faire adopter dans nos pays?

Puis vient le temple proprement dit, composé, comme presque toujours, du pronaos, du sécos, de l'adyton et de plusieurs chambres latérales. Je trouve dans le sanctuaire une niche à épervier en granit rose semblable à celle que j'ai vue dans le temple de Deboudeh.

N'es-tu pas las, cher ami, de ces longues descriptions architecturales toujours pareilles que je suis forcé de faire, tout en les abrégeant le plus que je puis? Le récit de mon voyage serait incomplet si je ne te conduisais avec moi dans tous les monuments que j'ai visités et étudiés, sans jamais sentir diminuer mon admiration. Je suis obligé de te répéter ce que je t'ai déjà dit : les chrétiens ont habité et utilisé les temples de Philœ. Ils ont couvert les murailles d'un enduit de limon et de chaux, et, bien plus, ils ont martelé la plupart des anaglyphes qui décoraient les parois extérieures. Ils étaient inconoclastes. Partout où les sculptures étaient placées assez bas pour être atteintes facilement, ils ont indistinctement brisé les rois et les dieux à tête humaine et à tête d'animaux; mais lorsqu'elles étaient hors de leur portée à cause de l'élévation, ils n'ont effacé que les figures d'hommes. J'en ai vu un exemple frappant sur le mur occidental du mammisi. Il y avait trois étages de sujets sacrés placés les uns au-dessus des autres, le premier est entièrement mutilé et tout à fait méconnaissable. Le second représentait l'empereur Auguste offrant un petit naos à Isis à tête humaine et à Hôrus épervier. Isis et Auguste ont le visage enlevé; Hôrus a été respecté. Le troisième tableau reproduisait le second, aussi a-t-il été traité de la même manière.

Partout, excepté sur les sculptures taillées au-dessous de la corniche de la façade septentrionale du temple, j'ai trouvé les têtes humaines brisées à plaisir à côté des têtes d'animaux laissées intactes; c'est ainsi que j'ai pu recueillir, près de la terrasse du grand pylône, un portrait de Tôth-ibiocéphale (Hermès-Hiérogrammate), dieu des lettres, notre vénéré patron. Il est assis, tenant d'une main sa croix ansée et de l'autre un sceptre à mufle de gazelle; un collier tombe sur sa poitrine emmanchée d'un long cou terminé par une tête d'ibis entourée de larges bandelettes d'où s'étendent deux cornes de bélier ornées d'un double urœus; un faisceau de plumes liées et surmontées d'un globe couronne sa coiffure; à côté de lui, je lis la légende : *Tôth, dieu des lettres, seigneur de la terre de...* puis un signe encore inexpliqué, composé de quatre serpents cornus entre-croisés. Il a l'air grave et triste comme s'il pensait à la question de la propriété littéraire.

Les amateurs d'inscriptions démotiques et grecques peuvent aller à Philœ : ils en feront une ample moisson, ainsi que l'on dit en langage académique. Il y en a partout : sur les terrasses, sur les portes, sur les colonnes, sur les plafonds, sur les piliers, sur les assises des quais, à l'extérieur et à l'intérieur. Beaucoup sont de l'ère chrétienne. J'en ai copié et rapporté plusieurs.

J'en avais remarqué une à demi cachée par un pan de muraille en briques crues, appartenant aux ruines d'une maison qu'on avait bâtie autrefois sur le temple. Je commandai aux matelots que j'avais retenus près de moi dans l'île de jeter bas ces débris inutiles, et, pour leur donner l'exemple, je pris un levier en fer qui reposait depuis quelques minutes sur le sable. Je ne l'eus pas plus tôt saisi que je le lâchai en jetant un cri; j'avais la paume de la main à vif. Cela te donnera idée de la chaleur contre laquelle il fallait lutter; c'était le 14 avril; le même jour tu grelottais sans doute au coin de ton feu.

A cette chaleur, qui du reste ne m'incommodait en rien, se joignait un vent khamsin si violent que, chaque matin, je me réveillais sous la tente sali d'une couche épaisse de poussière et de sable très-fin; des palmiers furent déracinés, et l'un d'eux faillit tomber en ma présence sur un pauvre veau qui paissait béatement, et qui l'évita par un saut de côté assez spirituel pour un animal de si mauvaise réputation. Ma cuisine se trouvait approvisionnée et me dédommageait des tourterelles et des pigeons auquel j'avais été forcément condamné en Nubie. Reïs-Ibrahim avait soin de m'envoyer des moutons d'Assouan, et, chaque jour, des hommes des cataractes m'apportaient du poisson pêché par eux. Je me plaisais à Philœ, et lorsque je m'étais longtemps promené à travers les salles désertes du temple d'Isis, j'allais voir les ruines romaines qui couvrent une partie de la pointe sud-est de l'île.

On les a prises généralement pour les restes d'un arc triomphal, on a eu tort, je crois; ce sont simplement les débris d'une porte plein-cintre bien conservée et d'une caserne construite sans doute par Dioclétien lorsqu'il fortifia Philœ, après la cession de la Nubie faite aux Blemmyes d'autrefois, qui sont les Bicharis actuels. La ruine, de forme carrée, en belles pierres, comme les Romains savaient les tailler, s'abrite sous deux incomparables bouquets de palmiers, touffus, verdoyants, jeunes et vivaces, poussés au sommet d'un talus qui descend jusqu'aux sables mouillés par le Nil. C'est fin, élégant et pur comme un tableau de Marilhat.

Derrière le rivage oriental où se dressait mon campement, un grand temple hypètre carré, dont les quatorze colonnes sont reliées par un entablement appuyé sur de larges dés destinés jadis à recevoir la figure monstrueuse de Typhon, semble attendre les ouvriers absents. Il est presque terminé ; on dirait qu'hier on y travaillait encore, tant il est singulièrement bien conservé. Ce devait être un mammisi. Dans la seule salle à ciel ouvert qu'il contient, deux tableaux hiéroglyphiques sont gravés ; on y lit les noms de Nerva et Trajan. Il y a encore, non loin de là, une petite chapelle en calcaire, mais elle a si souvent servi de cuisine aux voyageurs, elle est si fort enfouie sous les décombres, qu'il est impossible de reconnaître à quelle divinité elle était consacrée.

Ce qui m'a le plus impressionné à Philœ, ce ne sont pas les ruines, malgré leur magnificence, ce sont les paysages. Quand la journée, près de finir, voyait le soleil descendre lentement dans le Nil, j'allais m'asseoir sur la terrasse des premiers pylônes, et je regardais autour de moi. Les paysages que je découvrais sont encore présents à ma mémoire comme au jour où j'en détaillais les beautés infinies.

Au sud, j'apercevais le Nil pacifique et superbe qui

se perd brusquement derrière un coude formé par de hautes roches noires. La rive orientale, où quelques huttes de paille égayaient par une teinte jaune le ton grisâtre des sables, verdoyait de palmiers et de sycomores; au-dessus des arbres on voyait le minaret blanc de la mosquée de Bellal, appuyée à la montagne, qui porte suspendues à mi-côte les ruines d'une muraille du Bas-Empire. La rive occidentale était un amoncellement de rochers de toutes formes, où de maigres végétations ont germé parmi les cailloux.

Dans l'est, je voyais un grand khan abrité sous des cassis, et au loin le désert poudreux qui conduit à Assouan entre deux collines.

A l'ouest, c'était l'entrée de la cataracte ; l'eau calme et limpide, coupée par de petits promontoires et des golfes étroits, baigne les monticules de grès rosés, parmi lesquels poussent quelques rares euphorbes ; plus loin, le Nil s'étend ainsi qu'un lac autour d'un îlot vert comme le printemps ; des palmiers immobilisés par la distance et assez symétriquement alignés semblent les ruines d'une colonnade merveilleuse ; derrière ceux-ci s'accumulent des masses noires qui sont des quartiers de granit; tout au fond, l'horizon est fermé par la ligne insensiblement inégale des montagnes de sable jaune.

Dans le nord, au delà d'un détour du fleuve toujours immobile, car il est abrité de toutes parts, au-dessus d'un amas de pierres énormes que le reflet grandit encore, au pied de montagnes décharnées et brûlées, s'arrondissent les deux immenses rochers que les Arabes nomment *Koursi-Faraoun*, le trône de Pharaon. C'était là dit-on, que s'ouvraient les carrières de Philœ. Là, chaque dynastie, chaque conquête a gravé ses inscriptions et son nom. A côté, se groupe le village d'*Abou-Kholi* avec des maisons carrées construites en limon du Nil, couvertes de paillassons et entourées de plantations de maïs. Des buffles, en troupeau, vont lentement du côté du fleuve, dans lequel ils se couchent tout entiers, ne laissant passer hors de l'eau que leur mufle noir. Près du rivage, il y a un sycomore qui, de loin, ressemble à un bouquet de gros arbres. Quelques fellahs marchent à travers les champs et font envoler à leur approche les spatules au bec aplati.

Un jour je me jetai à la nage, suivi d'un matelot, je traversai le petit bras occidental du Nil et je pris terre près d'un champ de cotonniers, dans l'île de *Bégueh*. Tout ruisselant d'une eau que le soleil sécha bien vite, je montai jusqu'au village, où je trouvai deux colonnes palmiformes et une arcade cintrée, resserrées par les huttes des fellahs. Ce sont les restes d'un temple dédié à Chnouphis et à Hathor par Ptolémée Philométor, sur l'emplacement des ruines d'un sanctuaire semblable élevé autrefois par le pharaon Amenophth II. La porte plein-cintre, dont la voûte est composée de voussoirs bien agencés, est une œuvre évidemment chrétienne. Dans une montagne de granit rose près de laquelle le village est bâti, je vois beaucoup d'inscriptions et un colosse assis, inachevé et décapité au niveau des épaules.

Bien longtemps avant Philœ, la petite île de Bégueh, que les anciens Égyptiens nommaient *Snem*, fut l'île sacrée des pèlerinages ; mais elle fut détrônée par sa voisine, qui devint *la grande contrée des morts*. Une tradition y plaçait le tombeau d'Osiris ; on jurait par Osiris qui repose à Philœ (Μὰ τὸν ἐν Φίλαις 'Οσυριν). Les prêtres seuls pouvaient entrer dans le temple, où trois cent soixante vases, correspondant à chacun des jours de l'année lunaire, servaient aux sacrifices. Les chrétiens d'abord, les musulmans ensuite, et par-dessus tout le temps qui modifie les convictions, change les religions et jette l'indifférence sur les croyances devenues insuffisantes, ont fait de l'île sacrée un désert que nul ne repeuplera de sitôt.

Comment se sont accomplies la dispersion et l'extinction de ce peuple nombreux qui habita l'Égypte et la Nubie ? Les hommes y sont rares maintenant, faibles, épuisés, presque agonisants ; nul souvenir traditionnel ne leur est venu des époques passées. Lorsqu'on leur demande en montrant un temple : « Qui est-ce qui a construit cet édifice ? — Ce sont les djinns, répondent-ils ; la nuit ils y viennent encore. » Ils ignorent jusqu'à l'usage de ces monuments immenses ; à Edfou, le temple s'appelle *Kala*, la citadelle. Ils s'étonnent que nous venions de si loin pour les visiter ; ils rêvent toujours à des trésors et pensent volontiers que nous les cherchons parmi les ruines. Quand Belzoni fit déblayer pour la première fois le grand spéos d'Isamboul (août 1816), il fut obligé de demander l'autorisation au kachef de Derr ; celui-ci la lui accorda à la condition qu'il aurait droit à prendre la moitié de tous les trésors métalliques qu'on trouverait. Maintenant les temples sont des carrières de pierres toutes taillées. Si l'Égypte est destinée à devenir réellement manufacturière, tous ces débris signés par les Pharaons, les Ptolémées et les Romains serviront à faire des pompes à feu, des fabriques et des entrepôts.

La vraie richesse du pays réside surtout dans les dattes ; elles nourrissent une bonne partie de la population ; les dromadaires en mangent les noyaux ; le bois des dattiers sert à tous les usages; on en fait des lits, des paniers, des cages, des divans, des tabourets ; dans le tronc fendu en deux parties égales on creuse souvent un petit canal propre à conduire l'eau d'un bassin à un autre ; avec les feuilles on tresse des sacs, des nattes, des cabas, des paillassons, des huttes entières ; les filaments de l'écorce servent d'étoupes, et quelquefois sont mêlés à la laine dont on tisse les vêtements. Aussi les fellahs soignent-ils, arrosent-ils, ébranchent-ils avec une sorte d'amour les palmiers qui grandissent près de leur village.

Souvent, en me promenant sur les rivages du Nil, j'ai vu les paysans activer la fécondation de leurs arbres chéris. Au moment où la longue grappe blanche et odorante du palmier mâle va entr'ouvrir ses pétales et pour laisser échapper le pollen, un homme grimpe jusque sur la tige, tranche la fleur et la divise précieusement en plusieurs fragments qu'il va suspendre ensuite au-dessus des palmiers femelles. Alors ils célèbrent leurs noces végétales en paix sans être forcés d'attendre les molécules fécondantes apportées par le vent.

Autrefois il y avait à Paris, au Jardin des Plantes, un palmier femelle ; il était seul de son espèce et mourait de langueur ; chaque année, quand arrivait le printemps, il espérait des baisers balsamiques, mais ceux-ci ne venaient jamais, et le pauvre arbre se consumait dans les désirs de la stérilité. Enfin, une fois, il conçut et porta des fruits. Les savants ébahis mirent leurs lunettes et vinrent voir ce prodige. Il n'y avait pas à en douter, un régime de jeunes dattes pendait sous les feuilles. On fit des calculs alors, on recherche où pouvait se trouver le palmier générateur qui avait enfin eu pitié de cette longue chasteté involontaire. Le palmier mâle le plus voisin se balançait dans le jardin botanique de Marseille. Deux cents lieues à vol d'oiseau, un grain de pollen les avait parcourues sur l'aile du vent pour que la loi même de la nature — qui est la reproduction — ne fût pas plus longtemps outragée.

Les musulmans se sont-ils doutés jadis de ces fécondations invraisemblables? je l'ignore, mais je leur connais une légende fort belle d'où l'on peut conclure qu'ils ont cru à une création progressive. Cette légende est difficile à raconter, cher ami, néanmoins je veux te la dire; si elle est trop excentrique, la faute en est aux Arabes et non pas à moi.

Lorsque Adam eut péché dans le paradis, Dieu le précipita sur terre en même temps que ses complices; il s'abattit sur une montagne de Sérendib; Ève tomba près de Djedda, le diable à Bassora, le serpent dans l'Hindoustan et le paon à côté de Nézib. Adam, désespéré, solitaire et pleurant, recherchait Ève dont le souvenir remplissait son cœur. Chaque jour, emporté par ses regrets, il criait vers Dieu, et le suppliait de lui rendre cette créature si belle qui avait reposé sur son cœur et qui avait lentement marché avec lui sous les ombrages éternels d'un paradis à jamais perdu. Mais sa pénitence sans doute n'avait point racheté sa faute, car Ève ne revenait pas et Dieu n'était pas apaisé. Une nuit, accablé de fatigue, il se coucha après avoir prié le Seigneur d'oublier son crime; il ferma les yeux et s'endormit. Il eut un rêve. Il crut voir cette femme charmante que Dieu avait tirée de lui; elle s'approchait en souriant et il sembla au premier homme qu'elle s'étendait dans ses bras. A ce moment, derrière les Océans antédiluviens, le soleil paraissait et la terre se souleva tout entière pour en recevoir les rayons.

Quelques jours après, à l'endroit même où Adam avait dormi, un arbuste germait; bientôt cet arbuste fut un arbre. Deux fortes racines séparées montaient jusqu'à son tronc qui se bifurquait en deux branches semblables à des bras : l'arbre grandit et atteignit une taille de cent pieds de haut. Un jour, son feuillage devint la chevelure d'une tête énorme, ses bras s'articulèrent et s'armèrent de mains, ses deux racines se changèrent en pieds vigoureux qui secouèrent victorieusement les mottes de terre qui les embarrassaient. L'arbre était un géant. Il marcha sur la terre qu'il réduisit en servitude, en fut le premier roi, régna pendant cinq cent soixante ans et se nomma Caïumarath.

CHAPITRE IV

LA HAUTE ÉGYPTE

Assouan. — Une danseuse noire. — Sultan Ahmed. — Bords du Nil. — Le temple de *Koum-Ombou.* — Carrières. — *Edfou.* — Harpocrate. — Les grottes d'*El-Kab.* — Agriculture, chasse, navigation, fêtes privées. — Gazelles. — Encore *Esné.* — *O patria!* — Le couvent des martyrs. — Pèlerin d'Abyssinie. — Hermontis. — Marabout. — Arrivée à Thèbes. — Les ruines de *Louksor.* — Oreilles clouées. — Ruines de *Karnac.* — Temples et palais. — Affût. — *Médinet-Abou.* — La statue de Memnon. — Le tombeau d'Osymandias. — La nécropole de Thèbes. — Un grec et ses momies. — Le palais de Menephtha. — La salle des tombeaux des rois. — Dangereuse vanité d'un savant. — Les chasseurs d'hyènes.

J'ai revu les paysages de la première cataracte ; souvent et longuement j'ai marché à travers les îlots, je me suis baigné dans les flots verdissants, j'ai dormi à l'ombre des arbres. Maintenant j'ai rejoint ma cange amarrée au mouillage d'*Assouan*[1], vis-à-vis de cette île d'Éléphantine que Denon appelait le jardin des Tropiques, et où je vais me promener sans cesse, car je ne puis me lasser de l'admirer.

Des ballots de marchandises, prêts à partir pour le

1. Je lis dans Ritter : « Les Arabes ont conservé pour *Assouan* ou *Os-souan* le nom copte de *souan*, qui est l'ancien mot égyptien, et dont les Grecs ont fait Συήνη (syène). Le nom de *souan* (*aperiens*, *aperta*) signifie proprement *ouverture*, ouverture de l'Égypte. »

Kaire, s'entassent sur le rivage d'Assouan; des bandes d'esclaves, surveillés par des Djellabs, sont couchés sur le sable; il y a un vrai mouvement commercial dans la ville, car là est établie la douane pour les provenances de la haute Nubie. Chaque esclave paye quatre cents piastres (cent francs) d'entrée, augmentées sans doute de quelque *bakhchich* exigé par le gouverneur. *Bakhchich !* c'est le grand mot de l'Orient! A Assouan, j'avais reçu différentes lettres par l'entremise du *mâlim* (écrivain) du gouverneur; c'était un Copte passant pour riche, et fort honoré dans le pays. D'après le conseil de mon drogman, je lui offris dix francs et une bouteille de vin de Chypre; il accepta avec reconnaissance et me congratula convenablement sur ma générosité. Ses fonctions correspondraient en France à celles de secrétaire général de préfecture. Tu vois par cet exemple, cher ami, que l'incorruptibilité des fonctionnaires égyptiens pourrait facilement être mise en doute.

Un matin, dans le bazar, dont la toiture est un simple paillasson que le soleil traverse et que les dromadaires crèvent de leur tête en passant, j'étais assis, déjeunant avec du poisson frais et des dattes, lorsqu'une femme dévoilée s'arrêta près de moi. Elle me baisa la main et me dit :

— Je suis danseuse, mon corps est plus souple que celui des couleuvres; j'irai, si tu veux, avec mes musiciens à bord de ta barque et je frapperai de mes pieds nus les planches de ton bateau.

— Le Kaouadja a vu Koutchouk-Hanem à Esné, répondit Joseph.

— Koutchouk-Hanem ne sait pas danser, répliqua-t-elle simplement.

Je dis à Joseph d'accepter, et vers le soir, quand le jour déclinant eut abattu la chaleur et permis à l'ombre de se répandre sur le rivage, la danseuse vint avec ses joueurs de rebeks et de darabouks.

C'était une grande Nubienne, née à Korosko, et qui se nommait *Azizeh.*

Elle est élégante et presque terrible avec sa peau noire nuancée de tons verts et cuivrés comme du bronze; ses cheveux crépus pleins de piastres d'or sont à peine couverts d'un mouchoir jaune à fleurs bleues; ses yeux très-fendus semblent des globes d'argent enchâssant un diamant noir, et se voilent d'une langueur de chatte amoureuse; ses dents blanches et unies brillent derrière les lèvres minces de sa bouche; un long collier de sequins tombe jusqu'à son ventre, serré d'une ceinture de verroterie que je puis apercevoir à travers les plis diaphanes de ses vêtements.

Sa danse est sauvage et fait involontairement penser aux contorsions des nègres du centre de l'Afrique. Parfois elle jetait un cri aigu comme pour exciter l'ardeur de ses musiciens. Entre ses doigts les crotales bruyantes sonnaient et retentissaient sans repos.

— Kaouadja, que penses-tu de Koutchouk-Hanem, maintenant? me criait-elle en se déhanchant.

Ses deux longs bras noirs et luisants, tendus en avant, agités de l'épaule au poignet par un frémissement insensible, s'éloignaient l'un de l'autre avec des mouvements doux et rapides comme ceux des ailes d'un aigle qui plane. Parfois elle se renversait tout entière et s'enlevait sur ses mains dans la position de la Salomé dansant que tu as pu voir sur le petit portail de gauche de la cathédrale de Rouen.

Tous les matelots des barques arrêtées à Assouan,

les oisifs de la ville, les esclaves et les Djellabs, réunis en face de ma cange, regardaient et applaudissaient l'étrange danseuse, fière de tant d'admiration. Lorsqu'elle eut fini, que je l'eus payée et qu'elle se fut retirée en me souhaitant bon voyage et longue prospérité, la foule qui nous entourait s'écoula lentement et je vis alors un monstre horrible monter à bord de ma barque en se traînant sur la planche qui servait de passerelle pour descendre à terre.

Il rampa vers moi en essayant de parler et en poussant des grognements éraillés pleins de notes douloureusement suppliantes. Il vint ainsi jusqu'au divan où j'étais assis, saisit ma main, que je lui arrachai avant qu'il l'eût portée à ses lèvres, et me regarda avec l'expression d'un chien blessé qui demande du secours à son maître.

Ses membres contournés et troués d'ulcères étaient devenus si faibles qu'ils pouvaient à peine le porter; ses yeux, d'une tristesse infinie, laissaient couler des larmes que les paupières rouges et tuméfiées ne savaient plus retenir; ses lèvres, couvertes de boutons, remuaient sous une bave blanchâtre; sa gorge, violette et gonflée, était sanguinolente; sa langue épaissie s'embarrassait sous le voile du palais à moitié détruit; sa voix n'était plus qu'un hoquet mêlé de sanglots.

Ah! si, comme Candide, je m'étais « enquis de la cause et de l'effet, et de la raison suffisante qui avait mis ce misérable dans un si piteux état, » il eût pu me répondre comme Pangloss : « Hélas! c'est l'amour, l'amour, le consolateur du genre humain, le conservateur de l'univers, l'âme de tous les êtres sensibles, le tendre amour! »

Par une ironie du sort, cette malheureuse victime de Vénus implacable portait un nom de roi et s'appelait Sultan-Ahmed. Un reïs qui partait pour le Kaire se chargea, moyennant indemnité, de l'y conduire, et trois mois après je le retrouvai à l'hôpital de Kasr-el-Aïn, rajeuni, tout à fait droit et presque débarrassé de ses plaies affreuses. L'Égypte est un pays créé par Esculape; toutes les maladies y guérissent.

Reïs-Ibrahim avait arrêté un homme en remplacement de celui qui s'était brisé la jambe; l'équipage reprit donc les rames un jour, vers trois heures; notre barque s'éloigna d'Assouan, doubla l'île d'Éléphantine et descendit le cours du Nil au bruit du chant des matelots.

La navigation devenait difficile, dure et pénible; le fleuve, plus large, moins profond qu'en Nubie et baissant chaque jour davantage, rendait les ensablements plus fréquents; le vent n'avait rien perdu de sa violence et soufflait toujours contre nous; presque chaque jour, nous étions obligés de nous mettre en panne pendant plusieurs heures, afin d'attendre que les rafales fussent passées. Je ne me plaignais pas de ces retards, aucun intérêt n'activait mon voyage et j'aimais à profiter de ces repos forcés pour marcher sur les rivages du Nil, où nul ennui ne parvenait à m'atteindre.

Je ne puis décrire en détail tous les tableaux charmants devant lesquels je me suis arrêté et recueilli : depuis l'homme prosterné qui fait sa prière au coucher du soleil à l'ombre des buissons, jusqu'au nègre nu et ruisselant qui manie les balanciers d'un chadouf; depuis les buffles noirs qui vont en mugissant à travers les champs jaunis, jusqu'aux femmes vêtues de bleu qui puisent de l'eau dans le fleuve; depuis les dattiers jusqu'aux brins d'herbe; depuis les plaines jusqu'aux montagnes; depuis les prairies jusqu'au désert, depuis les cailloux jusqu'aux rochers, tout est beau, harmonique, sérieux, grave et comme divin dans ce pays bien-aimé du soleil.

Le lendemain de mon départ d'Assouan, la barque mouilla au pied d'une haute falaise couverte de débris. Là s'élevèrent autrefois les pylônes du temple de *Koum-Oumbou* (Ombos); mais le Nil rongeait chaque jour son rivage, il entraîna la terre, désagrégea les bancs de sable, déracina les rochers et mina sourdement les fondations du monument, qui s'abattit tout entier la face contre le sol et la tête près du fleuve. De loin, ces larges pierres blanches semblent une cascade tombant du sommet de la colline.

Après avoir gravi un sentier étroit qui circule au flanc de la montage et passé sous une porte de calcaire blanc, datée de Tothmès III, ouverte au milieu d'une longue enceinte circulaire en briques crues, j'arrive aux ruines du temple proprement dit. Elles sont d'un grand effet, quoique déjà presque englouties par le désert.

Le portique seul est hors des sables, qui cependant l'ont enfoui jusqu'à moitié de la hauteur. Treize colonnes, coiffées de chapiteaux à fleurs de lotus et à feuilles de palmiers, chargées de bandes hiéroglyphiques, descellées, blanchies à la chaux, noircies par le feu, écaillées, mais puissantes et trapues, sont encore debout; les autres, renversées et couchées, reposent sous la poussière qui les ensevelit.

Sur les murailles, on voit un dieu à tête de crocodile qui est Sevek (Χρόνος, Saturne). Le temple a été bâti sous les Ptolémées Épiphane, Philométor, Évergète II, et dédié aux deux triades : Sevek, Hathor et Khons-Hor; Aroëris, Homenofré et Pnevtho.

On lit en belles majuscules grecques, sur le linteau de la porte du sécos entièrement ensablé, l'inscription suivante : « Pour la conservation du roi Ptolémée et de la reine Cléopâtre, dieux Philométor et Philadelphe, et de leurs enfants, à Aroëris, Dieu grand, et aux divinités adorées dans le même temple, les fantassins, les cavaliers et autres habitants du nôme d'Ombos ont fait ce sécos, à cause de la bienveillance de ces divinités envers eux. »

De lourds quartiers de grès détachés de la terrasse, de l'entablement et de la corniche du portique se sont abattus autour et ont enfoncé le sol sous le poids de leur masse et de leur chute. De nombreuses traces d'hyènes et de chacals mamelonnent les monticules de sable accumulés contre les murailles du temple.

Dans l'est s'allonge un désert jaunâtre terminé par des montagnes, où des gisements calcaires brillent comme des veines d'argent; à l'ouest, le Nil coule au bas de la falaise; un canot le traverse en remorquant un cheval traîné à la corde et dont la tête souffle bruyamment au-dessus de l'eau; sur la rive opposée, on aperçoit trois gros sycomores modelés par la lumière, ombrageant les maisons grises et plates d'un village arabe; des moutons noirs, éparpillés dans un champ, marchent en poussant leur tête à travers les herbes. Le soleil s'est couché derrière des nuages qu'il a rendus tout rouges, et la nuit est venue pendant que je fumais, appuyé contre une des colonnes du portique.

C'est à *Djebel-Selseleh* (Silsilis), où je passai le lendemain, que se dressent ces montagnes de grès qui devinrent de si célèbres carrières. C'est de là que les Égyptiens tirèrent presque tous les matériaux qui servirent à construire les édifices sacrés et royaux de Thèbes. Séparées du Nil par un étroit rivage où poussent des jusquiames, ces carrières sont creusées de petits spéos couverts d'hiéroglyphes et entaillés de longues inscriptions qui portent les noms des Pharaons de la dix-huitième et de la dix-neuvième dynastie. Une des grottes est décorée de sujets relatifs à l'histoire du roi Hôrus, qui sont comparables par la finesse aux meilleures sculptures d'Ibsamboul et d'Amada. Tous les travaux d'excavation, faits à ciel ouvert, rappellent en très-grand ceux que l'on remarque sur la route de Mégare à Corinthe. Le grès est traversé par des parties de mica et paraît appartenir aux grès cubiques des couches secondaires; il est ordinairement de couleur claire, et la grande quantité de mica et d'oxyde de métaux qu'il contient lui donne seule cette teinte brunâtre dont il est affecté sur les parois des monuments.

J'ai retrouvé ce grès partout en Égypte, à Ombos, à Hermontis, à Louksor, à Karnac, à Médinet-Abou, à Gournah, à Abidos, à Denderah et à Edfou, dont les pylônes, les plus hauts qui soient, m'apparurent un matin, au soleil levant. De toute cette ville, qui était *Apollinopolis magna*, il reste deux temples. Du premier les pylônes et les soixante-deux colonnes du péristyle et du portique sont seuls visibles; tout le reste est enfoui par les décombres et obstrué en partie par les huttes des fellahs. Il remonte seulement aux Ptolémées ; la richesse même de l'ornementation en prouve la décadence ; la portion la plus ancienne des décorations, c'est-à-dire l'intérieur du naos et le côté droit extérieur, appartient à Ptolémée Philopator; les travaux furent continués sous Ptolémée Épiphane, ainsi que l'indiquent les cartouches engravés sur le fût des colonnes et dans le pronaos qui ne fut achevé que sous Évergète II. Le temple fut consacré à Hathor (Vénus), qu'une de ses légendes qualifie de « reine des hommes et des femmes », et aussi à Hôrus. Voici au sujet de cette dernière divinité, l'opinion du docteur Leipsius, qui peut aider à éclaircir un fait de la mythologie ancienne : « Hôrus, dit-il, est représenté enfant, nu, avec son doigt posé sur les lèvres. J'ai déjà expliqué par là ce nom d'Harpocrate, écrit *Harpé Chroti*, Hôrus l'enfant. Les Romains ne comprirent pas le geste du doigt, et de l'enfant qui ne *pouvait* pas parler, ils firent l'enfant qui ne *voulait* pas parler : le dieu du silence. »

Je suis monté dans les pylônes jusqu'à la plate-forme qui les termine; de cette hauteur, l'œil plonge sur tout l'ensemble du temple, dont les dimensions extraordinaires se reconnaissent alors facilement[1]. Des masures de fellahs, construites sur les terrasses, le cachent et le dévorent comme une lèpre. La place ne leur manque pas cependant, car près du rivage la plaine s'aplatit d'un côté jusqu'au Nil, éloigné d'une demi-lieue, et de l'autre, jusqu'aux montagnes arabiques qui se profilent à l'horizon. Du sommet des pylônes, on voit la vie s'agiter dans les maisons que garantissent imparfaitement des fragments de paillassons. Les enfants nus se vautrent dans la poussière,

1. Quatre cent vingt-quatre pieds de longueur sur deux cent quarante-deux de largeur; les pylônes ont cent sept pieds de haut, et les colonnes quarante, jusqu'aux soffites.

pendant que leur mère s'occupe à des soins de ménage et que l'homme fume, accroupi à l'ombre; dans un coin, des chiens jaunes et sales dorment la tête étendue sur leurs pattes, des poules picorent les mottes de fumier, et les pigeons volent à tire-d'aile vers ces sortes de tourelles carrées, garnies de branches de broussailles qu'on leur bâtit dans chaque village d'Egypte, afin de pouvoir en recueillir la fiente colombine et de la vendre comme engrais aux cultivateurs du Delta. La teinte foncée des populations nubiennes s'efface; la peau des fellahs est bronzée et non plus noire; les femmes se voilent; les rochers de granit n'embarrassent plus les rivages du fleuve; la vallée du Nil s'élargit; la Nubie est déjà loin et nous sommes en Égypte. En furetant sur les pylônes, j'y retrouve des noms célèbres : Morand, Desaix, Jollois, Denon. Je lis ceci : « Boulingrier, maréchal des logis au 8e dragons, » et au-dessous de la même écriture : « O Charlotte ! » Pauvre Boulingrier! pauvre Charlotte! Il y a parfois ainsi des inscriptions de noms inconnus qui font rêver pendant des heures entières.

A côté du grand temple, et comme accroupi au fond d'un entonnoir formé par des collines d'immondices, gît un petit mammisi qui fut bâti en commémoration de la naissance de Ptolémée Évergète II. Chacun des chapiteaux de ses colonnes porte un large dé où s'épanouit la monstrueuse image de Typhon, dont le menton et les pendantes bajoues rejoignent le ventre énorme; de hautes plumes coiffent sa tête que défigurent deux gros yeux ronds et hagards; de basses jambes cagneuses et bossuées portent son vaste corps armé de bras semblables à des ailes de pingouin. De ce genre de couronnement consacré aux chapiteaux des mammisis on a aussi donné à ces petits temples le nom de *Typhonium*.

Celui-ci est noir, enfumé, sale et malflairant. Égratigné par les pesantes griffes du temps, mutilé par les hommes, habité par les oiseaux de nuit et les cheiroptères, il est devenu indéchiffrable et méconnaissable. Je m'étonne qu'il existe encore, car il est en calcaire tendre; un de ces jours Abbas-Pacha ou quelque gouverneur de province le fera sans doute jeter bas et délayer, afin de le réduire en chaux, ainsi que l'on a déjà fait à l'égard de tant d'autres, car ces gens-là n'ont pas plus de pitié pour les monuments que pour les hommes.

Les traces de leur infatigable vandalisme sont partout et je les retrouvai bientôt encore à *El-Kab*, l'ancienne Elythyia, la Latopolis de Danville. La commission d'Égypte y avait constaté quatre temples; leurs matériaux renversés et enlevés ont été employés par Méhémet-Ali à construire un petit palais près d'Esné; à peine çà et là quelques fûts brisés, quelques volutes de chapiteau sorties de terre indiquent qu'ils ont existé. L'enceinte qui entourait la ville ne s'est point écroulée; elle a deux kilomètres et demi de pourtour; les murs, bâtis en briques cuites au soleil, ont vingt-sept pieds de hauteur et trente-quatre pieds d'épaisseur. Cela ressemble aux remparts d'une ville détruite. Il n'y a là ni hameaux, ni masures; les lièvres courent dans l'herbe et les vautours se reposent en paix sur le faîte des murailles. C'est une ruine déserte, noirâtre et comme pulvérisée. Une lourde chaleur sort de ces décombres pleins de poussière; des cigales y poussent leur cri strident et trembloté; au bruit de mes pas, un chacal s'enfuit en rasant la terre.

Les temples devaient être beaux cependant, si l'on en

juge par les rares fragments que l'on rencontre encore. Ils étaient dédiés à Sevek et à Sowan (Saturne et Lucine); les Pharaons Tothmès III, Amenophth IV et Ramsès-Sésostris avaient présidé à leur érection; ils faisaient face au Nil, père de l'Égypte, et étaient comme l'avant-garde des grottes sépulcrales creusées, près de là, dans la montagne.

Ces spéos couverts de peintures, datant des règnes de Ramsès Meïamoun, d'Ahmosis, de Tothmès Ier, II et III, d'Amenophth Ier et de la reine Amensé, sont les plus curieux de ce genre qu'on rencontre en Égypte, à l'exception des immenses tombeaux des rois à Thèbes, et méritent une description détaillée. Quelques-unes de ces tombes troglodytiques renferment, au dire du docteur Leipsius, le corps de plusieurs hauts personnages qui portent le titre singulier de : *Nourrice mâle d'un prince royal;* quelques précepteurs, sans doute.

Ces cavernes sont petites, l'ouverture en est élevée d'un mètre environ au-dessus du sol; les peintures qui les décorent se distinguent encore nettement, malgré le temps et surtout malgré les voyageurs. Le plus remarquable de ces spéos a vingt-quatre pieds de long sur douze de large; il a été taillé pour servir de sépulture à la famille d'un hiérogrammate attaché au collége des prêtres d'Elythyia; Champollion le jeune le nomme Phapé.

La muraille du fond, évidée en niche carrée, abrite quatre statues brisées; au plafond il n'y a que des peintures insignifiantes qui semblent vouloir figurer un ciel étoilé; tout l'intérêt est réservé pour les parois, qui sont chargées de sujets relatifs à l'agriculture; en voici du reste l'énumération :

La paroi qui se trouve à gauche du spectateur, lorsqu'il tourne le dos à la porte, se divise en quatre compartiments longitudinaux superposés les uns aux autres comme les rayons d'une bibliothèque.

Premier compartiment placé immédiatement au-dessous du plafond :

C'est la rentrée des grains. Des hommes à peau rougeâtre, à tête rasée, ou crépue, ou couverte d'une toile blanche, vêtus d'un court caleçon, disposent les blés en un monceau, sur lequel ils vident de larges boisseaux soutenus sur leur épaule. Deux d'entre eux remplissent des sacs que deux de leurs compagnons tassent par en bas. Six bœufs, conduits par un paysan armé d'un fouet à double lanière, foulent aux pieds une airée d'épis étalés; c'est là que se lit en hiéroglyphes la chanson rapportée par Champollion : « Battez pour vous, ô bœufs, battez pour vous : des boisseaux pour vos maîtres ! » Plus bas, un homme balaye les grains jaillis de l'alvéole; d'autres, à l'aide de grands leviers, portent des mannes pleines; un homme les vide, un autre les remplit.

Deuxième compartiment :

On fait la moisson. Des hommes coupent le blé avec des faucilles en tout semblables à celles dont se servent nos agriculteurs; à mesure que les épis tombent, on les ramasse pour les lier en javelles.

Troisième compartiment :

Une charrue en bois, traînée par des bœufs et dirigée par un homme, écorche le sol et trace les sillons; près de là est arrêté une sorte de chariot attelé d'un cheval de formes grêles, élégantes et parfaitement dessinées. A côté des bœufs marchent des hommes qui lancent les semailles; elles paraissent s'élancer de leurs mains comme de minces jets d'eau de couleur jaune. Plus loin des hommes réunis deux à deux binent la terre avec des hoyaux; d'autres traînent une herse légère que deux paysans maintiennent par derrière, afin qu'elle ne saute pas par-dessus les mottes de terre avant de les avoir écrasées. Puis viennent les troupeaux : ce sont des bœufs, des moutons, des chèvres précédées de deux chevreaux qui cabriolent et suivies d'un bouc, dont l'attitude trop familière ne dément pas la mauvaise réputation; ce sont des porcs et des ânes dont l'un s'arrête pour brouter un bouquet de chardons.

Quatrième compartiment :

Près des quais d'un fleuve, on pèse des marchandises dans de larges balances. Des bateaux semblables aux canges actuelles sont près du rivage; le gouvernail est très-incliné et s'emmanche à angle obtus dans la barre. D'une barque plate, entourée de filets, on descend des poissons dans des paniers soutenus sur l'épaule à l'aide d'une perche transversale; un portefaix les dépose devant un homme qui les ouvre et les colle contre la muraille; près de là, un pêcheur tresse un filet dont l'extrémité est prise dans son pied, pendant qu'un enfant debout devant lui déroule un peloton de corde. Plus loin passe un bateau conduit à la rame; un homme en tombe la tête la première; la vergue de la voile se manie à l'aide d'une roue placée sur l'habitacle. On apporte des oiseaux; un homme les reçoit et les plume, un autre les ouvre, un troisième les dispose sur des planches pareilles à celles d'une étagère ou les enferme dans des jarres. A côté, c'est la vendange et la fabrication du vin; deux hommes cueillent des raisins à une vigne recourbée en berceau et les mettent dans de larges mannes qu'on emporte sur la tête; on les verse sur le pressoir, dans le récipient duquel on puise le vin pour le transvaser dans des amphores. Le pressoir a la forme d'une cuve carrée, au-dessus s'étend une poutrelle reposant par chaque extrémité sur une haute fourche; de cette poutrelle pendent, soit des plaques de bois entre lesquelles on écrase le raisin, soit de longs boyaux d'étoffe dans lesquels on presse la grappe pour en extraire le jus; quatre hommes s'emploient à ce travail.

Les scènes qui suivent représentent sans doute un enterrement. Un homme agenouillé semble prier devant un petit autel surmonté d'une image de chacal (Anubis); puis je vois un bateau, sur le bateau une estrade, sur l'estrade un lit, sur le lit une momie enveloppée, le tout traîné par des bœufs à l'aide d'une corde attachée à leurs cornes; des hommes les dirigent et marchent auprès d'eux.

La paroi de droite est entièrement couverte par la représentation d'une fête particulière.

Deux grands personnages, un homme et une femme, sont assis sur un trône; l'homme est peint en rouge et la femme en jaune; cette dernière a placé sa main gauche sur l'épaule de son compagnon, et, de sa main droite, elle lui tient le bras à la hauteur du biceps. Au pied de leur siége est enchaîné un gros singe cynocéphale, une sorte d'ornement en forme de sonnette se balance à ses lèvres; il prend des fruits qui remplissent une corbeille déposée près de lui.

Derrière ces personnages, qui paraissent les maîtres de maison, s'allongent deux rangées d'hommes accroupis et deux rangées de femmes accroupies comme eux. Les hommes ont le nu peint en rouge, des caleçons blancs cachent leur ventre, de larges colliers bleus descendent sur leur poitrine, une façon de calotte rouge, semblable à celle de nos enfants de chœur, surmonte leurs cheveux sans les couvrir ; à la main, ils tiennent tous une tige de lotus ; de jeunes esclaves, offrant des mets et des boissons, marchent au milieu d'eux. Les femmes, dont le nu est couleur safran pâle, sont vêtues de robes blanches collantes depuis le mollet jusqu'aux seins et retenues par une sorte de bretelle qui passe par-dessus l'épaule droite ; une draperie rattachée au-dessus de l'oreille, tombant large par derrière, et par devant en deux bandes étroites, leur sert de coiffure, et est également surmontée de cette petite calotte rouge que portent les hommes ; une branche de lotus fleurit aussi dans leurs mains. Puis, ce sont deux musiciennes ; l'une, coiffée d'une plume d'autruche fichée dans ses cheveux crépus, joue de la harpe ; l'autre, habillée de blanc et couronnée d'un petit croissant, souffle dans une flûte à deux branches ; au milieu d'elles, une femme danse en agitant un cyste de chaque main.

Plus loin, et pour terminer cette série de tableaux, quatre hommes dépècent un bœuf égorgé, couché sur le dos et éventré dans toute sa longueur.

Tu as pu comprendre par cette description, mon cher Théophile, combien ces peintures sont intéressantes, puisqu'elles nous initient aux mœurs intimes des anciens Égyptiens, qui diffèrent si peu des coutumes et des usages encore conservés dans cet immuable pays.

A côté d'El-Kab, c'est le désert ; une route sèche, dévorée par le soleil, toute grouillante de lézards et de caméléons, coupée çà et là de petites flaques d'eau pleines de sel et de salpêtre, me conduisit jusqu'à un cirque énorme formé par une enceinte de collines dont le sommet est tout bleu. Peut-être que là même, il y a bien longtemps, bien longtemps, des pilotes ont jeté la sonde lorsque les océans, aujourd'hui desséchés, coulaient dans le désert sur ces sables encore mêlés de coquillages. Au pied d'une des montagnes, on trouve un petit temple que les Arabes ont nommé *Beit-el-Malek*, la maison du prince. C'était un sanctuaire d'Hathor; quatre colonnes en supportent la salle unique. Les peintures, encore fort vives, représentent la déesse à tête d'épervier remettant la croix ansée à un roi rouge coiffé d'un heaume bleu surmonté de l'urœus; Ammon-Ra lui offre aussi l'emblème de la divinité. Le père des dieux est d'une belle fantaisie : deux plumes d'autruche s'élancent de sa tête, sa barbe et ses vêtements sont jaunes; de larges colliers flottent sur sa poitrine; tout son corps est peint en bleu. Hathor est, comme toujours, couronné d'un temple.

Près de là, je reconnus des traces nombreuses de gazelles ; leurs *fumées*, très-divisées, parsemaient les endroits où poussent ces herbes odoriférantes et grasses que produit le désert. Croirais-tu que ces sortes de choses, bonnes généralement à engraisser les terres, sont précieusement recueillies par les Arabes, qui les fument dans leurs tchibouks lorsqu'elles deviennent sèches? il est juste de dire qu'elles portent une odeur de musc adouci qui est fort agréable. Je voulus goûter aussi de ce nouveau genre de tabac, et je ne m'en trouvai pas plus mal. Au reste, les gazelles sont communes dans cette partie de l'Égypte; le soir, elles viennent en bandes du désert et descendent vers le Nil; les Bédouins embusqués les tuent alors facilement, et les vendent souvent pour une simple charge de poudre. Leur viande rappelle beaucoup celle du chevreuil : mais elle a je ne sais quelle saveur musquée, sauvage et fine, qui pourrait réjouir le palais d'un gourmet. On se fait néanmoins un certain scrupule de manger ces pauvres petites bêtes, qui sont si jolies et sautent si allègrement au soleil et sous les palmiers.

Une route, aujourd'hui abandonnée, conduisait autrefois par l'intérieur des terres d'El-Kab à Esné, où le vent me retint pendant deux jours. Je passais mon temps à me promener, me glissant derrière les monticules de sable pour aller tirer les spatules et les pélicans qui se tenaient en troupe au milieu du Nil ; je *flânais* à travers la ville, regardant son vieux château fort, composé de quatre tours trapues reliées par des courtines qu'un coup de canon jetterait bas ; m'asseyant dans les cafés, au milieu des Arnautes armés et crasseux ; retournant voir dans le temple de Chnouphis les longues légendes relatives à Claude et à Caligula ; me baignant dans le Nil et cherchant toujours l'ombre, car la chaleur était écrasante ; les pieds brûlaient sur le sol comme sur des plaques de tôle rouge. Je bravai le soleil cependant sous vingt aunes de mousseline blanche dont j'avais entouré ma tête, et je sortis de la ville pour me rendre au couvent des Martyrs, éloigné d'une lieue et demie.

J'allais à travers champs parmi de maigres blés déjà blonds de maturité. C'était une grande plaine jaunie par les moissons et mourant au pied des montagnes libyques qui découpaient sur le ciel leurs lignes grandioses ; je descendais dans le lit desséché des canaux que l'inondation doit remplir, je m'arrêtais à fumer sous des bouquets de mimosas altérés, et j'écoutais Joseph qui me racontait son histoire.

« Ah ! savez-vous, signor, me disait-il, maintenant que je suis vieux, je voudrais retourner dans mon pays, à la rivière de Gênes, car il fait trop chaud en Égypte et la viande y est mauvaise. J'établirais là-bas un petit cabaret pour donner à manger aux maçons et aux mariniers, et je vivrais sans fatigue au lieu d'être forcé de servir les voyageurs qui m'emmènent, tantôt à Suez, tantôt en Nubie, tantôt au mont Sinaï, tantôt dans le désert d'*El-Arich*. Quand j'étais tout petit, je me sauvais de la maison de mon père, qui était bijoutier ambulant, pour aller courir la province, tant j'aimais les voyages. Lorsque je revenais, mes sœurs me recevaient bien et empêchaient mon père de me battre. Un jour je partis pour Benghazi, dans la régence de Tripoli, avec un monsieur français qui venait d'y être nommé consul. Savez-vous, là, tout en étant domestique, je fis un petit commerce de bijouterie, et, au bout de deux ans, je revins à la maison riche d'un millier de thalaris, avec l'intention d'y demeurer toujours. Ah ! tout était bien changé : le père était mort ; mes sœurs avaient épousé des hommes du voisinage. On me reçut presque comme un étranger ; mes beaux-frères me regardèrent d'un mauvais œil. Ah ! padrone, ce fut un vilain voyage que celui-là. Le dégoût me prit tout de suite, et, trois jours après mon arrivée, je partis de nouveau. Depuis ce temps, je ne suis jamais retourné à Gênes qu'une seule fois, en y conduisant des chevaux que le roi de Sardaigne avait fait acheter en Syrie. Je ne sais ce que sont devenues mes sœurs ; mais je m'ennuie en Égypte et je voudrais m'en aller. »

J'arrivai au couvent des Martyrs, où je devais entendre encore les lamentations d'un exilé. Je frappai à une petite porte en bois ouverte dans une masure bâtie en brique. Un chien hurlant bondit sur le mur et aboya contre moi. Un pauvre vieillard borgne, à peine vêtu d'une robe bleue et coiffé d'un turban troué, arriva au bruit. Il me fit entrer.

« Frère chrétien, me dit-il, sois le bienvenu, au nom de Marie l'immaculée et de Jésus, son fils et notre Dieu ! »

C'était le prieur du couvent. Il repoussa avec efforts un âne qui barrait le chemin en broutant de tristes chardons germés près de la muraille, et marcha devant moi. Dans une arrière-cour, j'aperçus quelques femmes qui broyaient des grains de blé entre des pierres plates, auprès de deux cahutes en ruine.

Je pénétrai dans l'église, car c'est là qu'on habite; c'est vraiment la maison du Seigneur. On y vit, on y mange, on y dort, au besoin on y meurt. Quoiqu'elle soit assez élevée au-dessus du sol, elle est si obscure qu'elle ressemble à une crypte. Des arcades évidemment empruntées aux formes byzantines coupent les longues galeries garnies de nattes usées sous les pas. Près d'une estrade de trois marches, d'où l'on prêche le *peuple* pendant les grandes fêtes, à côté d'un tronçon de colonne trouée sur lequel est fichée une croix en fer rouillée, se dresse un cube en terre; c'est l'autel, c'est là qu'on dit la messe. Point de nappe, point de draperies, point de hauts chandeliers, point de tableaux, point de statues, pas même un œuf d'autruche suspendu à une corde; pas un seul ornement; rien que la nudité triste et grêle des murailles en argile desséchée.

« Qui a bâti votre église ? demandai-je au prieur.

— C'est sainte Hélène, mère de Constantin », me répondit-il en se signant.

Toute la communauté se compose d'un seul vieux moine copte, décrépit et presque idiot. Le samedi soir, les chrétiens du pays viennent coucher au couvent, sur les nattes de l'église, sans doute, afin de pouvoir entendre la messe le dimanche matin. Ils vivent en bonne intelligence avec les Arabes qui les entourent. Quand donc perdra-t-on enfin cette opinion erronée touchant le fanatisme des musulmans, qui sont, dans les circonstances ordinaires de la vie, les gens les plus tolérants de la terre ?

En passant près d'une chapelle, je vis un jeune homme qui dormait étendu, la tête appuyée sur une marche. Son visage, dont la peau avait la couleur du cuivre rouge, est maigre et fatigué ; une respiration pénible sort de ses lèvres entr'ouvertes; un turban bleu ceint son front moite de sueur. Il se réveille et se prend à tousser péniblement; c'est un Abyssinien qui a fait le pèlerinage de Jérusalem pour s'incliner sur le tombeau de son Dieu. L'air vif des montagnes de la Palestine et l'âcre brise de la mer auront été trop froids pour ses poumons accoutumés aux chauds effluves des plateaux de Choa, et maintenant il meurt de la poitrine, arrêté par la souffrance dans ce pauvre couvent, doux, triste, pâle, affaibli, et attendant chaque jour, pour continuer sa route commencée, une guérison qui maintenant ne viendra jamais.

J'ai laissé à bord de la cange mon domestique qui regrette la France, tout à l'heure Joseph regrettait la rivière de Gênes, et voici un moribond qui regrette l'Abyssinie.

Combien j'en ai déjà vus sur le monde qui pleuraient leur patrie! Pèlerins de l'inconnu, ou soldats des causes impatientes, tous, ils tournaient leurs yeux vers le pays de leur enfance, et n'en prononçaient le nom qu'avec des sanglots. Quel charme singulier existe-t-il donc dans le sol natal pour que son souvenir reste toujours indéraciné dans le cœur?

« L'Égypte est un enfer, me disait le jeune Abyssinien, en levant ses grands yeux jaunis par la fièvre; je n'y trouve pas assez d'air pour respirer, il n'y a que du feu. Le blé coûte cher, les poules coûtent cher, le lait ne sent pas les pâturages; on meurt de faim. Mon pays est comme un paradis en comparaison de celui-ci. Il y a des arbres partout et aussi des ruisseaux et des fleuves. Heureusement que bientôt je serai rétabli et que je pourrai partir. »

Le pauvre homme n'avait pas quinze jours à vivre encore, et, comme tous les phthisiques, il mourait en faisant des rêves de longue existence.

Je dis adieu aux moines, au pèlerin, au couvent, et je regagnai ma cange, qui, le lendemain, me déposait au rivage d'*Erment*. Il me fallut une heure de marche à travers les terrains crevassés de sécheresse pour arriver jusqu'aux maisons, du milieu desquelles s'élance un palmier touffu qui, de loin, ressemble à un énorme panache. De grands tombeaux carrés coiffés d'une coupole ronde précèdent le village, aggloméré sur un sol plein de débris et souvent remué par les fouilles. Une grande plaine l'entoure. Près de la demeure du cheikh se dressent les ruines élégantes du temple d'Hermontis. Cinq colonnes reliées par une architrave, un pied-droit de porte, un fragment de muraille appuyé contre un pilier et un sanctuaire obscur, actuellement converti en étable, voilà tout ce qui reste. C'était un mammisi construit sous le règne de Cléopâtre, fille de Ptolémée Aulète, en commémoration de la naissance de Ptolémée-Césarion, fils de Jules César. Des sculptures emblématiques décorent le naos et représentent la déesse *Ritho*, femme du dieu *Mandou*, mettant au monde le dieu *Harphré*. « La gisante, dit Champollion le jeune, est soutenue et servie par diverses déesses du premier ordre. L'accoucheuse divine tire l'enfant du sein de la mère ; la nourrice divine tend les bras pour le recevoir, assistée d'une berceuse. Le père de tous les dieux, Ammon-Ra, assiste au travail, accompagné de la déesse Sowan, la Lucine égyptienne, protectrice des accouchements. Enfin, la reine Cléopâtre est censée assister à ces couches divines, dont les siennes n'ont été ou plutôt ne seront qu'une imitation. L'autre paroi de la chambre de l'accouchée représente l'allaitement et l'éducation du jeune dieu nouveau-né. Sur les parois latérales sont figurées les douze heures du jour et les douze heures de la nuit, sous forme de femmes ayant un disque sur la tête. »

Toutes les dédicaces, toutes les inscriptions intérieures et extérieures sont faites au nom de Ptolémée-Césarion et de sa mère Cléopâtre. Jules César n'y est ni représenté, ni même nommé.

Des pierres arrachées aux murs du temple ont servi à bâtir les fondations d'un de ces lourds pigeonniers carrés qui semblent les bastions d'une fortification primitive.

Près des ruines, sur la route qui conduit au Nil, je m'arrêtai longtemps à considérer un tombeau fort vénéré dans le pays ; c'est celui d'un saint homme qu'on appela de son vivant Sidi Abdallah-el-Merabeth.

Il est construit en briques d'argile; les basses murailles crénelées, surmontées de trois coupoles blanches, ont été effondrées par les branches d'un sycomore dont la grosse tête verte s'épanouit au-dessus de la porte et se mêle à la tige d'un palmier poussé près de lui. Une rafale de khamsin a passé pendant que je le contemplais; elle a fait crier sous ses efforts ce tronc monstrueux, a secoué le dattier et a emporté les oiseaux abrités sous les feuilles, en soulevant un ouragan de poussière.

Un coude du Nil affaiblissait pour nous la dureté de ce vent incessant; les matelots reprirent leur aviron avec courage dès que je fus remonté à bord de ma cange, et ramèrent sans désemparer, presque nus et poussant de grands cris qui coupaient par intervalles leurs chants réguliers. Les rivages fuyaient de chaque côté du Nil, qui allait s'élargissant de plus en plus; le soleil se coucha derrière les montagnes blondes de la Libye; la nuit s'avança calme et sereine, et à huit heures et demie du soir, le lundi 29 avril, ma barque s'arrêta au mouillage de Louksor.

Bien vite je descendis à terre, car j'avais hâte de toucher de mes mains les ruines de cette Thèbes qui fut l'œil et l'ombilic de l'Égypte. La lune, à peine levée, éclairait faiblement l'obélisque, les pylônes, les colonnades, le minaret de la mosquée, les palmiers des jardins et les huttes des fellahs déjà endormis. En marchant, je réveille les hurlements de quelque chien couché dans l'ombre; le matelot qui m'accompagne en portant une lanterne murmure à demi-voix un air allègre et joyeux. Quelques femmes, inquiètes de notre bruit, entr'ouvrent la porte de leur cabane; le fleuve coule pacifiquement en miroitant sous la lumière. Le vent s'est abattu; tout est silencieux, triste et comme en deuil. Le sable crie sous mes pieds ; un sentiment infini de solitude et d'abandon plane autour de ces édifices et de ces masures que j'aperçois à peine.

Lorsque je revins à la cange, après une promenade d'une demi-heure, je la trouvai envahie par les guides, les marchands de curiosités, les loueurs d'ânes et les faiseurs d'estampages.

Par suite d'un accord conclu entre ces hommes, il y a des guides spéciaux pour la rive droite du Nil qui exploitent Louksor et Karnac, et des guides particuliers à la rive gauche qui conduisent les voyageurs à Médinet-Abou, aux colosses, au prétendu monument d'Osymandias, à Gournah, aux hypogées et à Biban-el-Molouk. Avant cette très-sage division d'attributions, une guerre ouverte s'agitait toujours entre les deux rivages ; des injures, on en venait vite aux coups de bâton, des coups de bâton aux coups de fusil, et naturellement on profitait de ces favorables circonstances pour dévaliser un peu les voyageurs. Maintenant, tout est au mieux dans les meilleures des ruines possibles, et je pus faire en paix le choix de mes hommes. Pour la rive droite, je retins l'ancien fouilleur de Champollion, sorte de vieux sauvage appelé *Temsah* (crocodile), et, pour la rive gauche, j'arrêtai un homme du pays, nommé *Abdoul-Hamid*, bon garçon, très-doux et réellement intelligent.

Comme tous les villages arabes, *Louksor* est composé de huttes, de pigeonniers et de quelques marabouts dont les petites coupoles blanchies à la chaux égayent les teintes grises et sales des masures en limon. C'est dans la partie méridionale que s'accumulent les ruines où nous avons été chercher l'obélisque actuellement dressé à Paris, sur la place de la Concorde. Elles appartiennent à deux palais, l'un élevé par Aménophis-Memnon (Amenophth III), de la dix-huitième dynastie, et l'autre, construit près du premier par Ramsès-Sésostris.

Devant deux pylônes éventrés, couverts de sculptures encore visibles, représentant les combats et les victoires du pharaon Ramsès le Grand, s'élance un obélisque en granit rose qui semble, seul et désolé sous l'implacable soleil, regretter son frère absent. La finesse et la beauté de ces hiéroglyphes sont extrêmes, et ils sont assez profondément creusés dans la pierre polie et poncée pour que des enfants puissent grimper jusqu'au pyramidion, en entrant leurs pieds nus dans les entailles. Le sable amoncelé en a englouti la base; souvent j'ai vu un vautour fatigué dormir sur le faîte, qui paraissait alors le piédestal immense d'une statue d'oiseau. C'est Ramsès qui le dédia à Ammon-Ra, roi des dieux. Des colosses de granit, disparus jusqu'à la poitrine, s'adossent aux pylônes; maintenant on attache à leurs vastes oreilles la bride des ânes et des chevaux.

Lorsqu'on a franchi la porte ouverte dans ces énormes massifs de maçonnerie qui précédaient le palais comme des ailes gigantesques, servant aussi bien de fortification que d'ornement, on arrive dans une grande cour entourée de colonnes qui jadis était le péristyle des demeures royales. Les fellahs s'en sont emparés, l'ont morcelée, coupée de refends, abîmée, enfumée, détruite et rendue méconnaissable. A gauche, et prenant point d'appui contre une muraille chargée de légendes, une mosquée s'étend avec son minaret, qui paraît au loin comme un obélisque nouveau; les enfants y vont à l'école, et on invoque Mahomet là même où l'on invoqua Ammon-Ra, Hathor et Tafné. A droite, ce sont des cabanes bâties de fange et de paille ; d'un coup de pied on les crèverait. Les poules, les poussins, les chiens, les pigeons gloussent, picorent, aboient et volent dans les chambres de Sésostris ; car c'est là où s'arrêtent les ruines de son palais.

Les colonnades qu'on rencontre ensuite sont d'Aménophis-Memnon, LE DIRECTEUR DE JUSTICE, BIEN-AIMÉ DU SOLEIL, LE FILS DU SOLEIL, AMENOPHTH. Quatorze colonnes, autrefois peintes de la base au sommet, placées sur deux rangs, couronnées de chapiteaux dont les bords brisés s'évasaient comme une fleur de lotus épanouie, réunies par de larges architraves blanchies sous la fiente des oiseaux, sont debout au milieu du sable qui monte autour d'elles, ainsi que le flux d'une marée. Les hommes sont bien petits lorsqu'ils passent auprès d'elles. Elles conduisent jusqu'à une autre colonnade qui précède immédiatement un sanctuaire jadis consacré à Ammon-Ra par Amenophth, et que réédifia plus tard Alexandre, fils du conquérant. Les colonnes, largement creusées par en bas de cannelures convexes, lisses et rondes au milieu, terminées par des chapiteaux qui figurent d'énormes boutons de lotus s'échappant de l'alvéole, fortes, trapues et comme indestructibles, se massent en plusieurs groupes, parmi lesquels grouillent les ménages des fellahs. Au delà, c'est une grande maison en partie construite avec des matériaux antiques au-dessus du sanctuaire d'Alexandre ; des fûts brisés, des piliers sciés en deux, des pierres chargées d'inscriptions soutiennent les murs bâtis en brique et crépis à la chaux ; c'est la *Maison de France*. Les officiers de marine qui firent partie de l'expédition du Louksor y logèrent, et depuis elle appartient au gouvernement français, auquel Méhémet-Ali l'a verbalement donnée. Un magnifique jardin verdoie derrière; ce sont nos marins qui l'ont planté. Des dattiers, des mimosas, des bananiers à larges feuilles, des lauriers-roses, des citronniers, y jettent une ombre profonde; un jasmin d'Arabie l'embaume de son parfum, les tourterelles chantent sous les feuilles. Souvent j'ai été m'y asseoir; j'y suis resté de longues heures, fumant mon bruyant narguileh et regardant les buprestes d'or qui couraient dans les herbes.

Une partie de la colonnade du palais d'Aménophis-Memnon est entourée aujourd'hui d'un mur d'enceinte et sert de magasin à blé. C'est là qu'on attache par l'oreille les marchands convaincus d'avoir vendu à faux poids. Les pauvres diables gémissent et se haussent sur la pointe des pieds pour diminuer autant qu'il leur est possible ce douloureux tiraillement. Ceci, au reste, est une bonne mesure que nous ferions bien d'emprunter aux usages orientaux, qui parfois sont plus sages que les nôtres. Cela s'exécute avec une grande simplicité, et je l'ai vu souvent au Kaire.

Lorsque le vendeur d'une denrée quelconque est accusé de frauder sur le poids ou sur la qualité de la marchandise, le kadhi le fait venir, l'interroge, et, s'il est reconnu coupable, le condamne à être exposé quelques heures devant sa boutique. Deux kaouas prennent alors le délinquant, le mènent au bazar, devant son étal, dont ils ferment les volets, le font monter sur deux briques et lui clouent l'oreille contre sa propre maison. Quand l'opération est faite, on retire les briques, et le malheureux demeure presque suspendu, appuyé seulement sur l'extrémité de ses pieds.

Les kaouas s'accroupissent près de lui, et, tout en fumant leur pipe, empêchent qu'il ne soit secouru. Alors s'établit souvent entre les gardiens et le patient le dialogue suivant :

« Hé ! un tel, fils d'un tel, dit le kaouas, ton oreille commence à s'allonger; elle est plus longue maintenant que celle d'un âne d'Abyssinie.

— Ah ! aga, le khadi s'est trompé; par Mohammed, sur qui soient les saluts de Dieu, tu devrais remettre au moins une brique sous mes pieds.

— Non pas, chien de voleur ! il faut que ton oreille traîne jusqu'à terre pour qu'elle puisse témoigner contre toi au jugement dernier.

— Hé ! aga, j'ai des piastres dans ma poche.

— Combien?

— Hélas ! je n'en ai que deux, car je suis un pauvre marchand injustement condamné.

— Ah ! si tu n'as que deux piastres, c'est que ton oreille n'est pas assez longue. »

Le patient propose quelques piastres de plus; le kaouas finit par se laisser toucher, et glisse sous les pieds du marchand les deux briques qui, en l'élevant à la hauteur du clou, amoindrissent singulièrement la douleur; mais dès qu'un bey ou un pacha passe dans la rue, le kaouas enlève rapidement les deux briques, et le malheureux pend de nouveau, en cherchant un point d'appui, jusqu'à ce que le personnage ait disparu.

C'est le fait d'une justice sommaire et brutale, je le sais; mais il est souvent bon d'y avoir recours. Un boulanger voleur, chevillé par l'oreille aux volets de sa boutique fermée, ferait plus d'effet sur les coquins, ses confrères, que toutes les insuffisantes condamnations que notre législation leur tient en réserve. Si j'étais préfet de police, je donnerais quelquefois cet exemple plein de moralité, et je laisserais crier les philanthropes.

Un Français, employé du gouvernement égyptien, me racontait avoir vu un jour cinquante-sept hommes cloués les uns à côté des autres dans le magasin au blé de Louksor, tous geignant, grimaçant et s'immobilisant de leur mieux, afin de diminuer leur souffrance; mais pour ceux-là ce n'était qu'une mesure préventive destinée à faciliter le payement de l'impôt.

Une allée de béliers et de sphinx réunissait autrefois les palais de Louksor à ceux de Karnac; on ne la retrouve maintenant qu'en arrivant près de ces derniers. Les ruines de Karnac sont fort compliquées, et les plus vastes qui soient au monde.

Une demi-heure de chemin les sépare de celles de Louksor. La route qui y conduit circule parmi les champs, passe par-dessus des buttes de décombres, traverse un village accroupi sous des palmiers et rejoint les restes d'un dromos de béliers entièrement détruit; tous sont brisés, décapités, envahis par l'herbe. Une seule tête encore distincte a roulé sous la poussière qui l'enfouit; leur croupe puissante et charnue semble quelque énorme rocher poli et arrondi par la mer. Cette allée aboutit au temple de Khons, devant lequel s'élève une immense porte triomphale en grès, qui sans doute a été revêtue d'un enduit couvert de couleurs [1]. La mutilation systématique et régulière des sculptures ne peut être attribuée qu'aux premiers chrétiens. Sous la corniche qui la

1. La hauteur est de vingt et un mètres; la largeur, douze mètres cinquante centimètres. La hauteur de la baie, quinze mètres.

couronne, le globe ailé s'entoure d'urœus; des restes de construction arabe apparaissent sur la plate-forme. Un santon à demi fou a pu seul aller percher sa demeure à une telle élévation. Au reste, l'on peut voir des débris semblables sur une des colonnes du temple de Jupiter Olympien à Athènes; il y a des Siméons Stylites dans toutes les religions. Six compartiments, hauts chacun de deux mètres soixante-dix centimètres, occupent la façade du monument et montent, superposés les uns aux autres, jusqu'au couronnement. Cette porte sert de propylon au temple de Khons et a été élevée par Ptolémée Évergète et Physcon. Les sculptures représentent Ptolémée Évergète et Bérénice, sa femme-sœur, faisant des oblations aux dieux et aussi à Ptolémée Philadelphe et à Arsinoë divinisés. Les parois intérieures de la baie sont chargées de sujets religieux. Évergète offre à Ammon-Ra des oiseaux et des bœufs attachés par la patte à des cordes nouées à la croix ansée que le roi tient dans sa main. Ammon générateur et le dieu à tête d'épervier surmontée du globe se retrouvent à presque tous les étages des sculptures. On dirait qu'on a cherché à jeter bas cette porte, qui, malgré ses dimensions, est d'une charmante élégance; on l'a attaquée par la base, on a descellé des pierres et fort endommagé le jambage de gauche; mais la vieille construction a jusqu'à présent résisté à tous les efforts, et, grâce à Dieu, elle n'est pas encore près de tomber.

Immédiatement derrière, c'est le temple que la commission d'Égypte avait désigné sous le nom de *temple du Sud* et qu'on a reconnu depuis pour être dédié au dieu Khons, fils d'Ammon. Commencé par Ramsès VIII, de la vingtième dynastie, il fut achevé par deux prêtres d'Ammon, Péhor et Pionk, qui usurpèrent le pouvoir royal et furent les premiers pharaons de la dynastie vingt et unième. Les deux pylônes disjoints, enfouis à la base par les exhaussements du sol, égrenés de vieillesse, étaient couverts de légendes hiéroglyphiques et d'offrandes royales. Deux grandes niches effondrées qu'on remarque de chaque côté de la porte pouvaient bien servir jadis à contenir des colosses, aujourd'hui absents. Tout le temple, au reste, a été secoué par un grand bouleversement, car les pierres séparées semblent sur le point de s'écrouler, les terrasses se sont abattues dans les salles, des décombres embarrassent les abords; au fond, un palmier a germé au milieu de l'adyton mis au jour par l'éboulement des murailles. La porte construite entre les deux pylônes conduit à un portique soutenu par vingt-huit colonnes, sur le chapiteau desquelles s'encadre le cartouche : L'AIMÉ D'AMMON, PÉHOR, FILS D'AMMON. Une d'elles gît en trois morceaux sur le sol; toutes les sculptures qui les décoraient ont été martelées avec soin. Le portique fut habité, car on y voit des traces de maisons en briques crues. Le pronaos est *plano jove*, le plafond renversé l'encombre de débris. Lorsque j'y entre, je fais enfuir une bande de moineaux francs qui piaillaient en sautillant. Sur la corniche du sécos, je vois une grande quantité de personnages faisant chacun offrande d'une petite divinité accroupie, qui porte sa croix ansée sur les genoux, à Ammon-Ra, également accroupi.

Mon guide me mena à l'angle d'une chambre, se mit à creuser avec ses mains cette terre qui n'est vraiment que de la poussière, découvrit ainsi un très-étroit couloir et s'y engagea, en me disant de le suivre.

Nous arrivâmes dans une salle tellement comblée, que j'étais forcé de m'y tenir à quatre pattes; ma tête heurtait le plafond, que supportent quatre colonnes dont les chapiteaux sont de simples dés. Cette salle, presque obscure, me paraît être le réfectoire de tous les oiseaux de proie du voisinage, car il y a de gros amas de plumes de poules et de pigeons que les chats-huants et les chouettes viennent manger là pendant la nuit, au milieu des chauves-souris.

Il serait possible que ce temple eût été construit avec d'anciens matériaux égyptiens, car en gravissant l'escalier des pylônes, je remarque des pierres entaillées d'inscriptions plates, d'un style beaucoup plus fin que celui des autres sculptures. Du haut des pylônes, je regardai, selon mon habitude, aux quatre points cardinaux, et voici ce que je vis :

Au sud, au premier plan, la porte triomphale et le corps monstrueux des béliers mutilés; puis le village de Karnac d'où sort un long troupeau de buffles qui marche vers des terrains incultes et grisâtres; au fond Louksor où, par un effet de perspective, les pigeonniers semblent plus hauts que les ruines.

A l'ouest, un petit bois de palmiers verdoyants derrière les masures qui avoisinent le temple de Khons; au-delà des champs jaunâtres que baigne le Nil large et rapide, le village de Gournah enfoui sous des arbres au pied de la chaîne libyque qui paraît blonde comme du miel, et coupée de teintes plus transparentes et plus bleues que des saphirs.

A l'est, je vois un palmier qui se balance entre les ruines de deux pylônes, sur l'un desquels un milan dévore un pigeon; plus loin une petite colline de décombres échoue sur une plaine infinie couverte de blés, où s'agitent des travailleurs, des chevaux et des bœufs; à l'horizon ce sont les montagnes arabiques noyées sous les lueurs du soleil levant.

Au nord, deux bouquets de dattiers remuent au vent et abritent la coupole blanche de quelques tombeaux arabes; à côté s'amoncellent les ruines du palais de Karnac, colonnades, pylônes, obélisques, galeries, sanctuaires, piliers votifs, collines de débris qui indiquent les anciennes enceintes, dromos, bassins sacrés, appartements royaux, citernes, colléges sacerdotaux, constructions de tout genre et de tout âge, renversées pêle-mêle, dévastées, mais magnifiques et surprenantes au milieu de la solitude qui les entoure et les grandit encore. Au delà, bien loin, on aperçoit des palmiers que la distance fait paraître tout noirs.

Touchant au temple de Khons avec lequel il a dû communiquer autrefois par un couloir dont on retrouve les traces, un mammisi disparaît à moitié sous les masures qui le pressent de tous côtés. Il est obscur, enfumé, sert d'écurie et je n'en dirais rien si je n'y avais remarqué trois bas-reliefs qui m'ont paru intéressants. Le premier, placé au-dessus de la porte du sécos, représente quinze divinités tournées et tendant les mains vers un enfant entouré d'un globe ailé. Le second, qui se reproduit à l'infini sur toutes les murailles de ce temple, doit être une figure de Typhon. C'est un animal monstrueux, dressé sur ses pattes de derrière, tortueuses et nouées comme celles d'un basset. Son ventre, en forme de poire, retombe sur ses jambes qu'il embarrasse; sur sa poitrine pendent de longues mamelles gonflées; sa main, qui est une griffe, s'appuie sur un instrument semblable à une boucle de rosette dont les deux bouts seraient flottants; sa tête tient à la fois du porc et du crocodile, le front est déprimé, l'œil assez grand, l'oreille aiguë et couchée, le grouin énorme, tuberculeux, ouvert et montrant des dents terribles ; de son cou part une longue queue qui descend jusque sur les talons, et paraît plutôt cordée que tressée. Ce singulier dieu est coiffé de cornes de vache supportant le globe et de deux plumes d'autruche. Le troisième bas-relief est étrange, il couvre toute une paroi d'une salle voisine du sanctuaire. Un homme est couché sur un lit, étendu sur le dos, les pieds posés l'un dessus l'autre, le talon gauche appuyé sur le pouce droit ; son bras gauche s'allonge auprès du corps ; le bras droit, soulevé et replié, fait le geste d'envoyer un baiser à un dieu qui s'avance. Quel est ce dieu ? je l'ignore ; sans doute quelque forme d'Ammon générateur. Il a un visage d'homme orné des deux plumes consacrées généralement à la coiffure d'Ammon-Ra, un corps et des ailes de vautour, des pattes d'ibis et il est phalliquement humain. Derrière l'homme couché, une femme se tient debout qui porte sur la tête les attributs d'Isis ; le lit est composé de quatre pattes de lion et d'une longue queue recourbée au-dessus des jambes de celui qui l'occupe.

Au moment où je sortais de ce petit temple, dont j'ignore le constructeur et la divinité, une façon de grand coquin vêtu en Arnaute se présenta devant moi, me salua fort humblement, tira les deux pistolets passés dans sa ceinture, les déchargea en l'air, fit une cabriole, me salua de nouveau et me demanda un *bakhchich*.

— Savez-vous, me dit Joseph, il a l'habitude de donner ainsi des *sérénades* aux voyageurs, afin de leur faire honneur et pour en obtenir quelques piastres.

Singulier métier et sérénade plus singulière encore Il paraît, au reste, que ce pauvre diable avait l'esprit assez drôle, car avant d'en être réduit à sa bruyante profession, il était bouffon du gouverneur d'Esné; mais il buvait de l'eau-de-vie pour faire germer ses bons mots, et quand il avait trop bu, ce qui lui arrivait fréquemment, il s'endormait. Le gouverneur se fâcha enfin et le jeta à la porte avec une gourmade; le malheureux me racontait cela en rechargeant piteusement ses pistolets et en m'offrant de m'accompagner jusqu'au Kaire pour me faire rire. A cette proposition, je me sauvai.

Le palais de Karnac avait deux entrées principales, l'une précédée de propylées et d'un dromos de criosphinx (sphinx à tête de bélier) tournés vers le sud et regardant Louksor; l'autre, dirigée à l'ouest, faisant face au Nil et s'ouvrant sur le rivage par deux larges escaliers entre lesquels s'allongeait une allée de cinquante colosses de béliers et de sphinx. Les colosses et les escaliers brisés, ravagés, dispersés par les hommes, enfouis sous les dépôts successifs des inondations, n'existent plus. De vigoureux palmiers ont poussé sur leur emplacement aujourd'hui méconnaissable. Une haute colline de décombres, empanachée de touffes de roseaux, monte jusqu'aux pylônes qui protégent et commencent les ruines du côté occidental.

Ils sont les plus grands qui existent; celui de gauche me semble n'avoir été jamais terminé. Les débris de toutes sortes et de toutes époques, entassés à leurs pieds comme une petite montagne, les cachent jusqu'au tiers de leur hauteur. Nulle sculpture ne les décore, nulle inscription ne les explique. Quatre baies carrées les éventrent, semblables à d'énormes fenêtres;

quatre ouvertures plus petites les traversent aussi dans toute la profondeur au-dessous du couronnement. De nombreuses chambres, dont les murailles nues n'offrent aucune représentation, ont été ménagées dans ces massifs composés de pierres de grès brunies par le temps. J'ai eu la curiosité et la patience de compter les assises qui forment la façade extérieure du pylône de droite, j'en ai trouvé huit cent quarante-trois, longues de cinq pieds et demi environ, pour la plupart, et hautes d'un mètre. Je ne sais si cette masse gigantesque a été jadis couverte d'un revêtement; en tout cas, il n'en reste plus trace; peut-être le retrouverait-on égrené et enseveli, en fouillant le sol exhaussé qui semble s'être soulevé autour de la ruine pour l'engloutir tout entière. Ce fut le successeur de Tothmès III qui fit ériger ces constructions, dont nul monument de nos pays ne pourrait rendre l'aspect écrasant et presque formidable.

Une forte muraille, appuyée sur chacune des faces latérales internes des pylônes, devait servir sans doute de jambages à quelque porte triomphale couronnée d'urœus, enrichie de sculptures coloriées, gardée par des statues colossales et incisée d'inscriptions racontant les exploits des Pharaons. Mais tout a disparu et je ne vois plus à cette heure que des blocs de pierre à peine liés les uns aux autres. L'usage a creusé un sentier au milieu d'une butte de poussière qui obstruait l'entrée; on y passe, et on s'arrête immobile d'admiration en présence de la cour des Bubastites.

Des monticules pleins d'herbes, où se glissent les lézards, en accidentent la surface bouleversée; une couche épaisse de gaz carbonique miroite au-dessus du sol; le morne silence des solitudes n'est troublé que par le roucoulement des tourterelles; quelques milans planent sous le ciel bleu; la ruine reluit au soleil.

Reste avec moi debout sur la tête en granit d'un pilier brisé, à demi sorti du suaire de débris qui l'enveloppe, cher Théophile, et regardons autour de nous.

A gauche, ce sont les restes d'un petit temple bâti par Menephta-Setheï II; il avait trois chambres, devant lesquelles deux colosses se tenaient en sentinelle : les chambres se sont effondrées l'une contre l'autre, les colosses gisent sur la terre. Derrière, dix-huit colonnes trapues et lotiformes, régulièrement alignées en face du mur d'enceinte, semblent, immobiles, tristes et mutilées, veiller sur les architraves tombées à leurs pieds; ce fut jadis une galerie couverte, longue de quatre-vingts mètres.

A droite, une galerie semblable se dressait et faisait face à celle dont je viens de parler; les colonnes sont debout encore, mais décrépites et inclinées. Vers la dixième, la colonnade fait place à un monument en saillie : c'est un temple consacré à Ammon par Ramsès VIII, de la vingtième dynastie; deux petits pylônes flanquaient la porte d'entrée : où sont-ils maintenant? Un portique soutenu par dix-huit piliers, ornés chacun d'un colosse osiriaque, donne entrée dans le pronaos, appuyé sur huit colonnes à tige de palmier. Puis il y a encore le sécos, l'adyton et les salles latérales; les murailles sont couvertes de figurations de batailles et d'offrandes. Le vautour sacré éploie ses ailes au-dessus du pharaon, qui tend d'une main vigoureuse des groupes de prisonniers vers le père des dieux. C'était un temple magnifique, plein de lumière; aujourd'hui il est sombre, rempli d'une nuit obscure, habité par les chauves-souris et comblé par l'écrasement des maisons en briques crues. La terre qui a monté autour de ses murs, les débris dont on l'a encombré, en ont fait une crypte étroite, resserrée, nauséabonde, refuge des chacals et des geskos; le plafond touche au sol : on n'y marche pas, on y rampe.

En face, ce sont les pylônes construits par Tothmès Ier. Un tel bouleversement les a jetés bas, qu'ils ressemblent à un tas de pavés de soixante pieds de haut; c'est un éboulement de pierres encore entaillées de cartouches, de rois et de divinités. Le grand tremblement de terre qui a secoué l'Égypte en l'année 27 avant Jésus-Christ, et qui a fait dire à Eusèbe : *Thebæ Ægypti usque ad solum dirutæ sunt*, les a sans doute agités en passant et les a pour toujours couchés dans la poussière. Entre eux et un peu en retrait, apparaissent deux pans de muraille qui étaient les pieds-droits d'une porte; sur la surface unie et brillante, cinq étages de sculptures autrefois peintes représentent Ptolémée Physcon faisant des oblations à tous les dieux adorés à Thèbes. Par l'ouverture de la large baie, on aperçoit une forêt de colonnes, et tout au fond un sanctuaire de granit accompagné d'un obélisque oscillant comme un homme ivre. Deux colosses roses, debout et marchant d'un pas ferme, gardaient les pylônes : l'un est culbuté en vingt morceaux sous les herbes, l'autre n'est plus qu'un tronc informe, sans tête et sans bras.

Au milieu enfin, une allée de vingt-six colonnes coupait cette vaste cour en deux parties égales et conduisait de l'entrée des premiers pylônes à celle des seconds. C'est l'Éthiopien Théharaka, le Thérac de la Bible, qui les avait érigées. Une seule est demeurée debout : elle a vingt-trois mètres de hauteur et neuf de circonférence. Elle est composée de vingt-trois assises terminées par un chapiteau palmiforme, où se détachent les cartouches de Théharaka, de Psammétiq et de Ptolémée Philopator; le chapiteau porte lui-même un dé carré où se fixaient jadis des ornements emblématiques en cuivre émaillé; des inscriptions retrouvées par M. Prisse d'Avennes ne laissent aucun doute à cet égard. Les autres colonnes sont renversées; on dirait qu'on les a étendues doucement à terre, sans déranger la disposition de leurs assises. Tu as vu souvent, cher ami, des enfants s'amuser à construire des tours avec les dames d'ivoire d'un trictrac et les pousser ensuite pour les faire tomber; la fragile construction s'écroule à peu près en quart de cercle, et toutes les dames restent légèrement superposées. Il en est de même des colonnes de la cour des Bubastites; ce sont des piles de gigantesques dames de pierre couchées et appuyées les unes sur les autres; seuls les chapiteaux, chassés par l'impulsion et entraînés par le poids, se sont séparés du fût qu'ils couronnaient.

Au delà de cette cour vient la salle hypostyle. Ici, il faut des chiffres. Cent trente-quatre colonnes la partagent en quatorze galeries. Douze grandes forment la nef du milieu; elles ont soixante-six pieds d'élévation jusqu'à l'architrave et trente-six de circonférence; cent hommes peuvent s'asseoir sur les bords évasés de leurs chapiteaux, qui ont soixante-quatre pieds de tour; les autres colonnes sont plus petites, elles n'ont que huit pieds sept pouces de diamètre et quarante de hauteur. La salle entière offre quatre fois la superficie de Notre-Dame de Paris. Setheï Ier et Ramsès Meïamoun l'ont élevée. On voit encore au-dessus des deux nefs latérales les fenêtres en pierres taillées à claire-voie qui donnaient jour à ce *manoch* (salle de l'assemblée). Ces hommes-là étaient donc des géants; ils prenaient un bloc de grès, et, pour s'en faire une fenêtre, ils l'évidaient et le séparaient en bandes longitudinales, de façon à laisser le jour pénétrer par les longues fentes qui le divisaient : représente-toi une barrière semblable à celle qu'on dispose le soir à la porte de nos théâtres, taillée dans un seul rocher.

Toutes ces colonnes hautes et petites disparaissent littéralement sous des sculptures en relief et en creux de grandeur naturelle; ce sont les images coloriées des pharaons Setheï et Ramsès Meïamoun, élégants et jeunes, vêtus de leur costume royal ou de leur armure de guerre, faisant des offrandes à tous les dieux du Panthéon égyptien, aux dieux étranges qui ont des têtes de bélier, d'ibis, de cynocéphale, de chacal, de musaraigne, de lion, de crocodile, de vache, de scarabée, d'épervier et de serpent; aux déesses charmantes, coiffées de plumes d'autruche, de cornes, de globes, de temples, d'uræus, de lotus, de pschent, de croissants, de tresses pressées, de couronnes, de bandelettes et de la dépouille des vautours. Sur les murailles intérieures et extérieures de cette salle, dans des tableaux sculptés et de hauteur prodigieuse, les mêmes rois combattent leurs ennemis; entraînés sur leur char par des chevaux empanachés, ils lancent le javelot, tirent l'arc et foulent les morts aux pieds; ils reçoivent les tributs, marchent en procession devant la barque sacrée de Maüt et d'Ammon, pendant que des officiers les abritent sous des flabella; ils sont portés dans de superbes palanquins, caressent le lion familier accroupi près d'eux, offrent au dieu qui les accepte les peuplades vaincues par leurs armes, et renrent triomphants dans leurs villes au bruit des sistres, des psaltérions, des bugles, des cymbales, des tambours et des flûtes.

Ces colonnes n'ont point toutes résisté au temps et aux tremblements de terre; les unes sont fendues, les autres, à moitié déracinées, se penchent et s'appuient sur leurs voisines. Les dés carrés qui les surmontent supportent des architraves disjointes, inclinées, souvent près de tomber. Là aussi, comme partout, des voyageurs ont écrit leur nom à travers le visage des rois et la poitrine des dieux. Sur un fût de colonne de la partie méridionale, je lis une inscription que quelque désespéré politique est venu graver là; elle porte sa date, 24 mars 1832, et la voici : *Pro libertate mortui sunt : o spes vana, o semper vana spes libertatis!*

Le soir, à la nuit tombante, lorsque j'allais me promener dans les longues avenues de pierre de la salle hypostyle, j'entendais le cri des oiseaux de nuit, qui se mêlait au bourdonnement des scarabées; les chouettes frôlaient mon visage de leurs ailes silencieuses. Au-dessus de ma tête, à travers les plafonds bouleversés, je voyais le ciel qui se constellait de lumières; les miaulements criards d'une bande de chacals, qui galopaient dans les blés, venaient jusqu'à moi; je regardais les pharaons, immobiles depuis des siècles, invoquant leurs dieux oubliés; je contemplais ces grandes batailles muettes qui se déroulent sur les murailles, et je souriais lorsque mon guide me tirait par la manche en disant :

« Kaouadja, il est temps de partir; voici l'heure où les fantômes blancs vont apparaître. »

Certes, si jamais ruines ont été visitées par les esprits, ce sont bien celles-là! Où trouveraient-elles donc, ces pauvres âmes errantes qui flottent dans les espaces, un ciel plus étoilé, de plus larges colonnades, des échos plus sonores, un silence plus profond, des images plus belles et un plus religieux recueillement? Je comprends que les Arabes, toujours cherchant le merveilleux, aient peuplé ces solitudes avec les génies dont Éblis est le chef et que Soliman ben Daoud avait enchaînés sous son trône. J'ai vu là, dans cette même salle immense, un kurde, sorte de sauvage né dans les montagnes du Diarbékir, tomber la face contre terre, se prosterner et s'écrier:

« Ce ne sont pas les hommes, ce ne sont même pas les géants, ce sont les djinns du mont Démavend qui ont élevé toutes ces magnificences. »

Puis, d'une voix altérée, il prononça la profession de foi musulmane, comme pour se prémunir contre une tentation qu'il redoutait sans pouvoir la préciser.

Des pylônes terminaient la salle hypostyle; comme les autres, ils se sont écroulés. Plus loin, les fragments brisés de deux obélisques se mêlent aux amoncellements de débris; puis des tas de pierres s'élèvent, qui furent jadis encore des pylônes. Deux obélisques énormes, en granit rose, s'inclinent comme fatigués de leur vieillesse; le plus grand, haut de trente mètres, fut dédié à Ammon-Ra par la reine Amensé, veuve de Tothmès Ier, au nom du régent Amenemhé, son deuxième mari; le second, élevé de vingt-deux mètres, porte les légendes de Menephta II et de Ramsès IV. Deux collines d'assises bouleversées indiquent de nouveaux pylônes; ceux-là précédaient immédiatement le sanctuaire de granit où Ammon était adoré. Il fut bâti trois fois: la première par Osortasen, la seconde par Tothmès III, et la troisième par Philippe Aridée.

C'est un bijou taillé, surtaillé, sculpté, peint sur toutes les faces. De magnifiques constructions l'entouraient, qui ne sont plus que des décombres.

A quelques pas de l'entrée se dressent deux piliers en granit rose ; deux des faces sont occupées par un immense lotus en relief, les deux autres par une représentation singulière et dont voici le détail :

Sur le pilier de gauche, le roi Tothmès III, celui-là même qu'on a voulu assimiler au Mœris imaginaire des historiens grecs, est debout, tenant son sceptre d'une main et la croix ansée de l'autre ; il regarde la déesse Hathor, qui, placée en face de lui, lui a passé le bras par-dessus l'épaule et semble chercher à l'attirer vers elle pour lui donner un baiser. Sur le pilier de droite, la même scène est reproduite avec Maüt, mère des dieux ; le cartouche de Tothmès (ENGENDRÉ DE TOTH) s'entaille au-dessus de sa tête ; la figure souriante du pharaon est jeune et charmante; celles des déesses, au contraire, est grave et réfléchie.

Ainsi que son nom te l'indique, le sanctuaire est tout en granit; les parois intérieures portent une série de sculptures hautes de huit pouces, et qui toutes représentent des oblations faites à Ammon sous ses différentes formes. Les sujets qui décorent les murailles externes sont plus variés et se rapportent à Philippe Aridée, qui fut le dernier constructeur de cette chapelle. En voici trois :

1° Le roi, coiffé du casque orné de l'urœus, marche devant huit prêtres vêtus de robes blanches et de peaux de panthère ; leur tête est rasée ; ils soutiennent sur l'épaule la bari de Maüt, grande barque armée à l'avant et à l'arrière de têtes de bélier, et sur laquelle des personnages agenouillés font des offrandes à la Mère des dieux.

2° Le dieu Hor-Hat, à tête d'épervier, et Toth, ibiocéphale, assurent de leurs mains le pschent royal sur le front de Philippe Aridée, que surmontent ces cartouches : l'AIMÉ D'AMMON, L'APPROUVÉ DE PHRÉ, PHILIPOS.

3° Le roi, agenouillé et tournant le dos à Ammon-Ra, assis et coiffé de plumes d'autruche, reçoit de ses mains la couronne symbolique de l'Égypte supérieure; derrière Ammon, la déesse Maüt est assise comme Ammon et donne le sein à son fils Khons, qu'elle tient sur ses genoux.

Après la chambre de granit, on trouve les restes de quatre colonnes qu'éleva le pharaon Osortasen; puis un grand terrain plein de fragments de ruines, de monticules fouillés, de décombres et de débris indéchiffrables.

De nombreuses galeries, formées extérieurement par des piliers carrés et intérieurement par cinquante-six colonnes à bouton de lotus retourné, étaient jadis les appartements privés du palais; on les appelle le *Promenoir de Tothmès III*. Au fond, une chapelle dédiée à ce pharaon est à demi détruite; dans l'angle sud-est de ces grandes constructions existait la chambre des rois. M. Prisse d'Avennes l'enleva courageusement, au mépris de sa liberté et peut-être de sa vie, et en fit don à la Bibliothèque nationale, où l'on peut aller en admirer la splendeur. Dans ces appartements tout était sculpté et peint ; les murailles, le plafond, les piliers, les colonnes et les portes. Ce sont, comme toujours, des représentations royales et divines.

Les petites salles latérales, appuyées contre le mur d'enceinte, sont encore habitables, et j'en avais choisi une qui fut ma chambre pendant tout le temps de mon séjour à Karnac. Je la partageai fraternellement avec de grosses fourmis noires, avec des geskos qui parfois me réveillaient la nuit en rampant jusque sur mon visage, et avec deux moineaux francs, très-effrontés, fort amoureux, et qui me regardaient en penchant la tête, lorsque je fumais mon narguileh. J'ai eu là de bons sommeils, couché sur une simple natte de paille, quand les cris des chacals ne m'empêchaient pas trop de dormir.

Près de ma chambre, parmi les herbes, s'arrondissait un petit étang plein de salamandres, qui fut autrefois le bassin sacré des ablutions. C'est là, selon une tradition copte conservée jusqu'à ce jour, que les prêtres égyptiens jetèrent les ornements d'or et d'argent des temples de Karnac, à l'époque où Cambyse saccagea la ville de Thèbes. Mon guide, Temsah, me raconta à voix basse que toutes les nuits on voyait nager, sur les eaux fangeuses et épaisses de ce lac, un vaisseau d'or manœuvré par des femmes d'argent et traîné par un gros poisson bleu. Plusieurs Arabes ont déjà tenté de s'en emparer, mais le navire enchanté disparaît en fumée dès qu'on en approche.

Un édifice construit par Ramsès II, et un propylon décoré par Nectanèbe, terminent les ruines du côté de l'est.

En dehors des deux grandes enceintes en briques crues qui entouraient ce palais, sanctuaire vaste comme une ville, on rencontre les débris de différents monuments dont voici simplement la nomenclature. Au nord, trois temples, l'un construit par Amasis, l'autre par Amyrtée, le troisième dédié à Phtah et Hathor; puis un palais qui servit de résidence à Aménophis-Memnon.

Vers le sud, ce sont d'abord les informes restes d'un

petit sécos élevé par Théharaka, un collége sacerdotal enfoui, un palais de Tothmès Ier encore garni de nombreux piliers, et les grands propylées du sud, composés de huit pylônes, placés deux par deux à d'inégales distances, et dus à Hor-em-Heb, Ramsès II, Amenophth Ier et Setheï Ier.

Enfin partout, dans les cours, au milieu des enceintes, à travers les propylées, le long des murailles, en dehors et en dedans du palais, des buttes de décombres, d'où le premier coup de pioche ferait jaillir des ruines.

Toute l'histoire de l'Égypte est écrite là, sur les pierres de Karnac. Le sanctuaire d'Ammon fut érigé à Thèbes, la première fois par Osortasen, premier roi de la douzième dynastie, trois mille six cents ans avant Jésus-Christ. Chaque dynastie, chaque pharaon, chaque roi qui vint ensuite tint à honneur d'orner le temple consacré au père des dieux ; le nom seul des Perses en est absent[1]. Mais, à côté des souverains aborigènes, on retrouve les Éthiopiens ; Alexandre de Macédoine et Philippe Aridée y coudoient les Ptolémées. Les Romains même continuent l'œuvre traditionnelle, ainsi que le prouve le cartouche de César Auguste.

De quelque côté qu'on se tourne pour regarder ces restes d'une civilisation emportée par les âges, on demeure étonné, confondu devant de semblables merveilles ; qu'on se tourne vers le couchant et qu'on voie les enceintes, le promenoir de Tothmès, les obélisques qui semblent avoir pris pour piédestal le sanctuaire de granit, les bouleversements de pierres amoncelées, la

1. Le nom des Perses ne se retrouve sur aucun monument de l'Égypte et de la Nubie; j'en excepte le seul nom de Darius, qui se lit sur les sculptures d'un des temples de l'oasis d'*El-Khardjeh.*

façade intérieure des immenses pylônes, et au fond les montagnes de la Libye percées de grottes sépulcrales; qu'on se tourne vers l'est, et qu'on aperçoive les pylônes renversés, les portes inclinées, les architraves des nefs latérales, les chapiteaux de la grande colonnade et les terrains remplis de touffes de joncs; qu'on regarde du côté du nord, vers les colonnes descellées, vacillantes, brisées, sculptées, peintes et superbes de la salle hypostyle, surmontée de ses croisées de pierre et précédée par une basse muraille où les pharaons galopent sur leurs chars; qu'on jette les yeux vers le sud, en admirant les propylées égrenés mêlés aux palmiers ondoyants, la porte triomphale de Ptolémée Évergète, le temple de Khons et l'étang des purifications reflétant les ruines; de partout, du septentrion ou du midi, de l'orient ou du couchant, plus on considère, plus on contemple, plus on comprend et plus on se sent saisi, oppressé sous le poids d'une admiration que nul spectacle n'effacera jamais.

J'ai parcouru l'Italie depuis Venise jusqu'à Reggio, j'ai visité jusqu'aux dernières bourgades de la Grèce; pendant un mois j'ai gravi tous les jours les durs sentiers de l'Acropole d'Athènes, j'ai piqué ma tente à Balbeck, j'ai dormi à Éphèse, à Sardes, à Milet; je me suis promené dans les rues désertes de Rhodes; j'ai marché pas à pas dans l'Asie Mineure, j'ai vécu de longs jours en Palestine, j'ai regardé bien des ruines dans bien des pays, mais jamais, jamais je n'ai rien vu de comparable à Karnac.

Cela donne l'idée d'une civilisation terrible, pleine de cruels raffinements et de voluptés sanglantes. Les hommes qui habitaient ces palais, où, malgré soi, on parle à voix basse, devaient avoir cent coudées de haut; ils marchaient lentement à travers les colonnades, laissant traîner sur les dalles peintes les plis flottants de leur robe blanche. Leur front casqué d'or ne regardait jamais la terre; ils étaient muets et ne parlaient que par signes. Sur leurs tables de porphyre, ils mangeaient des oiseaux inconnus et des monstres pêchés pour eux dans les profondeurs des océans hindous; des concubines, plus blanches que du lait, et vêtues comme des déesses, les attendaient sur des coussins de pourpre; ils allaient précédés par des lions familiers; à la guerre, ils montaient sur des licornes; ils vivaient pendant mille ans et ne riaient jamais.

Un jour, j'étais assis sur les architraves qui relient les colonnes de la salle hypostyle, et je regardais cette forêt de pierres germée sous mes pieds; involontairement je m'écriai :

« Mais comment donc ont-ils fait tout cela? »

Joseph, qui est un grand philosophe, Joseph entendit mon exclamation et se prit à rire. Il me toucha le bras, et, me montrant un palmier qui se balançait au loin, il me dit :

« Voilà avec quoi ils ont fait tout cela ; savez-vous, signor, avec cent mille branches de palmier cassées sur le dos de gens qui ont toujours les épaules nues, on bâtit bien des palais, et encore des temples par-dessus le marché. Ah! croyez-moi, ce temps-là, c'était un mauvais temps pour les dattiers; on leur coupait plus de branches qu'il ne leur en poussait. »

Et il continua à rire bruyamment en se passant la main dans la barbe, selon son habitude. — Il pourrait bien avoir raison.

Cependant Abdoul-Hamid, mon guide de la rive gauche du Nil, venait chaque jour s'informer si j'en avais fini avec les ruines de Karnac; nous prîmes rendez-vous un soir. Je traversai le fleuve en canot, et sur le rivage, près d'un village couché sous des palmiers, je trouvai Abdoul-Hamid qui m'attendait avec des chevaux et un mouton. La nuit était profonde; le ciel noir s'étendait au-dessus de nos têtes, le Nil assombri roulait ses grandes eaux. Je portais ma carabine à l'épaule et un couteau de chasse à la ceinture, Joseph était armé d'un fusil à deux coups, Abdoul-Hamid tenait une longue lance à la main. Nous montâmes à cheval; le guide plaça le mouton devant lui; deux hommes presque nus et serrés d'étroits caleçons blancs prirent leur course devant nous, et nous partîmes.

Ne t'effraye pas, cher Théophile, de ces préparatifs militaires et belliqueux, je n'allais enlever aucune princesse persécutée, ni convertir par le sabre aucune peuplade au dogme de la transmigration des âmes, ni imposer par la force de nouvelles croyances aux Bédouins de la Libye; j'allais simplement chercher à tuer une hyène signalée depuis quelques jours dans les environs de Médinet-Abou.

Nous marchâmes longtemps au milieu des ténèbres épaisses, excitant contre nous les hurlements des chiens, lorsque nous passions près d'un village, et trouvant notre route à travers les champs moissonnés et les canaux desséchés. Au bout d'une heure, j'aperçus à ma gauche une grande masse noire se détachant sur le ciel obscur; c'était le palais de Médinet-Abou. Nous poursuivîmes notre chemin et nous nous arrêtâmes au pied de la montagne Libyque, au moment où la lune se levait

Rouge et couleur de sang, comme un manteau de guerre.

On attacha le mouton à un pieu chassé en terre, les hommes emmenèrent les chevaux, nous nous assîmes derrière un petit monticule d'où nous pouvions examiner le terrain sans être aperçus, et nous attendîmes. La lune argentait les crêtes blanchâtres et décharnées des monts de la Libye, glissait sur les sables, où elle faisait briller quelques cailloux étincelants, estompait la silhouette noire des palmiers immobiles, et montait lentement dans le ciel, en éteignant la clarté des étoiles. Les bêlements du mouton jetaient seuls un bruit plaintif au milieu du silence; parfois nous échangions quelques rapides paroles à voix basse, et nous reprenions notre muette attitude auprès de nos armes préparées.

Une fraîcheur charmante assouplissait mes membres; accroupi comme un Arabe, je regardais autour de moi, m'enivrant de cette solitude et respirant à pleine poitrine la bonne haleine du désert fortifiante et rajeunissante. Je pensais à la vie des peuples nomades ; j'enviais ces hommes libres qui vont par les campagnes de l'Orient, poussant devant eux leurs troupeaux beuglants ; le jour, la chasse ; le soir, sous la tente, les récits merveilleux ; quelquefois la guerre et les grands coups de lance au milieu des clameurs de la bataille ; souvent la mort inopinée, brusque et violente, qui vous donne pour linceul les vagues de sable roulées par le vent du sud, mais toujours l'indépendance, cette indépendance intime et sacrée sans laquelle il n'y a sur terre ni bonheur, ni vertu, ni probité, ni grandeur. Voilà ce qu'ils ont, ces hommes que, dans nos ridicules vanités, nous traitons de barbares, et qui seuls ont su faire de l'existence ce qu'elle doit être : une expansion de liberté.

Cependant la nuit avançait, ma montre avait sonné une heure du matin, et, de même que la sœur Anne, je ne voyais rien venir. Mes yeux fatigués se fermaient involontairement; je sentais que j'allais dormir. Je donnai ordre à Joseph et à Abdoul-Hamid de veiller pendant mon sommeil, afin de me prévenir si l'invisible hyène se montrait enfin; je m'étendis sur un bon lit de sable et je partis pour le pays des rêves.

Quand le crépuscule verdâtre commença à paraître vers les montagnes de l'Arabie, je me réveillai et je regardai mes compagnons.

Joseph dormait, Abdoul-Hamid dormait, le mouton lui-même dormait. Je me mis à rire.

— Et l'hyène? dis-je à Abdoul-Hamid.

— Elle a sans doute pris un autre chemin, me répondit-il en bâillant.

Et voilà tout ce qu'il en fut de mon expédition.

Je commençai le même jour à visiter les ruines qui sont plus nombreuses, mais moins importantes que celles de la rive gauche.

Je me rendis d'abord à *Médinet-Abou*[1], qui était à la fois un palais et un temple.

Un mur d'enceinte ouvert d'une baie escortée de deux magnifiques colonnes, deux pylônes construits par Antonin le Pieux, et séparés par une porte plus ancienne datant des règnes des Ptolémées Lathyre et Aulète, forment les propylées. La terre noire de l'inondation monte jusqu'aux blocs de pierre répandus à leurs pieds; sur le jambage renversé d'une porte on lit le cartouche: AUTOCRATOR KÆSAR, TITUS, ÆLIUS,

1. Doit-on dire *Médinet-Abou* (la ville d'Abou, la ville du Père) ou *Médiné-Thabou* (la ville de Thèbes)? C'est ce que les philologues n'ont point encore su décider.

HADRIANUS, ANTONIUS PIUS; les sculptures qui décorent la façade de l'entrée principale représentent les deux Ptolémées faisant des offrandes aux divinités de Thèbes et d'Hermontis. Les murailles sont blondes et comme mûries par le soleil.

En suivant en ligne droite la voie qui passe entre les deux pylônes, on arrive à un temple curieux, quoique fort enfoui; il est composé d'un sanctuaire environné de galeries portées sur des piliers carrés et sur des colonnes lotiformes; huit chambres obscures et sculptées l'entourent. Il fut bâti vers le dix-huitième siècle avant Jésus-Christ, par les trois premiers Thotmès et la reine Amensé. Différentes restaurations ont été faites à ce petit monument; la plus ancienne est due au pharaon Ramsès Meïamoun (quinze cents ans avant l'ère chrétienne); la plus récente est de Ptolémée Évergète II (146-138 avant Jésus-Christ). Je ne te parle pas des sujets qui en couvrent les parois, car ils sont religieux et royaux, comme presque toujours.

A gauche de ce temple s'élève un édifice à trois étages, percé de fenêtres régulières, revêtu de beaux bas-reliefs et unique en son genre, car il est le seul semblable qu'on rencontre en Egypte. C'est le gynécée de Ramsès Meïamoun. Dans les tableaux sculptés des chambres inférieures, le pharaon est représenté jouant aux dames avec ses filles, que leurs cheveux bouclés désignent comme des princesses. Le couronnement en est surtout remarquable, car il est formé de créneaux dont les merlons arrondis ressemblent à ceux de certaines fortifications bâties en Europe après le retour des croisades. Le balcon de deux des fenêtres s'appuie sur des têtes de rois captifs courbées sous le poids. Ces appartements privés servirent de demeures aux

Coptes, car les murailles disparaissent sous le badigeon, et l'abord en est embarrassé par des décombres de masures.

A deux cents pieds environ de cette ruine élégante, on trouve les lourds pylônes qui précédaient, selon l'usage, le grand palais de Ramsès Meïamoun. Ils sont immédiatement suivis par une large cour à galeries étayées, au sud, par huit colonnes trapues, et au nord, par sept piliers carrés contre lesquels s'adossaient des colosses qu'on a arrachés, brisés, morcelés, et dont il ne reste plus trace.

Deux pylônes de moyenne hauteur séparent cette cour d'un vaste portique équilatéral, accompagné de galeries sur chaque face; au sud et au nord des colonnes portent de longues architraves; à l'est et à l'ouest, ce sont des piliers osiriaques dont les colosses n'existent plus.

Puis s'ouvrent ensuite des salles noires, la plupart tellement remplies de poussière et de détritus de toute sorte, qu'on n'y peut pénétrer.

Du portique, où se dessine partout le cartouche : SOLEIL, DIRECTEUR DE JUSTICE, L'AIMÉ D'AMMON, RAMSÈS, MODÉRATEUR DE LA TERRE DE POUN, les premiers chrétiens avaient fait une église. Barbouillant les murailles, jetant bas à coups de pic les colosses des piliers, entamant une corniche et effondrant les galeries septentrionales, ils avaient exceptionnellement orienté leur abside au nord et encombré la cour d'inégales petites colonnes en granit coiffées d'un maigre chapiteau de marbre blanchâtre. Trois de ces colonnes sont encore debout aujourd'hui; les autres, rompues, descellées et couchées pêle-mêle, dorment sur la terre comme les tronçons de grands arbres abattus. Maintenant elles servent de siége aux voyageurs fatigués qui ne redoutent pas la piqûre des scorpions gîtant à leur ombre.

Toutes les murailles des galeries racontent, en sculptures de haut style, les conquêtes de Ramsès Meïamoun dans l'Afrique et dans l'Asie, ses batailles sur terre et sur mer, des processions royales et des sacrifices aux dieux. Un des tableaux figure le combat de deux flottes; dans un autre, on compte les mains coupées après la victoire; dans un troisième, un officier encore vêtu de ses armes verse, devant un scribe qui en enregistre le nombre, des objets difficiles à nommer, mais qui prouvent qu'autrefois l'émasculation était pratiquée sur les vaincus comme elle l'est encore aujourd'hui chez les peuples de l'Abyssinie.

Une ville tout entière en briques crues existe derrière le portique et dans l'enceinte même du palais. Elle se nommait *Papa* ou *Maximianopolis*, et fut détruite par les musulmans, lorsqu'ils s'emparèrent de l'Égypte supérieure. Les voûtes, les arcades plein-cintre, les murs, les maisons, s'alignent encore le long des rues obstruées de ruines; en marchant parmi ces débris, qui servent de demeure aux oiseaux de proie et aux bêtes carnassières, les pieds soulèvent une impalpable poussière grise, âcre, mordante et pleine de salpêtre.

A une lieue de Médinet-Abou, dans la plaine noircie par le limon desséché, faisant face au Nil, tournant le dos aux contre-forts bleuissants de la chaîne Libyque, isolés, mouillés chaque année par l'inondation, hauts de cinquante-huit pieds, blanchis par les aigles qui s'arrêtent sur leur tête, se dressent les deux colosses dont l'un fut la statue de Memnon.

Ils sont placés côte à côte, à une distance de cent pas environ, assis sur un trône, les mains appuyées à plat sur leurs cuisses, la tête droite entourée de bandelettes, les genoux rapprochés, les pieds réunis. Près de chaque face externe de leurs jambes, une femme couronnée se tient debout.

Celui du sud-est est encore monolithe; les Perses, les tremblements de terre, les chrétiens et les musulmans l'ont entamé, mais non pas renversé. De son bras droit brisé il n'a conservé que le poignet; ses jambes mutilées, sa poitrine martelée et enlevée par larges écailles, son visage aplati, camard, rongé comme par une épouvantable maladie, n'ont plus apparence humaine. Les bandelettes qui ceignaient son front et retombaient sur ses épaules semblent les oreilles d'une monstrueuse tête d'éléphant dont on aurait arraché la trompe. La pierre de grès agatifère dans laquelle il est taillé, incessamment chauffée par le soleil, rayonne d'une insupportable chaleur; de profil seulement il a conservé la forme d'un homme, car de face il est méconnaissable; il faut s'éloigner à bonne distance pour retrouver distinctement les lignes et les contours.

Celui du nord était la fameuse statue vocale, celle qui, au lever de l'aurore, faisait entendre *un son harmonieux.* Brisé en deux par le tremblement de terre qui bouleversa la cour des Bubastites du palais de Karnac, il fut restauré par l'empereur Septime-Sévère. Sa poitrine et ses bras furent refaits avec des assises rapportées, sur lesquelles on emmancha sa tête, retrouvée près du socle. Il paraît relativement moins détérioré que son compagnon. Ses jambes, presque intactes, ont cependant perdu leurs pieds; quant au visage, il n'en reste plus un trait.

Je ne sais s'il chanta pour les autres, mais je sais qu'il ne chanta pas pour moi. L'espèce de faible bruit métallique dont il résonnait jadis n'est pas douteux, et a été très-explicitement démontré par la science. Au reste, on ne peut nier l'autorité de toutes les inscriptions affirmatives, grecques et latines, qui couvrent ses jambes et sa base. En voici quelques-unes, choisies parmi les soixante-dix qu'on a recueillies :

— Titus, Julius Lupus, préfet d'Égypte : J'ai entendu Memnon à la première heure; bon présage.

— L. Julius Calvinus, préfet du canton de Bérénice : J'ai entendu Memnon avec Minutia Rustica, ma femme, les kalendes d'avril, à la deuxième heure, l'an IV de Vespasien Auguste, notre empereur.

— Funisulanus Charisius, stratége d'Hermontis (sous le règne de Hadrien), natif de Latopolis, accompagné de son épouse Fulvia : Il t'a entendu, ô Memnon, rendre un son, au moment où ta mère éperdue honore ton corps des gouttes de sa rosée !

— J'avais appris que l'Égyptien Memnon, échauffé par les rayons du soleil, faisait entendre une voix sortie de la pierre thébaine. Ayant aperçu Hadrien, le roi du monde, avant le lever du soleil, il lui dit *bonjour* à sa manière. Mais lorsque le Titan, traversant les airs sur ses blancs coursiers, occupait la seconde partie des heures mesurées sur le cadran, Memnon rendit de nouveau un son aigu, comme celui d'un instrument de cuivre frappé; et, plein de joie de la présence de l'empereur, il résonna pour la troisième fois. Hadrien, l'empereur, salua Memnon autant de fois, et Babilia a écrit ces vers, composés par elle-même, qui racontent tout ce qu'elle a distinctement vu et entendu. Il a été évident pour tous que les dieux chérissent l'empereur.

Quels sont ces deux colosses que les Grecs appelaient Memnon, que Denon prenait ingénument pour deux princesses égyptiennes, et que les Arabes nomment aujourd'hui *El Sanamat*, les idoles? Champollion reconnut à première inspection qu'ils étaient le portrait du pharaon Amenophth III, de la dix-huitième dynastie. Un passage de Pausanias ne laissait, du reste, aucun doute possible à cet égard. « Cette statue, dit-il, n'est point celle de Memnon, mais, selon les Thébains, celle d'un homme du pays, nommé *Phamenophe*[1]. »

La contrée que dominent ces deux colosses s'appelait, en égyptien, *Memnonia*. De là les Grecs ont vite conclu que les statues représentaient le Memnon de leur mythologie.

Voici la légende taillée en grands hiéroglyphes sur le dossier de leur trône :

« L'Aroëris puissant, le modérateur des modérateurs, le roi soleil, directeur de justice, le fils du soleil, le seigneur du diadème, Amenophth, modérateur de la région pure, le bien-aimé d'Ammon, roi des dieux, l'Horus resplendissant, a érigé ces constructions en l'honneur de son père Ammon; il lui a dédié cette grande statue en pierre dure, etc., etc. »

Les faces latérales du trône sont ornées de sculptures d'une indicible beauté. Elles représentent deux hommes jeunes et forts, ayant de doubles mamelles arrondies sur la poitrine et attachant des plantes aquatiques au pied d'une sorte de table qui supporte des hiéroglyphes majuscules où resplendit le cartouche : SOLEIL, DIRECTEUR DE JUSTICE, AMENOPHTH, DIRECTEUR DE PUISSANCE. Ces personnages figurent le Nil supérieur,

1. Ἀλλὰ γὰρ οὐ Μέμνον οἱ Θηβαῖοι λέγουσι, Φαμένοφα δὲ εἶναι τῶν ἐγχώριων, οὗ τοῦτο ἄγαλμα ἦν (Liv. I, ch. XLII.)

coiffé de papyrus, et le Nil inférieur, coiffé de lotus, entourant le symbole de l'autorité, avec des tiges de lotus et de papyrus, emblèmes de la haute et basse Egypte.

La statue qui s'appuie contre les jambes du pharaon est celle de la reine Taïa, femme d'Amenophth.

Ces deux colosses précédaient, selon toute probabilité, un dromos qui conduisait aux pylônes d'un palais d'Aménophis, aujourd'hui disparu; des blocs de grès brèche, qu'on rencontre fréquemment au pied de la montagne Lybique, en ont certainement fait partie. Au reste, dans cette immense plaine de Thèbes, il suffit de gratter la terre pour retrouver des fragments de monuments. A chaque pas, on aperçoit des blocs, des fûts de colonnes, des angles de corniches, des architraves, des chapiteaux, des jambages de portes, qui essayent de soulever les couches de limon apportées tous les ans par le Nil. Il y a là des découvertes magnifiques à faire; voilà quinze cents ans qu'on remue, qu'on creuse et qu'on fouille les plaines de Thèbes, et c'est encore un pays vierge !

Au delà des colosses et toujours en montant vers le nord, on arrive aux ruines d'un palais énorme, qui est peut-être le plus pur spécimen de la grande architecture pharaonique. On l'appela jadis *Memnonium;* les membres de la commission d'Égypte affirmèrent qu'il n'était autre que le tombeau d'Osymandias, décrit par Diodore de Sicile, d'après Hécatée. Champollion le jeune déclara qu'il avait été bâti par Ramsès-Sésostris et le nomma le *Ramesseum occidental*, après avoir démontré la vérité de son assertion.

Si je ne craignais, mon cher Théophile, de te fatiguer par ces descriptions sans cesse renouvelées, que je réduis cependant quelquefois à de simples nomenclatures, je te dirais en détail toutes les merveilles de ce palais, qui rappelle ceux de Karnac, sans cependant les égaler ; mais il faudrait te raconter encore des batailles, des offrandes, des peintures, des bas-reliefs, et, Dieu merci, je ne te les ai pas épargnés depuis que nous avons quitté Ouadi-Halfa. Voici donc succinctement dans quel état se trouve aujourd'hui le monument.

Les deux pylônes détruits s'écroulent jusque sous l'ombrage d'un bouquet de mimosas à fleurs jaunes. Une statue monolithe de Sésostris, en granit noir, haute de soixante-dix-huit pieds, est abattue en trois morceaux, la face contre terre ; la tête, en se précipitant, a heurté et presque défoncé le contre-fort d'un portique composé de quatre piliers osiriaques, dont les colosses sont brisés à hauteur de poitrine, et d'un groupe charmant de trois colonnes bulbeuses. Des pylônes les suivaient, mais il n'en existe plus vestige. Ensuite s'ouvre le palais proprement dit, divisé par de nombreuses avenues de colonnes peintes et sculptées. De longues légendes se déroulent sur les architraves. Il y avait des chambres pour tous les usages publics et privés ; une d'elles, qui servait certainement de bibliothèque, est dédiée à Toth ibiocéphale et à la déesse Saf, qualifiée de *Dame des lettres, président de la salle des livres*. Il y en avait une autre qu'on pourrait nommer la salle des portraits de famille, car les ancêtres de Ramsès y figurent tous généalogiquement.

Autour de ce temple-palais, on trouve des constructions voûtées, dont les briques portent encore le cartouche du pharaon ; elles sortaient indubitablement de la fabrique royale.

Les rapports de ce monument avec le tombeau d'Osymandias frapperaient les yeux même les moins clairvoyants. J'ai eu beau chercher le fameux cercle d'or long de trois cent soixante-cinq coudées et épais de deux, dont parle Diodore ; j'ignore si réellement Cambyse l'a emporté, mais je sais, hélas ! que je n'ai pu le retrouver.

Du haut des terrasses qui couronnent le Ramesseum, on aperçoit l'ensemble des montagnes libyques, où sont creusés les hypogées. Là s'étendait la nécropole de Thèbes ; ces tombeaux taillés dans le roc étaient réservés aux castes sacerdotale et militaire.

Une ligne si droite qu'elle semble tracée au cordeau sépare les champs inondés et cultivés des sables qui s'entassent en pente douce sur les derniers mamelons de la montagne. Ces terrains, couverts de petits monticules, désolés, brûlants, ont été fouillés de fond en comble pour livrer les trésors que l'on y cherchait. Au-dessus d'eux, la montagne s'élève sillonnée de sentiers grisâtres, coupée de vieux pans de murailles abattus, miroitante sous le soleil, visitée par les chacals et les hyènes, recélant dans ses flancs des milliers de momies, nue, lépreuse, sans une plante, sans un brin d'herbe, silencieuse et sinistre. L'ouverture des grottes sépulcrales tache de trous noirs les parois rosées par le soleil ; les lignes majestueuses se découpent sur le ciel ; on sent partout comme une fade odeur de bitume desséché.

Quelques-uns des hypogées servent d'habitation aux Arabes de ces mornes pays ; dans les tombeaux où dorment les grands prêtres des dynasties glorieuses, ces paysans, demi-nus et presque sauvages, vivent à côté de leurs vaches et de leurs moutons. Lorsqu'ils trouvent un chapiteau, ils le creusent pour en faire un mortier à piler le blé; ils enfoncent les gonds de leur porte dans le visage des pharaons coiffés du pschent; ils enfument les peintures; ils brûlent dans leur foyer les boîtes de sycomore où les momies entourées de bandelettes ont reposé pendant vingt siècles.

D'autres sont libres ou déshabités. Ces grottes innombrables s'enfoncent souvent dans les entrailles de la montagne ainsi que de longs corridors. Les parois et les plafonds sont toujours peints ou sculptés : scènes militaires, sacerdotales et funéraires; jeux, danses, embaumements; entretiens étranges dans lesquels les hommes parlent avec les dieux; fastueuses inscriptions racontant les vertus des morts; promesses de récompenses, menaces de châtiments; détails de mécanique, d'astronomie, de navigation, tout se trouve, se reconnaît, se lit et se comprend sur les murailles de ces sépulcres d'où les cadavres ont été arrachés.

Certes, ces solitudes arides, sans ombre et toujours chauffées par un implacable soleil, semblent être faites pour servir d'inviolables retraites aux morts et pour donner asile à des bêtes immondes, à des hyènes puantes, à des serpents engourdis; cependant un homme s'est rencontré qui a choisi là ses demeures; il a bâti sa maison contre un des remparts de la montagne, près de hauts talus de sable, dans cet air imprégné de la senteur des momies, et il vit tranquille, sinon heureux; il vivait, du moins, car depuis mon retour en France, j'ai appris qu'il était mort.

C'était un Grec nommé Rosa, et né, je crois, à Mytilène. Longtemps employé comme directeur de fouilles par M. Drovetti, il avait fini par s'accoutumer à cette existence singulière; à force de vivre au milieu des images de la mort, il en était arrivé à les aimer; il chérissait les momies; elles formaient sa seule compagnie, sa famille. Depuis vingt ans, il ne quittait pas sa montagne ; vieux, sans femme, sans enfant, il restait là, priant Dieu et venant parfois à bord des canges afin de vendre aux étrangers quelques raretés de la vieille Égypte. Souvent je l'ai rencontré marchant seul dans la campagne, vêtu d'une ample robe blanche, coiffé d'un turban, tenant d'une main un large parapluie en cotonnade bleue et s'appuyant de l'autre sur un bâton ferré. Il achetait aux paysans ce que ceux-ci trouvaient dans les tombeaux isolés et le revendait ensuite aux voyageurs. Un jour j'allai frapper à sa porte, il vint m'ouvrir lui-même ; j'entendis le bruit lent de ses larges babouches qui traînaient à terre ; il gourmandait d'une voix chevrotante un chien qui hurlait contre moi ; j'entrai dans la cour de sa maison; trente ou quarante momies dépouillées s'adossaient le long des murs. Leurs membres noirs et décharnés, leurs traits tirés, leurs lèvres grimaçantes, amincies et collées contre des dents blanches, leurs yeux pleins de charpie, leurs cheveux roussâtres et hérissés, leurs narines écornées, leurs bras tordus, leurs jambes infléchies et cagneuses, leur thorax défoncé, leur ventre effondré, leurs doigts ratatinés, tout leur corps suant le bitume liquéfié par le soleil, leur donnaient un aspect sinistrement grotesque et ridiculement terrible, qui faisait à la fois rire et trembler. Un coup de vent s'éleva, s'engouffra par la porte ouverte et renversa une des momies. Elle tomba avec un bruit sec, le front contre une pierre; un fragment se détacha de la tête, je le ramassai, c'était l'oreille droite. On redressa le pauvre squelette, on l'appuya de nouveau contre la muraille en ayant soin de le *caler* avec un bâton. Je l'ai dit ailleurs, la vue des momies égyptiennes suffirait seule à dégoûter des embaumements et autres empaillements conservateurs dont on afflige les morts, sous prétexte de les honorer. Il y aurait aussi cette question à résoudre : jusqu'à quel point a-t-on le droit de retirer un corps de la circulation, et d'annuler ainsi avec préméditation les éléments régénérateurs que sa décomposition successive doit apporter à la terre ?

Cependant le vieux Grec marchait devant moi; il gravit l'escalier, et nous nous assîmes sur un étroit divan qui meublait sa chambre. Quelques livres religieux s'éparpillaient sur le bord d'une fenêtre étroite; une petite vierge noire nimbée d'argent, encadrée et surmontée d'une lampe allumée, pendait à la muraille. On apporta le café, et le pauvre homme me raconta ses infortunes.

Depuis que le gouvernement égyptien a défendu la vente des curiosités et des antiquités, il est fort malheureux, car son commerce, maintenant entravé et réduit à une contrebande clandestine, l'expose à toutes sortes de dangers. Il trouve bien encore à vendre assez facilement les objets de petit volume, tels que bagues, scarabées, colliers, papyrus et figurines; mais il est forcé de garder, pour toujours peut-être, les *pièces importantes* de son négoce. Il voudrait retourner dans son pays afin d'y mourir en paix, mais il ne peut se décider à quitter ses momies, qui représentent une valeur considérable; il ne peut non plus les emporter avec lui, car les douanes de Boulaq ou d'Alexandrie les confisqueraient; il courrait de plus risque d'être bâtonné lui-même, car il est né raya et sujet de l'Empire ottoman; alors il a pris le parti de vivre son dernier jour auprès de ses chères momies. Il me les a montrées; ce ne sont point ces monstres racornis que j'avais vus dans sa cour; ce sont de beaux cadavres roulés dans des bandelettes, ornés de colliers et enfermés dans de larges boîtes peintes sur toutes les faces. Le malheureux Grec les regardait avec tendresse et me racontait comment et où il les avait trouvées.

Qu'est devenu tout cela, maintenant qu'il est mort? Qu'est devenu son vieux chien qui le suivait depuis dix ans? Qu'est devenue la petite Vierge devant laquelle il s'agenouillait soir et matin? Qu'est devenue sa maison elle-même, qu'il nommait en souriant son *konaq* (palais)?

En face de sa maison s'étale le village de *Gournah*, qui a donné son nom à toute la plaine. Près de lui, à côté de hauts bouquets de palmiers et parmi des décombres, un palais montre encore des ruines saccagées; il fut commencé par Menephta et terminé par son fils Ramsès Sésostris. Le portique, extérieurement soutenu par huit colonnes lotiformes semblables à celles de la colonnade de Louksor, est seul curieux, surtout par la dédicace qui se déroule sur l'entablement :

« L'Aroëris de la région inférieure, le régulateur de l'Égypte, celui qui a châtié les contrées étrangères, l'épervier d'or, soutien des armées, le vainqueur très-grand, le roi, SOLEIL GARDIEN DE VÉRITÉ, APPROUVÉ DE PHRÉ, le fils du soleil, chéri d'Ammon, RAMSÈS, a exécuté ces travaux en l'honneur de son père, Ammon-Ra, le roi des dieux, et embelli le palais de son père, le roi STABILITEUR DE JUSTICE, le fils du soleil, MENEPHTA-BOREI. »

Le grès de ces constructions est brun-rouge et

tranche durement sur les teintes roses des montagnes qui les entourent. Là aussi, comme auprès du Ramesseum occidental, des chambres sépulcrales s'ouvrent à chaque pas sous les pieds.

Maintenant, cher ami, pour terminer cette longue revue des monuments de Thèbes, suis-moi dans la vallée de *Biban-el-Molouk* (les Portes des rois), où les pharaons embaumés reposèrent dans leur sarcophage de granit.

Une route battue sous les pas des guides et des voyageurs serpente au fond d'une gorge encaissée de chaque côté par des montagnes éclatantes, calcinées, insupportables aux yeux. Une lumière aiguë, reflétée par les parois de calcaire blanc, noie uniformément les sentiers, les sables et les rochers. Là, il n'y a ni premier, ni second plan; cette clarté est telle, qu'elle détruit la distance et l'espace; les pentes éloignées apparaissent avec leurs mille détails : on croit y toucher déjà qu'elles sont bien loin encore. Un air brûlant qu'aucune humidité n'adoucit circule parmi ces solitudes, où volent quelques corbeaux noirs. La nuit on y entend le piaulement des hyènes; le jour, tout y est éblouissement et silence.

Après une heure de marche sur ce chemin, où l'on ferme involontairement les yeux, on arrive aux *tombeaux des rois* des dix-huitième, dix-neuvième et vingtième dynasties. Les pharaons ont pris une chaîne de montagnes et y ont fait creuser leur sépulture; des collines sont formées par les éclats de pierres retirées de ces excavations réellement extraordinaires, moins élevées, mais plus profondes, que le temple de Phré à Ibsamboul.

Lorsqu'un roi montait sur le trône, il donnait ordre

de tailler son tombeau. On choisissait parmi ces masses de rochers une veine favorable, on apportait les ciseaux et les pics, et l'on se mettait à l'œuvre. Tant que le roi vivait, on creusait sans repos et sans trêve; le jour où il mourait et prenait rang parmi les dieux, le travail cessait, laissant parfois des chambres incomplètes et des couloirs inachevés; de sorte que les dimensions d'une sépulture royale affirment toujours la durée d'un règne. Lorsque le cadavre du pharaon avait subi les soixante-dix jours d'embaumement prescrits par les rites, il était, en grande pompe, porté et enfermé dans le sarcophage en granit; puis on fermait hermétiquement l'entrée de la caverne sépulcrale, et l'on commençait vite à préparer celle du nouveau roi.

Seize tombeaux aujourd'hui connus s'ouvrent sans ordre, sans orientation déterminée, et comme au hasard, dans le flanc des montagnes de Biban-el-Molouk. Ils sont tous à peu près semblables par l'ornementation et la disposition ; la seule différence qui les distingue les uns des autres est le nombre des salles; aussi ne te parlerai-je que d'un seul, de celui de Menephta-Setheï Ier, de la dix-huitième dynastie.

Ce fut l'infatigable Belzoni qui le découvrit le premier. Il reconnut parmi les rochers une porte murée; il la fit jeter bas et pénétra dans un long corridor conduisant à des chambres nombreuses. Les peintures des parois étaient fraîches et immaculées; nulle fracture n'avait brisé les sculptures ; les piliers intacts supportaient les plafonds enluminés. Ce sépulcre avait donc échappé aux ravages des armées de Cambyse, et Belzoni y marchait le cœur battant, car il espérait rencontrer enfin un pharaon couché dans son sarcophage inviolé. Il arriva ainsi à la dernière salle, la *salle dorée*, ainsi que l'a fait nommer la couleur jaune dont elle est revêtue, et il trouva le sarcophage vide auprès d'un couvercle brisé en trois fragments.

Qui donc avait arraché le roi de son tombeau? Les prêtres probablement, ceux-là même qui l'avaient ensépulturé et qui savaient mieux que d'autres combien de richesses on avait enfermées avec lui. Un étroit couloir à peine déblayé s'ouvrait derrière le sarcophage et avait livré passage aux spoliateurs sacriléges; il était long, tortueux, et aboutissait certainement à quelques-uns des petits vallons de la chaîne Lybique. J'y ai rampé à travers les pierres pendant plus d'une demi-heure sans pouvoir en découvrir l'ouverture, fermée sans doute par quelque éboulement naturel ou factice.

Ce tombeau est immense : représente-toi, moins la hauteur et la largeur, les galeries du Louvre creusées dans les entrailles d'une montagne en calcaire blanc. Il a environ un tiers de plus que la grotte du Pausilippe, à Naples.

Les parois, les plafonds, les piliers, étaient ornés de sculptures peintes; les sujets ne sont plus, comme dans les temples, des offrandes royales, des panégyries, des processions, des batailles; ce sont ici les figures emblématiques des récompenses et des châtiments qui attendent celui dont l'âme s'est envolée. Le pharaon, symbolisé par une image du soleil à tête de bélier, parcourt l'hémisphère supérieur (la vie) et l'hémisphère inférieur (la mort).

Il assiste au jugement des âmes, aux joies des Champs élysées, aux tourments de l'enfer; il déclare devant les dieux assemblés qu'il n'a commis aucune des œuvres défendues, et finit toujours par être glorieusement admis dans les demeures célestes.

La salle du sarcophage est naturellement la plus richement décorée; le plafond, taillé en voûte, peint en noir ou en gros bleu, se divise en deux larges compartiments séparés par une bande longitudinale et chargés de représentations étranges, compliquées, pleines d'une inconcevable fantaisie. C'est un rébus à grand spectacle, dont Champollion seul aurait peut-être pu découvrir le sens.

Ce sont des dieux à têtes de lion, de lièvre, de chien, d'épervier, de musaraigne, de chacal, de cynocéphale, de bélier, d'homme et d'ibis, vêtus d'une sorte de jaquette tachetée de plaques rondes semblables aux besans des Médicis. Ils sont tous montés sur des barques sacrées avec des femmes ornées de toutes coiffures, et qui, comme eux, ont le front surmonté de plusieurs étoiles : c'est un lion couché dans la posture du lion éveillé de Canova; ce sont des lézards, des hérons; c'est un crocodile monstrueux qui se dresse derrière un hippopotame; c'est un roi couché qui porte dans ses mains une vache endormie; c'est un immense serpent à quatre pattes, dont le dos moucheté est couvert de têtes coupées; ce sont des vautours et des scarabées; c'est une profusion de globes, de plumes d'autruche, de bandelettes et de bonnets de mailles; ce sont des hommes chauves et des hommes chevelus; c'est un assemblage confus de dieux et de pharaons, de déesses et d'animaux, de fleurs et de constellations, qui semblent l'immense procession des ombres de tous les olympes oubliés.

De ce tombeau magnifique le plafond seul est resté intact; les murailles morcelées, les légendes martelées, les cartouches effacés, les piliers renversés, les dieux et les rois grattés, n'en font plus à cette heure qu'une ruine lamentable. Un homme a fait tout cela : un jour il est venu suivi par une bande de dessinateurs, et il a copié les sculptures de ce sépulcre; à mesure qu'une inscription était transcrite, qu'un dieu était décalqué, qu'un pharaon était estampé, on ripait l'inscription, on brisait le dieu, on abattait le pharaon. Seul et mieux qu'une armée de barbares il s'est rué sur ce monument, à travers les galeries, les chambres, les couloirs, et, dans le stupide intérêt de sa vanité imbécile, il a tout détruit. C'est un savant! il n'a pas voulu que d'autres après lui pussent lire là où il avait lu, pussent comprendre là où il avait compris. Un jour viendra sans doute où il publiera sa *découverte*, où il expliquera les hiéroglyphes du tombeau de Menephta Setheï Ier; ce jour-là, nous serons en droit de lui dire : « Nous ne vous croyons pas! Où sont vos points de contrôle? où sont vos textes, vos inscriptions, vos légendes, vos cartouches? Tout a disparu; ce que vous nous montrez aujourd'hui est au moins apocryphe; vous inventez, car vous ne pouvez pas prouver; votre érudition est fausse : vous mentez! »

Si jamais ce pauvre homme retourne en Égypte, et s'il va visiter les grottes de Biban-el-Molouk, il sentira un frisson agiter ses chairs lorsqu'il entrera dans ces lieux où il a promené sa dévastation puérilement intéressée : sur tous les murs il lira son nom maudit en toutes langues, car chaque voyageur a laissé un anathème contre lui.

Tu sais, cher Théophile, que je ne suis pas de ceux qui croient ingénument que la France est le plus beau pays du monde, et que le peuple français est le seul peuple intelligent de l'univers; mais je te jure que j'ai été heureux de savoir que ce misérable porte un nom allemand et qu'il est né au-delà du Rhin. Au reste, partout où il a passé il a mutilé : aux temples d'El-Assassif, de Denderah, de Karnac, d'Abydos; aux hypogées de Syout et de Gournah; aux tombeaux de Sakkara et des Pyramides, partout ses mains ont martelé avec une désastreuse intelligence.

Les derniers instants de mon séjour à Thèbes se passèrent aux tombeaux des rois, où j'avais à travailler. Un matin que je faisais mon frugal déjeuner, composé de pain et de lait de buffle caillé, sous le péristyle de la tombe de Ramsès Meïamoun, deux hommes parurent. Bronzés, maigres, presque décharnés, ils allaient les jambes nues et les pieds garantis par des chaussures de peau rattachées avec des cordes. Une courte blouse en cotonnade, autrefois blanche, est serrée à leur taille par une lanière en cuir; trois ou quatre loques enroulées leur font un turban. L'un porte sur l'épaule une petite outre d'où l'eau transsude; l'autre a roulé autour de ses reins un mouchoir qui renferme trois livres de farine cuite. A la main ils tiennent un long fusil à mèche, cerclé de cuivre, raccommodé avec des ficelles, rongé de rouille et inquiétant de vétusté. Des tatouages se déroulent sur leurs bras nus. Ils marchent rapidement, et chacun de leurs mouvements dessine les muscles accentués de leurs mollets et de leurs cuisses. Ce sont des chasseurs d'hyènes venus de l'oasis d'El-Khardjeh à Louqsor pour acheter du plomb; ils vont ainsi par les déserts suivant les pistes jusqu'au repaire, se cachant derrière un rocher et attendant avec patience la sortie de la bête immonde. Lorsqu'ils l'ont tuée, ils la dépouillent, mangent sa chair et emportent sa peau pour la vendre dans les bazars de Syout ou d'Esné. Quelquefois ils restent plusieurs jours à cette chasse de ruse et d'affût. Lorsque la faim les prend, ils versent dans la paume de leur main une pincée de farine, l'arrosent de quelques gouttes d'eau, et en font une boulette qu'ils avalent.

Ils s'approchèrent de moi et me demandèrent de la poudre. Je vidai ma poudrière dans leur sac en peau de gazelle. Ils bondissaient de joie.

« Que Dieu te le rende, Kaoudja ! » me crièrent-ils. Puis ils partirent, retournant quelquefois vers moi leur visage ardent, drapés superbement dans leurs guenilles trouées et s'harmonisant bien avec ces montagnes chenues, ces rochers abrupts, ces terrains désolés et ces sables blanchissants, où leurs yeux cherchaient la trace des animaux féroces.

CHAPITRE V

LE DÉSERT DE KOÇÉIR

Départ de Thèbes. — *Kénéh.* — Un verset de Jérémie. — Départ pour *Kôçéir.* — *Bir-el-Bar.* — Vent de *khamsin.* — Un village dans le désert. — Il fait chaud. — Rochers. — Rencontre. — Vive le désert ! — Avant le lever du soleil. — Le puits de l'Obstacle. — Dromadaire mourant. — Dromadaire au galop. — Le puits blanc. — La mer Rouge. — Arrivée à *Kôçéir.* — Hospitalité. — L'eau de *Kôçéir.* — Barques arabes. — Le rivage. — Nubiens. — Tartares. Wahabis. — Visite au vieux *Kôçéir.* — Retour. — Dromadaire mort. — Fièvre de Joseph. — Forêt vierge. — Arrivée à la Cange. — Temple de *Denderah.*—Expédition photographique. — Palmiers-doums. — *Abydos.* — Fouilles à faire. — *Girgeh.* — Un mendiant cousu d'or et d'argent. — *Sahouadji.* — Tombeau de Mourad-Bey. — Le mauvais jardinier. — Grottes de *Samoun.* — Voyage souterrain. — Un chercheur de trésors. — Hypogées de *Beni-Haçan.* — Citation du docteur Leipsius. — *Minieh.* — *Fechn.* — Méhémet-Bey Defterdar. — Arrivée au Kaire. — Adieu !

J'ai dit adieu aux ruines de Thèbes ; le mardi 14 mai, ma cange a quitté cet incomparable pays. Je suis resté debout sur l'habitacle tant que j'ai pu apercevoir les pylônes de Karnac et les colosses de Gournah. A chaque coup de rames l'éloignement les amoindrissait à mes yeux ; des teintes bleuâtres les envahirent peu à peu et les confondirent avec les montagnes voisines ; c'est à peine si je pouvais distinguer encore les contours du Ramesseum, isolé au milieu de la plaine. A un coude du Nil, tout cela disparut comme une vision, et je me suis senti triste jusqu'au fond de l'âme. Dans tes voyages, cher ami, n'as-tu pas éprouvé quelquefois, en abandonnant certains lieux que peut-être tu ne dois plus revoir, un déchirement intime et profond, comme si une partie de ton être se séparait de toi ?

Les matelots, joyeux, chantaient avec ardeur malgré le vent, qui parfois leur arrachait les avirons des mains. Les bords fuyaient de chaque côté avec les huttes de limon, les bois de palmiers secoués par les rafales, les champs de fèves, les sakiehs grinçantes, les grands troupeaux de buffles et les lentes psalmodies des esclaves noirs qui manient les chadoufs. Des femmes long-vêtues de robes de laine, portant à la narine droite un anneau d'argent, vont vers le fleuve en soutenant des amphores sur leur main renversée ; des enfants nus courent à côté d'elles. Des hommes travaillent autour des cotonniers altérés; de profondes crevasses entr'ouvrent la terre desséchée et soulevée par larges écailles qui craquent et se pulvérisent sous les pieds. Le Nil baisse chaque jour davantage; la chaleur est aiguë comme une brûlure. Nous passons sans nous arrêter devant le mouillage de *Kous*, et le lendemain nous arrivons à *Kénéh*, qui est une grande ville.

Le fleuve baigne le pied de ses murs pendant l'inondation; mais, dans cette saison des basses eaux, il coule à une demi-lieue des premières maisons, entourées de sycomores, de dattiers, de ricins, de palmiers-doums et de mimosas. Toute la ville est bâtie en briques crues; quelques façades brillent sous la chaux qui les couvre. Deux ou trois mosquées dressent vers le ciel leurs minarets pointus. Les bazars larges et longs, abrités du soleil sous une ample toiture en bois, rafraîchis par l'eau qu'on y fait jeter sans cesse, sont le refuge de la population pendant les heures brûlantes de la journée. C'est là que viennent s'asseoir, à la porte des cafés, les Albanais de la garnison, débraillés, querelleurs et presque toujours ivres d'araki. C'est là que passent les Arabes du Hedjaz, venus à travers le désert de Kôçéir avec leurs caravanes chargées de café, de noix de coco et d'écailles. Les coptes, les chrétiens, les musulmans, les juifs se coudoient et semblent vivre en intelligence parfaite au milieu de cette ville qui est l'entrepôt des marchandises arrivées des Indes.

C'est à Kénéh que l'on fabrique les *zir* qui servent à la fois de filtre et de fontaine à tous les habitants de l'Égypte. Le zir est un vase ventru, pétri dans une terre à la fois fine et poreuse comme celle des alcarazas; on pose le zir sur un trépied, et l'eau qui s'en écoule goutte à goutte, claire, fraîche, limpide, est reçue dans une terrine garantie contre la poussière par un entourage en bois. L'eau du Nil ainsi refroidie, dépouillée des parcelles de limon et clarifiée par la transpiration à travers les parois du filtre, devient la boisson la plus légère, la plus fine, la plus exquise qu'il soit possible de se figurer.

« D'où vient l'eau du Nil ? demandai-je un jour à Reïs-Ibrahim.

— Du paradis, répondit-il, où elle a servi aux ablutions des anges. »

Après être resté quelque temps à considérer les potiers qui agitaient rapidement la roue de leur tour, je suis parti, marchant devant moi sans but et au hasard. En doublant l'angle d'une rue, je me suis arrêté frappé de surprise : j'étais arrivé, sans le savoir, au quartier des courtisanes. Des huttes basses et misérables, couvertes d'un paillasson troué, fermées par un pan d'étoffe dépenaillé, s'alignent régulièrement autour d'une petite place ronde. Devant chaque porte une femme est assise. Toutes sont accroupies au soleil, sur des nattes de jonc. Il y a là des femmes blanches, des négresses et des Abyssiniennes dont la patine rappelle celle du bronze florentin. Au milieu de leurs cheveux tressés, des piastres d'or s'enroulent; des colliers en grosses verroteries tombent sur leur poitrine et s'entre-choquent lorsqu'elles remuent; de larges boucles ornées de losanges pendent de leurs oreilles allongées par le poids; un cercle d'argent bat sur leurs chevilles; autour de leurs bras tatoués se tordent des bracelets de corail et de coquillages; une ample robe bleu pâle ou bleu foncé les enveloppe tout entières. Quelques-unes, dont la peau est plus noire que la nuit, ont le visage sillonné de cicatrices régulières qui sont les marques de leur tribu, et portent au-dessous des seins une ceinture en perles de diverses couleurs. L'antimoine teint d'une raie bleue le bord de leurs paupières; des anneaux d'or traversent l'aile extérieure de leurs narines. Les unes dorment, les autres chantent; on sent autour d'elles un chaud parfum de çantal et d'aloès. Elles ont dans la voix, lorsqu'elles vous appellent, des intonations caressantes comme un baiser:

« Bakhchich ! Kaouadja ! »

Et elles sourient en montrant des dents humides plus blanches que de jeunes amandes dépouillées.

Cela fait comprendre les grandes comparaisons bibliques, et je me suis éloigné en répétant le verset de Jérémie :

« J'ai vu tes adultères; j'ai entendu tes hennissements; l'énormité de tes prostitutions est sur les collines et dans les champs, et je connais tes fornications. »

Toujours allant par les rues, j'arrivai bientôt devant une assez grande maison que je cherchais par le chemin des écoliers. J'y entrai, car c'est là que logeait l'agent consulaire entretenu à Kénéh par le gouvernement français. C'est un chrétien de Bethléem nommé Içа, suffisamment intelligent et fort complaisant pour les voyageurs. Dans une des chambres de sa maison j'aperçus, couverte avec des châles et surmontée d'un crucifix, une sorte d'estrade qui sert d'autel aux chrétiens catholiques de la ville et des environs. Iça m'offrit un très-bon dîner et s'occupa immédiatement de l'affaire qui m'avait amené chez lui. Je voulais aller à Kôçéir, sur les bords de la mer Rouge; j'avais quatre jours de route à faire à travers le désert, et je m'adressais à l'agent pour qu'il me procurât les dromadaires et les guides dont j'avais besoin. Joseph fit durcir des œufs, acheta des outres en peau de chèvre, des pains, du tabac, du *kamr-ed-din* (sorte de pâte d'abricots sèche importée de Syrie et très-commode en voyage), deux bouteilles d'araki et des *khordja* (vastes sacoches ornées de glands qu'on met par-dessus la selle du dromadaire).

Le soir même les chameliers vinrent coucher auprès de la cange, et, le lendemain, portant pour plus de commodité le costume à la *Nizam*, c'est-à-dire les guêtres, les larges pantalons flottants, la ceinture et la veste, j'étais prêt à partir.

Ici, cher Théophile, je reprends mes notes, que je copie textuellement, car elles ont été prises presque heure par heure.

Samedi 18 *mai*. Partis à quatre heures et demie du

matin. Notre caravane se compose de deux chameliers, de deux dromadaires, un pour Joseph et un pour moi, et de deux chameaux chargés d'outres pleines[1].

Quatre bateaux de Djellabs se laissent lentement dériver sur le Nil ; les esclaves, par bandes de vingt ou trente, à peine couverts de leurs grasses guenilles, marchent sur le rivage, conduits par leurs maîtres : ils vont côte à côte, mornes, tristes et muets. Une école de fifres et de tambours fait un intolérable vacarme aux portes de Kénéh, devant une caserne où des soldats vêtus de blanc s'exercent au maniement des armes. Nous passons à travers les rues encore désertes de la ville ; près d'une maison isolée, je vois une femme ruisselante de piastres d'or qui nettoie le devant de sa porte. Un soleil sans rayons se lève derrière des nuages grisâtres qui indiquent du khamsin. Des troupes de pigeons volent à tire-d'aile vers le Nil ; les vautours, les percnoptères, les milans, commencent à planer sous le ciel. Des fellahs époussettent les légumes de leur champ, à l'aide de petits balais en feuilles de palmier. Les cigognes font de grandes enjambées parmi les herbes courtes, en cherchant leur pâture. Dans le sud, on aperçoit les montagnes de la Libye, qui se dressent comme des falaises et que semble éloigner encore un rideau brumeux. Une longue plaine jaunâtre s'étend vers le nord et rejoint les rivages du Nil, où se balancent des bouquets de palmiers ; la culture cesse et le désert commence.

A la limite des sables, une tribu de Bédouins a posé ses tentes qui sont basses, petites, comme écrasées, et

1. Je crois inutile de rappeler que la seule différence qui existe entre le *chameau* et le *dromadaire* est celle que l'on remarque entre le *cheval de trait* et le *cheval de selle*.

entourées par des bestiaux. Un peu plus loin, un bois de mimosas verdoie auprès d'une source abondante; à l'ombre dorment des dromadaires, des ânes, des bœufs et des chevaux entravés. Un grand khan à galeries moresques, précédé par des auges où les animaux se désaltèrent, s'élève près d'un marabout à coupole blanche: c'est *Bir-el-Bar*. Des hommes, des femmes, des enfants, des Arabes, des Turcs et des Bédouins dorment, prient, mangent ou causent sous les arbres. J'entre dans le marabout, qui est le tombeau de Cheikh-el-Bar, et je m'y repose pendant deux heures.

A midi et demi, je réveille Joseph, qui ronflait dans un coin, couché sur la paille hachée destinée à la nourriture de nos dromadaires, et, malgré une chaleur excessive, nous repartons.

C'est le désert. Le terrain grisâtre, nu, mamelonné de petits monticules, s'allonge à perte de vue. Çà et là ont germé des euphorbes si hautes, qu'elles ressemblent à des arbres. Lorsqu'en passant près d'elles j'abats une tige d'un coup de baguette, il en découle un lait blanc, épais, visqueux, âcre et caustique. Nul bruit ne remue autour de nous, la solitude est complète, nos dromadaires la troublent seuls de leur marche lente et cadencée. Il serait difficile de se perdre, car la route est visiblement indiquée par une série d'étroits sentiers parallèles, creusés sous le pas des caravanes et qui suivent tous la même ligne. Des nuages gris et chauds obscurcissent le ciel; le vent du sud souffle avec violence et se déchaîne parfois en rafales enflammées. Un tourbillon de poussière s'élève bien loin à ma droite, vers les limites du Nil, dont je puis encore apercevoir les palmiers qui en côtoient les rivages; il vient vers nous grossissant, s'enflant, s'étendant et s'avançant comme sur des roulettes. Le sommet surplombant est de couleur brique; la base est rouge foncé, presque noire. A mesure qu'il approche, il chasse devant lui des effluves brûlants comme l'haleine d'un four à chaux; il ne nous a pas encore envahis que déjà nous sommes couverts par l'ombre qui le précède. Le bruit est semblable à celui du vent à travers une forêt de sapins. Dès que nous sommes au milieu de cet ouragan, nos chameaux s'arrêtent, tournent le dos, se précipitent à terre et appuient leur tête sur le sable. Après le nuage de poussière vient une pluie de pierres imperceptibles violemment fouaillées par le vent, et qui, si elle durait longtemps, ne tarderait pas à écorcher les parties du corps laissées à nu par les vêtements. Au moment où la fureur du tourbillon était la plus forte, lorsque chacun de nous s'enveloppait le visage à l'aide de sa ceinture rapidement déployée, une caravane passa près de nous; ceux qui la formaient ressemblaient à des fantômes : ils se penchaient sur le cou des dromadaires, qui allaient grand train; les femmes se voilaient et retenaient leurs robes soulevées par le vent; je crus entendre quelques cris d'enfants effrayés. Cela dura cinq ou six minutes : c'est effroyable. Le ciel redevint clair, et mes yeux furent surpris comme par une lumière subitement apportée au milieu de l'obscurité. La trombe s'envola en entraînant avec elle le sable de la route, se heurta contre une colline sur laquelle elle s'écrasa, et nous reprîmes notre course.

Le chemin est plat, sillonné par la trace des caravanes, et suit la direction de l'est. Derrière nos dromadaires, les chameliers marchent à pied, chantant un air plaintif qu'ils accompagnent et terminent par un petit coup de sifflet pour exciter leurs animaux. Ces notes monotones et entrecoupées retentissent singulièrement dans le désert, où nul écho ne répond. Tout le jour nous allons ainsi par des terrains qui rebondissent çà et là en buttes arrondies. Le soir, vers huit heures, la nuit était déjà close et de larges étoiles brillaient dans le ciel noir, lorsque nos dromadaires changèrent brusquement de direction et tournèrent vers le sud. Bientôt, parmi les ténèbres, nous aperçûmes quelques basses masures aplaties, autour desquelles dormaient des chameaux accroupis. C'est le village de la *Djitah*, où s'ouvre un puits salé dont l'eau est potable pour les troupeaux. Je m'étendis sur le sable, j'appuyai ma tête sur une couverture roulée, et je m'endormis, pendant que les chameliers allumaient du feu pour faire cuire leur pain.

Dimanche, 19 *mai*. A quatre heures, je me réveille, je me lève et j'examine le campement où j'ai passé la nuit. Est-ce un village? je n'ose pas le dire. Quels sont les malheureux qui habitent ces huttes informes, composées de pierres placées sans ciment les unes sur les autres et abritées par des nattes de paille déchiquetées? Quelques hommes en sortent, noirs et vigoureux cependant; ce sont des Arabes Ababdehs. Ces masures grises se détachent à peine sur le terrain gris; cela est nu, triste, désolé. De maigres chèvres cherchent parmi les pierres des brins d'herbe qu'elles trouvent à grand'peine, des pigeons picorent la paille oubliée par les chameaux, de gros gypaëtes dégoûtants se dandinent gauchement au milieu de ce lamentable hameau.

A cinq heures nous partons. Il y a encore des nuages dans le ciel, la chaleur est sourde et puissante;

je suis obligé d'entourer d'une serviette le pommeau en bois de ma selle afin de pouvoir y appuyer la main. J'enveloppe entièrement mon visage, à l'exception des yeux, d'un épais *coufieh*[1]. Le sable brûle si fortement la plante des pieds d'un de nos chameliers qu'il ne peut plus marcher et est contraint de grimper sur un chameau chargé d'outres. Il est juste de dire qu'il avait des souliers en partant de Kénéh et qu'il les a retirés par économie, afin de ne pas les user. Joseph, quoique très-fatigué de la journée d'hier, essaye encore, comme Panurge, de faire le bon compagnon.

« Savez-vous, signor, me dit-il, il *fa* plus chaud que quand il *fa* froid ! »

Puis il rit largement de cette plaisanterie digne de M. de la Palisse et dont le sens m'a toujours échappé.

Les montagnes que, depuis le matin, j'apercevais à l'horizon se resserrent autour de la route, l'étreignent de leurs hauts remparts et en font une sorte de gorge étroite. Cette vallée sablonneuse circule au milieu de rochers roses, vert foncé, rouges, violets et bronzés ; ce sont des grès, des basaltes volcaniques, des brèches vertes mélangées de porphyre, des granits pleins de mica et de feldspath rose, des schistes et des quartz blancs. La lumière éclatante du soleil semble les avoir polis et glacés. Il ne se passe pas d'heure que nous ne rencontrions quelque caravane marchant au bruit des grelots des dromadaires et aux chants des chameliers.

« Ohé, les hommes ! d'où venez-vous ?

— De Djedda, la porte de la Mecque, sur qui soient les bénédictions de Dieu ! Et vous ?

1. Large et épais mouchoir en coton rouge et en soie jaune, à l'aide duquel les Arabes abritent leur tête contre le soleil.

— De Kénéh, où l'on boit l'eau du Nil.

— Que notre seigneur Mohammed vous guide et vous protége!

— Que Dieu vous ramène sains et saufs dans vos maisons! »

Et l'on passe, car dans le désert on ne s'arrête jamais; à peine, dans ces rencontres rapides, échange-t-on quelques courtes paroles pendant que les chameaux poussent toujours en avant leurs pas réguliers. On demande un renseignement à la hâte :

« Le puits des Pigeons est-il loin encore? — Combien d'heures de marche jusqu'au puits de l'Obstacle? »

On répond vite, sans ralentir son allure, car là, dans ces solitudes, le voyage est une fatigue et presque un danger; on se presse vers le but, on veut arriver promptement; qu'importe ceux que le hasard conduit sur votre route! on n'a pas un instant à perdre, les minutes sont comptées. Partout le temps est précieux; dans le désert il est inappréciable! Là, la solidarité n'existe pas. Les voyageurs qu'on salue sont au moins indifférents. Si un accident leur arrive, tant pis pour eux, on ne s'arrête pas à les secourir; car le chemin est long et pénible, la chaleur du soleil mord comme un fer rouge, la réfraction des sables brûle les yeux, et l'eau est encore loin qui doit nous désaltérer; chacun pour soi, et Dieu pour tous!

Aussi, c'est dans le désert que l'homme se sent réellement libre et fort, car il n'y peut compter que sur lui-même; tout ce qui l'entoure lui est hostile; il comprend, à son insu peut-être, qu'il livre une bataille inégale dont il ne sortira vainqueur qu'à force de courage et de calme. Il s'enorgueillit alors de sa grandeur véritable, et chaque nouvelle fatigue lui cause une jouissance nouvelle. Jamais je n'oublierai les jours que j'ai passés dans ce désert de Kôçéir, car ils ont été les meilleurs de ma vie. Seul, accroupi sur mon dromadaire, chantant des vers dont les rochers me renvoyaient les échos, je marchais en tête de notre petite caravane, joyeux sous le soleil et m'irradiant tout entier aux choses de la nature. Là, je n'ai rien regretté, rien désiré; j'ai senti une vie abondante battre dans mon cœur et circuler dans mes veines. J'avais fini par aimer d'un amour attendri et profond les montagnes décharnées, trouées de grottes sombres, les sables sans verdure et la route grise allongée entre des rochers de toutes couleurs. Ah! je voudrais pouvoir aller toujours ainsi à travers les solitudes de l'Afrique et de l'Arabie, dormant au hasard dans la tente des Bédouins, à l'abri d'un bloc de granit ou sous les étoiles, buvant aux puits entourés par des pierres, m'éveillant parfois la nuit au bruit lointain d'une troupe d'autruches ou de gazelles et repartant le matin, au point du jour, en respirant à pleine poitrine l'air sauvage de la solitude et de la liberté! L'amitié a ses trahisons, l'amour porte toujours caché quelque part le cancer qui doit le dévorer, le travail est plein de découragements sans fin et de lassitudes sans bornes, l'ambition n'est qu'une sotte orgueilleuse que nourrissent des besoins de domesticité déguisés, seuls les voyages ne mentent jamais et tiennent tout ce qu'ils ont promis; chaque jour ils apportent sa pâture à notre esprit insatiable; ils lui donnent les paysages, les cités fourmillantes, les fleuves magnifiques, les ruines des civilisations robustes, les mœurs étranges, les religions, les monuments, les hommes et les choses; ils le conduisent parmi les océans, les montagnes, les pâturages, les volcans allumés ou éteints, parmi les forêts bruyantes, les grèves humides et les déserts. J'aime les voyages, car ils comportent seuls la rêverie sans cesse mêlée à l'action; ils instruisent, ils rendent fort et enseignent le mépris des vanités humaines.

Cependant nous marchions toujours et la route s'usait sous les pas de nos dromadaires. A dix heures et demie, nous fîmes halte près d'un rocher couvert d'inscriptions hiéroglyphiques, à un endroit nommé *Kamr ou Chems* (la Lune et le Soleil). Le vent souffle avec tant de violence qu'il éteint le feu que Joseph avait allumé pour faire chauffer le café; il disperse les crottins enflammés qui servaient de combustible et me force à me réfugier dans une petite caverne ouverte parmi les rochers de la montagne. J'y dors pendant trois heures, malgré les effluves brûlants qui passent sur ma face comme une haleine de feu.

A deux heures, nous repartons. La chaleur accable nos chameaux qui s'avancent lentement; parfois ils s'arrêtent et se détournent comme souffletés par les rafales qui soulèvent les sables. A droite, sur des rochers en granit noir, je vois un tableau hiéroglyphique surchargé d'inscriptions en grec cursif; c'est un sacrifice à Ammon générateur et à son fils Khons.

Les montagnes succèdent aux montagnes sans interruption; la route change de direction à chaque instant et ressemble au lit d'un fleuve desséché. Vers sept heures et demie du soir, pendant que le soleil couchant empourprait le désert, nous passons près d'une sorte de construction en forme de guérite enclavée dans de basses murailles; c'est *Bir-el-Hamamat* (le puits des Pigeons), creusé autrefois par les Anglais et abandonné des chameliers, car il faut descendre cent soixante marches avant de trouver une eau vaseuse et impotable. D'antiques sarcophages, à peine dégrossis, ont été apportés là par des mains modernes, afin de servir d'auges à boire, Une heure après, nous nous arrêtâmes dans une gorge profonde, appuyée à de hauts rochers et garnie d'un bon sable fin sur lequel je dormis en paix

Lundi 20 *mai*. A quatre heures, nous sommes debout et prêts à partir. Dans les voyages en Orient, il y a une heure charmante, c'est celle du départ. Le soleil n'a pas encore paru, et cependant un jour joyeux et limpide éclaire les paysages. Il fait frais; on marche à pied, afin de donner de l'élasticité à ses membres engourdis. Les horizons ont plus de profondeur, les collines, les rochers, les sables brillent de leurs couleurs naturelles qu'une implacable lumière n'a pas encore fondues dans des teintes uniformément éclatantes; les chacals attardés regagnent leur tanière; le firmament, où s'éteignent les pâles étoiles, semble une coupole de saphir. Peu à peu, quelques crêtes élevées s'illuminent de tons ardents; de grandes ombres transparentes descendent des montagnes; le sable reluit tout à coup, des poudres d'or remplissent le ciel, et le soleil se lève.

Comme la veille, notre route est étroitement resserrée entre deux remparts de rochers; à un endroit ils s'écartent en cercle et forment un bassin au milieu duquel un mimosa mort élève son tronc dépouillé. On a voulu y mettre le feu, car son bois sans écorce est noir et calciné; ses deux branches brisées, sans feuilles, se dressent ainsi que les bras d'une potence. Il est morne, lamentable, tout seul; il fait pitié comme ferait pitié le cadavre d'un homme assassiné. Plus loin, dans un vallon qui descend vers la route et semble un ruisseau qui se jette dans une rivière, quelques jeunes cassis à fleurs jaunes, à courtes feuilles, à longues épines, ont poussé parmi les sables, des corneilles à mantelet voltigent çà et là, des ramiers roucoulent sur les blocs de rochers, les dromadaires haussent la tête en reniflant et pressent le pas. Il doit y avoir de l'eau dans les environs. Un chamelier prend une outre vide et court en avant.

Après une heure de marche, nous arrivons à *Bir-el-Sed* (le puits de l'Obstacle). C'est un défilé étroit, rocailleux, dangereux pour les dromadaires qu'on est forcé de conduire à la main. La route n'a pas plus de dix pieds de large, de très-hautes montagnes la pressent de tous côtés. Sous un rocher, un vieux Turc accroupi mange en compagnie de deux femmes; des chameaux sont couchés dans un coin. Une caravane vient en face de nous et se rencontre avec la nôtre. Les animaux se mêlent, les chameliers s'accablent d'injures: les dromadaires poussent leur cri retentissant en se heurtant et allongent leur cou vers le puits, où on ne les laisse pas boire; la confusion cesse peu à peu, l'écheveau se débrouille, et chacun reprend sa route vers Kôçéir ou vers Kénéh.

Le puits est un trou de deux pieds de circonférence; on se glisse sous une grosse pierre pour puiser l'eau, qui est fade, terreuse, insipide; elle me parut meilleure cependant que celle qui ballottait depuis deux jours et demi au soleil dans nos outres en peaux de chèvre mal tannées et que déjà je ne pouvais plus boire sans dégoût, car l'habitude de l'eau du Nil m'avait, malgré moi, rendu difficile. Près du puits, il y a un chameau qui meurt; il est couché sur le flanc droit; sa tête, renversée en arrière, regarde avec des yeux suppliants qui roulent tristement dans leur orbite agrandi par la maigreur; il remue convulsivement la jambe hors-montoir, il entr'ouvre ses longues lèvres sans pouvoir crier, et de temps en temps il pousse de gros soupirs. Voilà trois mois qu'il est là, mourant chaque jour en détail. Une nuit, en passant, il est tombé dans le puits et s'y est brisé la cuisse. Son maître l'a traîné près de la route, et chaque fois qu'il fait le voyage du désert, il dépose à côté de lui une petite provision de fèves sèches et de paille hachée; les Arabes Ababdehs lui donnent à boire, et le pauvre animal restera là, râlant et souffrant, jusqu'à ce que la mort le prenne. Les bêtes féroces n'ont point encore osé le dévorer, car cet endroit, très-fréquenté, sert presque à chaque instant du jour et de la nuit de lieu de campement à quelque caravane.

Après avoir traversé un défilé profond, encaissé et rapide, que nos dromadaires descendent péniblement en laissant glisser leurs pieds charnus sur de larges dalles plates et polies, semblables à celles d'une voie romaine, nous retrouvons notre route sablonneuse et moins étroite.

Vers onze heures, nous passons près d'un grand khan détruit. Un village s'était sans doute rassemblé là, car bien des murailles de masures sont debout encore, mais décrépites et sans toiture. Au milieu de ces constructions ruinées, le terrain s'affaisse en entonnoir, comme si on l'avait creusé pour y forer un puits; c'est *Okel Zerga* (le Khan bleu). En vain nous y cherchons un refuge contre le soleil; il tombe d'aplomb sur les murs, les borde d'une ligne d'ombre, mais partout il brille impitoyablement et ne laisse pas une place qu'il ne dévore de ses rayons. La lumière est tellement intense et tellement égale, que tout paraît noir; nul bruit ne remue dans le silence; les couches de carbone sont si épaisses, qu'à vingt pas de nous elles reflètent la cime des montagnes en produisant des effets de mirage qu'agite parfois un coup de vent âpre et desséché. La chaleur est étouffante.

Vers midi nous nous arrêtons à l'abri d'un rocher de granit rose, d'où nous chassons par notre approche une compagnie de perdrix blanchâtres. Cet endroit se nomme *Abou-Ziran* (le Père des jarres) Là aussi le soleil nous atteint et nous force à repartir au bout d'une demi-heure. Des nuages d'orage couvrent le ciel sans amortir la chaleur, quelques larges gouttes de pluie tombent et me font en vain espérer un peu de fraîcheur. Pendant que nous avancions ainsi, interrogeant de l'œil l'horizon brûlant, un homme nous devança, monté sur un dromadaire qui courait au grand trot.

« Avez-vous trouvé un pèlerin? nous cria-t-il en se retournant.

— Non, » répondit un de mes chameliers.

Une heure après, nous vîmes le même homme qui, cette fois, venait en sens inverse; il avait rencontré son pèlerin perdu endormi dans un coin de la route, il l'avait fait monter en croupe, et maintenant ils se hâtaient tous deux pour rejoindre leur caravane déjà éloignée.

Vers le coucher du soleil nous traversâmes un village d'Arabes Ababdehs, et quel village! vingt huttes de paille entourées de fagots épineux. Des chameaux entravés ruminent près d'un troupeau de moutons noirs. Joseph se détache en avant et va appeler les femmes à haute voix auprès de ces misérables masures qui ressemblent à des ruches défoncées; une vieille femme en sort d'un air irrité.

« Eh! l'homme aux habits blancs, dit-elle à Joseph, pourquoi cries-tu ainsi sur le toit de nos demeures?

— Parce que j'ai des piastres à te donner, répond Joseph. As-tu du lait de chamelle, de chèvre ou de brebis?

— Oui, j'en ai, mais je ne le vends pas aux voyageurs. Avec quoi donc nourrirons-nous nos enfants, si nous donnons aux pèlerins turcs le lait de nos troupeaux? Buvez l'eau de vos outres et passez votre chemin. »

Puis la vieille femme rentra dans sa cahute, pendant que Joseph désappointé lui criait son injure favorite et l'appelait *charmouta* (guenille).

Ce hameau se nomme *El-Moghreb-el-Ahmar* (le Couchant-rouge). A côté, sept ou huit grands vautours bruns, à tête chenue, s'étaient réunis contre un gypaëte blanc qu'ils accablaient de coups de bec, en cherchant à lui arracher un morceau de charogne sur lequel il s'était accouvé.

La route est parsemée d'ossements de dromadaires blanchis et dispersés; quelques carcasses encore garnies de leurs peaux tendues comme celle d'un tambour semblent de loin des chameaux endormis; ce sont les rats qui les dévorent ainsi; on les voit courir au coucher du soleil et rentrer vite dans leurs trous au bruit des pas; des bandes de perdreaux volent de tous côtés.

La nuit était venue, de larges étoiles scintillaient dans le ciel assombri; j'avais ralenti mon allure et Joseph tenait la tête de la caravane. Tout à coup un grand cri de détresse vint jusqu'à moi, et je vis mon malheureux drogman emporté par son dromadaire, lancé au galop avec ces mouvements de bascule qui désarçonnent souvent les meilleurs cavaliers. Longtemps, à travers l'obscurité, j'aperçus ses vêtements blancs, j'entendis ses cris lamentables; puis tout se tut et tout disparut. Les autres animaux dressaient l'oreille, tremblaient sur leurs jambes et semblaient pris d'une insurmontable inquiétude. Un chamelier partit en courant et revint au bout d'une demi-heure ramenant Joseph, heureusement sain et sauf. Son premier mot fut naturellement un éloge pour lui-même.

— Savez-vous, me dit-il, je n'*a* point été *brute*; je me suis bien *ganté* par devant et par derrière, et je ne suis point tombé, quoique la *charmouta* dansât comme un *taramoute* (tremblement de terre).

Le dromadaire avait sans doute aperçu quelque panthère qui rôdait le long des rochers, et dans sa frayeur avait pris sa course la plus allongée. Nous voulûmes continuer notre route et marcher encore quelque temps aux lueurs de la lune qui se levait au-dessus des montagnes, mais la caravane était désorganisée; Joseph avait peur, un de nos chameliers était essoufflé de sa course, les dromadaires geignaient et s'agitaient avec crainte; nous descendîmes et nous campâmes près du chemin battu, dans une grande plaine nommée *Haouch* (endroit découvert).

Mardi 21 *mai*. A trois heures et demie nous partons. Les caravanes se multiplient, elles viennent de Kôçéir et marchent vers Kénéh; on échange un *salam* sans s'arrêter. Sur un seul dromadaire je vois une famille entière placée dans une sorte de manne (*choukdieh*) à deux compartiments; d'un côté la femme qui se voile à notre aspect, de l'autre le mari, au milieu les trois enfants. Les montagnes prennent des teintes blanches sillonnées de grandes raies brunes ; ce sont des gisements de calcaire coupés de basalte.

A huit heures nous arrivâmes à *Bir-el-Beidha* (le puits blanc). De nombreuses troupes de corbeaux volent et se posent autour d'un village composé de masures en terre couvertes de paillassons; c'est là que vivent des Arabes Ababdehs avec leurs beaux dromadaires blanchâtres et agiles. Nos animaux n'avaient pas bu depuis la *Djitah*, aussi ils se poussaient et se pressaient autour du puits qui est entouré par une margelle en pierre placée à ras de terre. L'eau miroite à trente pieds de profondeur; on la tire à l'aide d'un seau en peau de bouc attaché à une longue corde qu'on manie sans poulie. Un jeune Arabe presque nu faisait ce travail pénible ; ses muscles bondissaient sous l'effort, sa tête intelligente et abondamment chevelue se rejetait en arrière chaque fois qu'il ramenait son outre incommode à la surface du puits ; il versait l'eau dans de grandes auges en pierre où nos dromadaires la buvaient lentement; on voyait chaque gorgée glisser le long de leur cou énorme qu'elle gonflait en passant. Cette eau est limpide, légèrement salée et vraiment bonne à boire. Je m'assis pour déjeuner sur un immense bloc de coquilles antédiluviennes réunies, mêlées, conglomérées comme des métaux forgés ensemble. Au reste, des fossiles de toute nature s'aperçoivent dans ces montagnes qui entourent la plaine de Bir-el-Beidha et qui ressemblent singulièrement aux grands mamelons du Mokattam contre lesquels s'adosse la citadelle du Kaire. Quelques chèvres maigres errent parmi les pierres et cherchent une pâture que souvent elles ne rencontrent pas.

Nous reprenons notre route qui abandonne les montagnes et s'avance sur des terrains boursouflés de monticules sablonneux. Le ciel gris de nuages cache le soleil; un air salin et chargé d'humidité pénètre nos vêtements; on sent que la mer est proche.

Une heure environ après avoir quitté Bir-el-Beidha, nous arrivons près d'un marécage traversé par un ruisseau rapide qui dépose sur les bords un sel blanc et brillant; des glaïeuls, des roseaux, des joncs l'entourent et se brisent sous le pied des ânes et des dromadaires qui pataugent au milieu d'eux. Des femmes accroupies lavent du linge; quelques cigognes se promènent lentement parmi les herbes; de petites bergeronnettes voltigent près des bêtes de somme. Cet endroit s'appelle *El-Ambadjeh.* A quelques pas de là le ruisseau se perd dans les sables.

La route descend à travers de basses collines; nulle végétation ne les égaye, le vent y trace des sillons semblables à de petites vagues immobiles. Tout à coup, du haut de mon dromadaire, j'aperçois une ligne noire qui s'allonge à perte de vue sous le ciel gris : c'est la patrie des perles, des requins et des coraux; c'est la mer que franchit Moïse à la tête de son peuple et qui engloutit le Pharaon; c'est la mer Rouge! Peu à peu et à mesure que j'approche, je la distingue mieux; elle s'élargit, elle s'étend, elle s'évase sur les grèves de son rivage; quelques écumes blanches jaillissent sur les flots.

J'arrive enfin dans une grande plaine stérile qui forme les bords de la mer; en face de moi je vois quelques palmiers desséchés et brûlés groupés dans un jardin enclos de murailles en boue mélangée de paille; à droite, une trentaine de tentes largement espacées tachent de noir le sable rougeâtre; à gauche, quelques misérables masures se sont appuyées contre les derniers soubresauts de la montagne. Une négresse, coiffée d'un pot en fer qu'elle va remplir, marche près de nous et chacun de ses gestes fait ballotter sur sa poitrine ses longues mamelles flétries. Des chiens, des corbeaux, des vautours se battent dans un large trou qui sert de voirie; sur le sable des barques sont tirées à sec, d'autres se balancent attachées à de longues cordes en filaments de palmier; une petite ville proprette et basse débusque tout à coup derrière un pli du terrain; c'est Kôcéir. Une citadelle la précède; des canons allongent leurs cous oxydés par l'air de la mer entre les créneaux à demi ruinés.

Lorsque nous entrâmes dans la ville, les chameliers prirent la corde nasale de mon dromadaire et le guidèrent à travers des rues suffisamment nettoyées; des Arabes qui fumaient dans un café se lèvent à mon aspect, se rangent révérencieusement sur une file et me saluent lorsque je passe; à mon costume, sans doute, ils m'avaient pris pour un Turc. Après avoir franchi deux ou trois ruelles, nous nous arrêtâmes devant une maison d'assez convenable apparence qui était l'agence consulaire de France; Joseph y pénétra et revint bientôt suivi d'un homme âgé qui me pria d'accepter l'hospitalité sous son toit; je me rendis sans peine à sa prière et quelques minutes après j'étais installé dans une grande chambre garnie de divans et ouverte de fenêtres prenant vue sur la mer.

Mon hôte, l'agent consulaire, se nommait Elias; il était né à Bethléem, comme Iça de Kénéh dont, je je crois, il avait épousé la sœur. Il mit sa maison à ma disposition avec une grâce charmante et laissa deux esclaves pour me servir. L'un, jeune homme au teint cuivré, n'avait pas plus de quinze ans; son visage éclairé de deux yeux intelligents et pensifs avait une singulière expression de douceur; les formes grasses de son corps se dessinaient sous une veste à mille raies et sa taille avait certains mouvements féminins sous la ceinture de cachemire garnie d'un poignard qui la serrait au-dessus des hanches; c'est un eunuque abyssinien. Son compagnon se nommait Abdallah ; il est couvert de guenilles et rit toujours en ouvrant une bouche invraisemblable ; il est lent comme une tortue, long comme un boa, sale comme un verrat et si bête qu'on n'a jamais pu lui apprendre à moucher la chandelle.

Je pris à peine le temps de changer de costume et je sortis dans la ville, car j'avais hâte de la voir, mais ce ne fut réellement que le lendemain que je pus la parcourir à loisir.

Elle est bien déchue de ses splendeurs passées ; autrefois elle servait de port de débarquement aux marchandises venues des Indes et de l'Arabie, mais Suez, dont le développement s'accroît tous les jours, a attiré tout le commerce de la mer Rouge, et maintenant Kôçéir s'éteint peu à peu, s'affaissant d'heure en heure comme un malade qui va bientôt mourir. Ici, il n'y a pas d'eau potable, et celle qu'on va chercher bien loin, qu'on fait payer très-cher, est à peine tolérable [1].

C'est un liquide nauséabond qui sent à la fois le savon, l'œuf pourri et le vieux cuir; l'air de Kôçéir est

1. En temps de pluie (car pendant l'hiver, il pleut violemment sur les bords de la mer Rouge), l'eau se vend de 5 à 6 piastres (1 fr. 25 à 1 fr. 50 c.) la charge de chameau (une double voie environ). Lors-

imprégné de cette puanteur; les hommes, les animaux, les mets des repas, le café, les endroits même les plus secrets des maisons exhalent cette odeur épaisse, chaude et tenace qu'on respire dans les fabriques de produits chimiques. J'ai précipité dans l'eau qu'on m'offrait des charbons ardents, je l'ai mélangée avec du bicarbonate de soude, j'y ai versé quelques gouttes d'éther, je l'ai amplement arrosée d'araki et jamais je n'ai pu réussir à la désinfecter.

La ville n'a que quatre rues, mais assez larges et vraiment propres pour des rues musulmanes; les maisons, bâties en pisé et en pierres, sont couvertes en terrasses et souvent blanchies à la chaux; le gouverneur turc habite un grand palais qui, comme toujours et partout en Égypte, ressemble à une caserne; le drapeau rouge à croissant d'argent flotte au-dessus attaché à un gros mât de pavillon.

Il n'y a pas de port, c'est une simple rade naturelle garantie seulement contre les vents d'ouest par les hautes montagnes du désert. La jetée en planches à peine rapprochées s'élève sur pilotis et s'avance dans la mer pendant cinq ou six cents pas. L'eau est claire, bleue et si transparente que l'on compterait facilement les cailloux et les coquillages du fond. Quarante-

qu'il ne pleut pas et que les pèlerins de la Mecque sont de passage à Kôçéir, elle vaut jusqu'à 18 piastres (4 fr. 50 c.).

Voici quels sont les puits où l'on va la chercher :

Dans le sud, *Bir-Zereb* (le puits du pacage), six heures de marche, mauvaise; *Bir-el-Tarfaoui* (le puits du bout), douze heures, moins mauvaise. Dans le nord, sur la route de Kénéh, *Bir-el-Meghcel* (puits du lavage), deux heures, très-médiocre; *Bir-el-Djouani* (puits du dedans), deux puits anciens, quinze heures de marche, c'est la meilleure. Près de Kôçéir même, dans le pauvre jardin qui précède la ville, est creusé un puits, *Bir-Laouéné* (les yeux de la terre), c'est là que les pauvres vont prendre leur eau; elle est exécrable.

deux navires se pressaient les uns contre les autres, amarrés par des cordes en palmier à des pieux fichés sur le rivage; au moindre vent tout doit se heurter, se briser et se perdre dans cette façon de port dont nul phare, nul balise n'indiquent l'entrée. Ces navires ne sont point des vaisseaux, ce sont de grandes barques fort semblables à ces vieilles nefs qu'on voit représentées sur d'anciennes estampes. Le château d'arrière haut et lourd, le gaillard d'avant relevé en pirogue, étroit, long, efflanqué, pointu, doivent les rendre dangereuses pour cette dure navigation du golfe Arabique. On s'embarque là-dessus à la grâce de Dieu, sans boussole, sans cartes, sans compas: on va comme on peut, on se dirige de confiance, quitte à louvoyer longtemps en vue des côtes pour trouver le port que l'on cherche; quand la houle est grosse, quand souffle une de ces tempêtes si communes dans cette mer pleine d'écueils, on abat les mâts et les voiles, on attache la barre du gouvernail, on fuit devant l'ouragan au hasard, n'importe où il vous mène; puis, lorsque le grain est passé, on reprend sa route, si toutefois on peut la reconnaître encore. Aussi, chaque année, quarante ou cinquante barques sombrent-elles au large. Je voulus en visiter une et je montai sur un canot que des enfants conduisaient; ils halaient sur les amarres tendues au-dessus de leur tête et faisaient ainsi avancer la petite embarcation en chantant à voix basse une psalmodie traînante. Des vagues de saphir bruissaient doucement sous le ciel sombre; des goëlands voltigeaient autour de nous; on sentait l'humide parfum salé de la mer.

A l'aide de deux tire-veilles usées je grimpai à bord d'une barque qui était en partance pour Djedda. Des ballots jetés pêle-mêle remplissaient l'intérieur que nul pont ne recouvre. La forme est encore celle des canges du Nil; l'arrière est occupé par un large habitacle divisé en plusieurs chambres; dans l'une d'elles des matelots bronzés et hâlés par-dessus la teinte noire de leur peau, coiffés d'un étroit turban blanc, vêtus d'une blouse bleue sanglée d'une solide ceinture en cuir, jouaient avec des cartes rondes représentant des lunes, des croissants, des sabres, des soleils et des étoiles; des coquilles blanches servaient de jetons. On criait haut et l'on se disputait fort. De longues antennes mobiles, semblables à celles des galères italiennes, peuvent facilement pivoter autour des mâts légèrement inclinés. Tout cela est primitif et cependant j'aperçois un gouvernail à roue, des poulies en bois de gayac, des rocambeaux à chapelet et des cabillots en cuivre. De chaque côté de la barque, quatre planches clouées ensemble s'avancent au-dessus de l'eau comme un balcon toujours lavé par les vagues; un petit tasseau les soutient en dessous; un grand trou s'arrondit au milieu. Je te laisse, cher Théophile, à deviner l'usage de cette innommable construction. La vue seule en fait frémir; un coup de mer un peu violent doit vite emporter ce léger échafaudage et celui que l'impérieuse nature y conduit.

Je regardais cette chose si simple et si terrible pourtant avec une sorte d'effroi; le patron de la barque s'en aperçut et il se mit à rire en me disant :

« Ah! Kaouadja, il fallait voir cela il y a deux ans; je ramenais de Djedda cent trente pèlerins qui avaient le choléra. La mer était dure, le grand diable qui habite au détroit de Bab-el-Mandeb, que Dieu maudisse, soufflait mauvais vent de mon côté. Chaque jour je faisais raccommoder cette machine qui te fait ouvrir les yeux, et chaque jour elle s'en allait dans les vagues, quelquefois toute seule, quelquefois avec un pèlerin. Quatorze sont partis comme cela; les requins les ont mangés, sans doute; leur jour était écrit, et ils sont bien heureux d'être morts en revenant du saint pèlerinage. »

Les avirons dont on se sert pour aborder au rivage lorsque les voiles carguées s'enroulent autour des vergues, sont de longues perches au bout desquelles on a cloué une palette ronde et plate; ces informes outils se brisent contre les flots dès que la mer est forte. Quelques canots très-petits, creusés dans un seul tronc d'arbre, amenés des Indes par Djedda, sont amarrés au milieu des autres barques ; on les dirige à l'aide de rames recourbées en cuiller; ils servent exclusivement aux pêcheurs de perles et de corail.

Je me suis promené à travers la ville, sur la jetée en bois et dans les pauvres bazars mal achalandés ; j'ai marché sur les sables rouges du rivage où des hommes brisent à coups de masse des rochers madréporiques dont ils bâtissent des maisons. Des crabes agiles couraient près des vagues ; le vent soulevait les plumes de deux gypaëtes immobiles et debout sur des pierres vêtues de goëmons; des ouvriers s'agitaient autour des barques tirées à terre et couchées sur le flanc ; vers le sud-ouest, de basses collines mamelonnées descendent dans la plaine et semblent de loin la réduction en relief d'une chaîne immense de hautes montagnes. Le soleil se couchait derrière les nuages que ses rayons traversaient de leur éclat pâle et blanchâtre. J'étais assez loin de la ville, j'ai quitté mes vêtements et je me suis baigné. C'est avec une joie d'enfant, naïve et niaise, que je me suis senti balancé par les vagues de la mer Rouge; l'eau était chaude, et une brise attiédie passait sur mes épaules nues lorsque je les relevais en nageant.

Tous les peuples musulmans semblaient avoir envoyé des députés à Kôçéir, car les pèlerins s'y réunissaient déjà pour se rendre à Djedda et de là gagner la Mecque. J'ai vu là des Turcs venus du Kaire et d'Alexandrie, des Turcomans lourds et épais, des Arabes de l'Égypte, des Moghrebins de Tunis et de l'Algérie, couverts de leurs burnous et très-fiers d'être protégés français. Il y a là des nègres du Soudan et du centre de l'Afrique qui ont des membres gras, arrondis, potelés, semblables à ceux des femmes. Sur la jetée une femme fort jeune, portant sur son dos, à l'aide d'une sangle, un enfant endormi dans ses langes, s'approcha de moi et me demanda l'aumône avec ce sourire doux, cette voix lamentable des misérables et des gens perdus dans une contrée qu'ils ne connaissent pas. Je la fis interroger sur le nom de son pays, elle répondit un mot que nul ne put m'expliquer. Elle était partie depuis trois ans; elle avait traversé des lacs, des déserts, des fleuves et des montagnes. Son enfant était né en route. Plus loin, deux hommes m'arrêtèrent en tendant la main. Une jaquette grasse, à manches ouvertes, serrée d'une ceinture en cuir se rejoignait à leurs pantalons larges tombant jusque sur leurs pieds nus; un bonnet pointu, cerclé d'une petite fourrure et bariolé de toutes couleurs, laissait échapper de longues mèches de cheveux noirs et huileux; leur face aplatie paraît stupide et féroce; ils parlent un langage inintelligible, cependant je finis par comprendre le nom de leur patrie; ce sont des Tatares de Bôkkara. Quelques Hindous au teint safrané, aux vêtements blancs aux regards attristés, paraissent regretter les bords plantureux du Gange et du Godavery. Au lever et au coucher du soleil on fait une distribution de fèves et de blé à tous les pèlerins indigents, et ils le sont presque tous. Ils vont souvent par la ville, de porte en porte, tendant humblement une moitié de calebasse dessé-chée qu'ils portent sans cesse avec eux. Les gens charitables y déposent leur aumône : une poignée de farine, une mesure de pois chiches, quelquefois même une petite pièce de monnaie. Ils sont venus en mendiant de leur pays, en mendiant ils y retourneront; mais qu'importe, puisqu'ils auront pu se prosterner devant la pierre noire, faire le tour de la Kaaba et peut-être même aller jusqu'à Médine pour prier devant le tombeau du prophète.

Je vis aussi à Kôçéir beaucoup de Wahabis qui se rendaient au Kaire pour affaires commerciales. Tu sais, cher Théophile, que les Wahabis sont à l'islamisme ce que les protestants sont au catholicisme; c'est à eux certainement que reviendra l'empire religieux de l'Orient. C'est aujourd'hui une secte nombreuse, batailIarde et vaillante que Méhémet-Ali n'a jamais pu vaincre, quoi qu'il en ait dit. Bientôt elle dominera sur l'Arabie tout entière et peut-être se dégorgera sur la Perse par le golfe Persique, et sur l'Égypte par la mer Rouge et les déserts du Sinaï. Elle a maintenant des ramifications aux Indes et chez les Arabes du Hauran et des bords du Nil. Les protestants chrétiens possèdent de grands royaumes, de glorieuses républiques; les protestants musulmans auront aussi de vastes États à gouverner, et sans doute ils seront moins faciles à soumettre que tous ces mahométans abâtardis qui couvrent ces magnifiques pays chéris du soleil. La rigidité première de leurs mœurs s'adoucira, car ils rejettent encore l'usage du café et du tabac; leur doctrine appuyée uniquement sur le Koran repousse les traditions et les interprétations dont les docteurs l'ont entourée. Leur foi, comme toutes les fois débutantes, est dure, intolérante, implacable; mais à mesure que les peuples l'accepteront, elle se modifiera et deviendra peut-être le germe fécondant qui doit régénérer ces vieilles races épuisées.

Je trouvai plusieurs Wahabis chez l'agent consulaire en revenant de mes courses. Ils sont généralement grands, beaux, forts, impassibles et témoignent pour tout ce qui n'appartient point à leur secte un mépris froid et hautain. Elias les congédia quelques instants après mon arrivée et m'invita à dîner. Hélas! ce fut un repas de Gargantua! les plats copieux et fort délicats se succédaient rapidement, j'en comptai une vingtaine au moins; mon hôte me pressait avec instance de faire honneur à sa table. La politesse orientale exigeait que je goûtasse au moins à tous les mets. Mon estomac, accoutumé depuis longtemps aux œufs durs et aux poulets plus durs encore, s'en trouva fort mal, et, l'eau de Kôçéir aidant, je me préparai pour le lendemain matin une effroyable indigestion.

Je passai ma soirée avec Elias, qui se plaignait fort auprès de moi des frais insuffisamment remboursés que lui occasionnait le passage des pèlerins algériens, et qui me donnait sur le commerce de Kôçéir des détails intéressants [1].

1. Voici, d'après les renseignements que m'a fournis notre agent consulaire, quel a été le mouvement du port de Kôçéir en 1850. Le gouvernement égyptien a exporté en Arabie 80,000 ardebs de blé l'*ardeb* représente la charge d'un âne, à peu près deux quintaux),

Le lendemain, au point du jour, j'encalifourchonnai un âne pacifique, et, précédé du fils d'Elias, qui montait un magnifique dromadaire, je partis vers le vieux Kôçéir, le Philotéras de Ptolémée. Notre route sablonneuse et rougeâtre laisse à droite la mer, dont le rivage est parsemé de gros coquillages, et à gauche les derniers mamelons des montagnes du désert. Au-dessus des flots un aigle à tête blanche plane lentement; tout à coup il se laisse tomber en fermant les ailes, plonge et reprend son vol en tenant dans le bec un poisson qu'il va dévorer sur un rocher. Après avoir passé près de quelques marabouts élevés sans doute sur les restes de personnages pieux morts au retour de la Mecque, nous arrivons à une petite baie dominée par deux basses collines. C'est là ce qu'on nomme le vieux Kôçéir; ce fut au moins son emplacement, car rien n'indique les traces d'une ville; nulle ruine, nul vestige; on pourrait croire que l'homme n'a jamais passé là. Jamais je

15,000 de fèves, 1,500 de lentilles, 25,000 d'orge et 500 de farine. Le commerce particulier a exporté 25,000 ardebs de blé, 10,000 de fèves, 15,000 de lentilles, 1,500 de doura, 1,000 de pois chiches, 500 de farine et 150 d'anis. La douane prélève 12 pour 100 par ardeb, tarifé ainsi qu'il suit : blé, 50 piastres; fèves, 40; lentilles, 36; orge 30; doura, 30; pois chiches, 30; farine, 78, et anis 50. Pour le transport de Kôçéir à Djedda, le gouvernement paye 8 piastres par ardeb, et le commerce de 12 à 20, selon le nombre de navires disponibles. Les plus grandes barques ne contiennent pas plus de 200 ardebs. Les vaisseaux arrivant à Kôçéir ont apporté de l'Arabie : 1,250 quintaux de café, 150 de gomme, 300 de tombak, 3,000 pièces de Milayah (écharpes multicolores), 200 quintaux de poivre, 280,000 coquilles de nacre, 2 quintaux d'écailles de tortue, 250 ardebs de riz (venant des Indes), et environ 150,000 noix de coco. Les esclaves noirs payent 350 piastres par tête, les Abyssiniens, 500, et les enfants, 200 ou 250, selon leur taille. La douane de Kôçéir rapporte, bon an mal an, de 800 à 900 bourses au divan; la bourse vaut 125 francs. Koçéir est, avec Suez, le seul port égyptien sur la mer Rouge. On peut voir, par cet état, combien le commerce de l'Égypte avec l'Arabie est restreint; avec les Indes, il est nul.

n'ai vu une mer semblable, et longtemps je suis resté à la contempler, immobile, muet et remué par ce regret absurde de ne pouvoir l'emporter avec moi. Sur les bords elle est si transparente qu'on voit le fond pâle d'un gris verdâtre tout peuplé de beaux coquillages luisants ; sans transition, elle devient bleu foncé, tachée par un large cercle brun qui doit indiquer un banc de sable; plus loin elle est vert clair avec des aigrettes d'écume blanche. De longs varechs répandus sur les rochers faisaient penser à la chevelure des Néréides.

De grands oiseaux noirs et blancs passaient à tire-d'aile en mouillant dans les vagues le bout de leurs plumes. Heureux sont-ils les oiseaux qui voyagent ! Je me couche à l'ombre d'un rocher blanc, sur le sable où grouillent les crabes, où reluisent les coquillages, où le vent joue avec les fucus desséchés, et je dors, malade et endolori dans tous mes membres, bercé par le murmure de la mer et rafraîchi par la brise odorante. Nous sommes repartis; le dromadaire du jeune Elias a pris le grand trot, il allait rapidement à travers les monticules de sable, faisant voltiger les houppes de sa selle; le vent s'engouffrait dans la robe rouge de son maître dont le turban blanc déroulé flottait comme un étendard.

Le jour même, j'ai dit adieu à ce bon Elias qui m'avait si bien reçu. Lorsque j'ai serré sa main, j'ai senti une oppression étouffer mon cœur. Quelque chose de nous se déchire toujours au moment d'une séparation, si indifférente qu'elle soit. Faut-il donc s'écrier, comme Chateaubriand : « Adieu va ! le port commun c'est l'éternité ! »

A huit heures et demie, par un clair de lune écla

tant, nous campâmes à *Bir-el-Beidha*, auprès du puits où j'avais bu en venant.

Voici l'itinéraire de mon retour.

Vendredi 24 *mai*. A quatre heures les dromadaires sellés boivent une dernière fois avant de partir, car ils vont rester trois jours sans eau. Nous nous mettons en marche. Le ciel n'a pas de nuages, mais un vent frais venu de la mer rend le soleil supportable. Nous rencontrons une caravane composée de pèlerins d'Alexandrie. Les femmes, juchées sur les chameaux, piaillent et se disputent pour abréger la route. A dix heures nous nous arrêtons dans une grande plaine appelée *El-Bahar* (la mer). Un mimosa mort y élève ses branches dépouillées : à l'aide d'une corde et d'une couverture on improvise une tente sous laquelle je dors, malgré la chaleur tamisée par cette étoffe en laine lâche et mal tissée. Le soir, à huit heures, nous couchons à *El-Meghar* (la grotte).

Samedi 25 *mai*. Départ à quatre heures moins un quart; en approchant de *Bir-el-Sed* j'aperçois des vautours et des milans perchés sur des rochers, près desquels une nombreuse caravane d'Ababdehs décharge ses fardeaux. Cela est signe que le dromadaire que j'avais vu agonisant est mort à cette heure. Lorsque j'arrive à *Bir-el-Sed* je trouve, comme la première fois, un tumulte d'hommes et d'animaux autour du puits.

Le dromadaire, ainsi que je le pensais, a passé de vie à trépas; on a traîné son cadavre contre la montagne. Il est déjà à moitié dévoré; son cou tordu et roidi, ouvert dans toute la longueur, porte la tête déchiquetée dont les yeux mangés laissent deux grands orbites vides; des flaques de sang noirci et coagulé l'entourent; de son ventre déchiré pendent les entrailles livides glacées de tons verts et violâtres; des mouches bourdonnent au-dessus de ses plaies; des gypaëtes placés sur des rochers couvent de l'œil cette charogne immonde et attendent que les voyageurs soient partis pour commencer la curée. A dix heures et demie nous nous arrêtons à *Bir-el-Hamamat*, et je dors sur une des cent soixante marches qui descendent jusqu'à la vase infecte qui lui tient lieu d'eau. Là j'étais à l'abri du soleil et de la chaleur, c'est le meilleur gîte qu'il soit possible de rencontrer dans un désert : j'y dormis jusqu'à deux heures. A huit heures du soir je fis accroupir les dromadaires à *Kouçourou-el-Banat* (le reste des filles), malgré les observations des chameliers qui affirment que ce lieu est mal famé, que le diable y vient toutes les nuits et que certainement il nous arrivera malheur. Un bon sommeil m'y attendait cependant, et je n'aurais eu à me plaindre de rien si les chacals n'avaient emporté une partie de mes provisions. Étaient-ce les chacals? étaient-ce les chameliers? Ce point d'histoire n'est pas encore éclairci.

Dimanche, 26 *mai*. Nous quittons le campement à trois heures du matin. J'ai hâte d'arriver, car Joseph est malade. L'eau de Kôçéir, que le ballottage dans de sales outres a rendue imbuvable, a valu à mon drogman une fièvre violente. Ainsi que disent les braves gens, il bat la campagne. Il me raconte des histoires inqualifiables, me parle avec enthousiasme des sorbets qu'on boit à Gênes, supplie les chameliers d'aller plus vite et ne cesse de répéter :

« Savez-vous, je *son* capable d'avaler le Nil quand nous serons à la cange. »

Puis le malheureux prend un ton larmoyant et me dit :

« Ah ! signor, *j'entends* une *febre* de *charmouta.* »

Pour se désaltérer il mangeait des oignons crus, puis il recommençait à geindre. A un moment il se tourna vers moi et me cria avec un ton de conviction qui n'admettait point de réplique :

« Savez-vous, les crocodiles sont bien heureux, car ils sont toujours dans l'eau ! »

A huit heures nous arrivâmes à la *Djitah;* Joseph et les chameaux burent longuement. Nous avons rencontré une caravane qui partait chargée de pastèques pour Kôçéir, nous en achetâmes plusieurs, à la grande joie de nos chameliers qui s'en régalèrent. J'étais assis à l'ombre d'un marabout ruiné, je mangeais la pulpe rouge et neigeuse d'un de ces melons d'eau et j'en jetais l'écorce à mes pieds. Une vieille femme sortit d'une hutte et vint vers moi presque en rampant ; ses jambes maigres tremblaient sous son poids, son visage ridé, noir, décrépit, baveux, disparaissait presque sous les touffes blanchissantes de sa chevelure. Elle se baissait en grognant pour ramasser les écorces, et, dans ce mouvement, ses mamelles pendantes traînaient à terre où elles dessinaient des lignes irrégulières semblables aux traces que laisse sur le sable le passage d'une couleuvre. Je lui tendis une tranche de pastèque, elle me l'arracha brutalement des mains et rentra dans sa tanière.

Je repartis immédiatement sans faire la sieste, et à quatre heures nous fûmes en vue de *Bir-el-Bar*. Le petit bois de mimosas, que j'avais trouvé si étriqué en venant, me sembla une forêt vierge ; mes yeux accoutumés depuis huit jours à ne contempler que des sables ou des montagnes décharnées, avaient déjà perdu l'habitude de la verdure et je restai comme en extase devant les huit ou dix arbres fort mesquins qui s'élevaient devant moi. Une caravane de cent soixante chameaux remplissait les environs du marabout ; elle portait à Kôçéir de l'huile, des bougies, des tapis envoyés par le vice-roi et destinés au tombeau de Mahomet. La chambre où j'avais dormi à mon départ était occupée par un nazir turc chargé de conduire ces présents jusqu'à la mer ; je m'arrangeai donc en plein air contre une muraille près de laquelle, il est vrai, bien des bêtes de somme avaient laissé trop de vestiges de leur passage, mais où je dormis néanmoins d'un sommeil que ne purent interrompre les hennissements des chevaux, les hurlements des chiens, les braiements des ânes et l'affreux gargouillement plaintif qui est le cri des dromadaires.

Le lendemain, à huit heures du matin, j'arrivais à ma cange où j'étais reçu par une rude accolade de Reïs-Ibrahim et par les cris de joie de tous les matelots.

L'équipage, reposé pendant mon voyage à Koçéir, reprit vigoureusement ses rames, et en une demi-heure me conduisit au mouillage de Denderah. Je marchai environ une heure parmi les champs moissonnés avant d'arriver au temple qui est d'une architecture pleine de magnifiques décadences. Une sorte de chemin creusé au milieu de ruines d'habitations en briques crues, que retiennent deux murs[1] à hauteur d'appui, conduit jusqu'au portique extérieurement soutenu par six énormes piliers couronnés d'une tête d'Hathor, et intérieurement par vingt-six colonnes sculptées de la base au chapiteau. De nombreuses chambres, des cou-

1. Ces murs ont été construits aux frais du prince Pukler-Muskau, qui a fait déblayer le temple.

loirs, des sanctuaires qu'obscurcit une nuit profonde, s'ouvrent de toutes parts et montre des murailles revêtues de représentations sacrées et d'inscriptions hiéroglyphiques. Les façades externes du temple en sont aussi couvertes, mais toutes indiquent une époque inférieure et déjà oublieuse des traditions du grand style. En effet, ce temple, consacré à la déesse Hathor et subsidiairement à Isis, fut commencé par Cléopâtre et terminé sous les règnes d'Auguste et de Tibère. Par une fantaisie singulière on a construit sur la plateforme un petit hypètre dont les colonnes sont coiffées d'une tête d'Hathor ; au reste nul cartouche, nulle légende n'indique l'époque de l'érection ni le nom du fondateur. Près du grand temple un mammisi noirci, lézardé, indéchiffrable est à moitié écroulé parmi les décombres qui l'entourent ; ces ruines sont maintenant habitées par des chouettes qui partagent leur retraite avec les chacals fauves et les chauves-souris à larges oreilles.

Toutes les fois que j'allais visiter des monuments, je faisais apporter avec moi mes appareils de photographie et j'emmenais un de mes matelots nommé Hadji-Ismaël. C'était un fort beau Nubien; je l'envoyais grimper sur les ruines que je voulais reproduire, et j'obtenais ainsi une échelle de proportion toujours exacte. La grande difficulté avait été de le faire tenir parfaitement immobile pendant que j'opérais, et j'y étais arrivé à l'aide d'une supercherie assez baroque qui te fera comprendre, cher Théophile, la naïveté crédule de ces pauvres Arabes. Je lui avais dit que le tuyau en cuivre de mon objectif saillant hors de la chambre noire était un canon qui éclaterait en mitrailles s'il avait le malheur de remuer pendant que je le dirigeais de son côté ; Hadji-Ismaël persuadé, ne bougeait pas plus qu'un terme ; tu as pu t'en convaincre en feuilletant mes épreuves.

Le jour où je revenais de Denderah, je surpris entre lui et Reïs-Ibrahim la conversation suivante qui est un curieux récit d'une opération photographique.

« Eh bien, Hadji-Ismaël, dit le reïs lorsque nous remontâmes à bord de la cange, qu'est-ce qu'il y a de nouveau ?

— Rien, répondit le matelot, le Père de la maigreur (*Abou-Mouknaf*, c'est ainsi que mon équipage me nommait toujours) m'a dit de monter sur une colonne qui avait une grosse figure d'idole ; il s'est enveloppé la tête avec un voile noir, il a tourné son canon jaune vers moi, puis il m'a crié : « Ne remue pas. » Le canon me regardait avec son petit œil brillant, mais je suis resté bien tranquille et il ne m'a pas tué.

— Dieu est le plus grand, dit sentencieusement Reïs-Ibrahim.

— Et notre seigneur Mohammed est son prophète, » répondit le Hadji.

Les palmiers-doums qui bordent les rivages du Nil aux environs de Denderah sont les plus beaux, les plus touffus, les plus luxuriants de toute l'Égypte. Le doum est un arbre de huit à dix mètres de haut, fort étrange avec son tronc rugueux et ses branches terminales ouvertes en éventail ; c'est le *Crucifera-Thebaïca*. Ses feuilles, qui sont de véritables glaives, en font évidemment un arbre de défense comme il en croît dans les pays sablonneux fréquentés par les animaux féroces. La nature semble avoir pris plaisir à fournir à l'homme des armes pour qu'il pût lutter avec avantage contre les bêtes malfaisantes. La patrie des aloès, des euphorbes, des mimosas à longues épines, des nopals, des cactus monstrueux est aussi celle des serpents, des léopards, des tigres, des crocodiles et des panthères. Comme le dattier, le doum sert à tous les usages. Son fruit est un drupe ligneux, désagréable sous la dent et dont la saveur affaiblie rappelle celle du pain d'épice; le noyau qu'il enveloppe sert à faire des grains de chapelet. Son tronc, presque toujours bifurqué en deux branches à peu de distance des racines, est marqué d'anneaux saillants que les pétioles forment en tombant au fur et à mesure de la croissance ; son feuillage, qui de loin paraît taillé à l'emporte-pièce dans une plaque de carton, est l'impénétrable retraite où les tourterelles se réfugient pendant la saison de leurs amours. En Arabie, où cet arbre est très-cultivé, on en coupe toutes les branches et on attache un vase en forme de cornue au tronc ainsi mutilé. La séve s'écoule alors dans le récipient et devient, après fermentation, une boisson gazeuse assez agréable. Soumise à l'alambic, elle se réduit de moitié et donne une eau-de-vie blanche de vingt-deux degrés. Mais on ne peut la conserver, car, au bout de quinze jours, elle tourne en un vinaigre dont les habitants font usage.

Sur les bords du Nil, le doum paraît être un arbre local ; il commence à se montrer au-dessous de Denderah et ne se retrouve guère après le tropique du Cancer; c'est un arbre qui semble fait pour servir de décoration ; rien n'est plus beau qu'un bois de dattiers et de palmiers-doums lorsqu'il s'étend au-dessus des joncs grisâtres, près des berges du fleuve, et qu'il abrite d'une ombre presque immobile les troupeaux de buffles noirs et les fellahs indolents.

Deux jours après avoir quitté Denderah, ma cange

s'arrêta au village de *Belyaneh;* j'y trouvai facilement des ânes pour Joseph et pour moi et nous partîmes, marchant sur une route étroite qui serpentait à travers les champs et enjambait quelques bras de canaux desséchés. Nous arrivâmes ainsi au bourg de *Harabahmed-founeh*, dont le cheikh s'est bâti une large maison carrée en briques, qui ressemble à une petite citadelle avec un mur d'enceinte et une terrasse à créneaux.

« Savez-vous, me disait Joseph selon son invariable formule, savez-vous, signor, il n'a pas été bête, le cheikh, de se faire construire une forteresse; cela pourra l'aider à ne pas payer l'impôt. »

Comme je passais devant la maison un homme en sortit. Il pouvait avoir quarante ans ; une longue robe en poils de chameau tombait de ses épaules : un turban blanc ceignait sa tête énergique. C'était le cheikh; il s'approcha de moi :

« Eh ! Kaouadja, me dit-il, tu vas voir les temples enfouis? Est-ce que ta barque est au mouillage de Belyaneh ? »

Joseph lui répondit affirmativement; le cheikh nous regardait avec indécision et semblait hésiter à parler encore; enfin il prit son parti et me demanda :

« As-tu de la poudre, de la bonne poudre du pays des Francs; peux-tu m'en donner quelques grains?

— Et qu'en veux-tu faire? » lui dit Joseph.

Le cheikh commença alors une longue histoire, en jurant qu'il disait la vérité, et nous parla d'hyènes et de chacals qui attaquaient ses moutons.

« Sais-tu, cheikh El-Beled, répliqua Joseph en souriant, je crois que tes hyènes ont des tarbouchs et que tes chacals sont des nazirs qui réclament l'impôt. »

Je pris ma poudrière et j'en vidai le contenu dans

les mains du cheikh dont les yeux petillaient de joie.

« Combien tueras-tu de Turcs avec cela? demanda Joseph.

— Les Turcs sont des chiens qui nous mangent tout vivants, repartit le cheikh, n'est-il donc plus permis de défendre sa vie? »

Il me remercia, rentra dans sa maison, et nous continuâmes notre route jusqu'à l'endroit nommé par les Arabes, *El-Birbe* (le Temple); c'est là que fut Abydos.

Selon Strabon, on y voyait le *Memnonium*, palais magnifique qui renfermait une source profonde vers laquelle on descendait par des galeries *voûtées* (ψαλίδες) formées de pierres monolithes d'une grandeur et d'un agencement extraordinaires. Lorsqu'il la visita, cette ville, qui fut la plus puissante après Thèbes, n'était déjà plus qu'une bourgade.

Le Temple, où il n'était permis ni de danser, ni de jouer de la flûte ou du psaltérion, existe encore, mais si bien enfoui sous un linceul de sables, qu'on peut pénétrer seulement dans deux chambres presque comblées. L'enceinte des temples et des palais est visible sous les amoncellements qui les recouvrent. Il ne reste plus trace du canal qui fécondait autrefois ces terrains envahis aujourd'hui par le désert. Ces ruines, qui n'ont pas moins de sept kilomètres de tour, dorment intactes sous la poussière. Une compagnie de pionniers les mettrait vite au jour, car il est toujours facile de creuser parmi les sables et Dieu seul sait les incalculables richesses monumentales que l'on y découvrirait. Toutes les statues en pierre dure que j'ai vues en Égypte chez des particuliers viennent des ruines d'Abydos; les seules chambres où j'ai pu me traîner sont ornées de peintures merveilleuses de finesse et d'exécution; c'est là, parmi ces débris, que furent trouvées les fameuses tables chronologiques à l'aide desquelles on a pu reconstituer l'ordre certain des dynasties. Si j'avais l'honneur d'être gouvernement français, je ferais immédiatement exécuter à Abydos les mêmes travaux que M. Mariette a si glorieusement accomplis au *Serapeum* de Memphis.

A cette heure c'est une large plaine de sable soulevée circulairement par les monuments qu'elle cache, et se haussant insensiblement pour atteindre les dernières pentes des montagnes qui la ferment comme un vaste cirque.

L'inondation n'allait pas tarder à gonfler lentement le fleuve et à le répandre sur les champs crevassés par la chaleur; à cette époque, un vent du nord impérieux et violent souffle avec colère sur le Nil qu'il refoule; les rafales devenaient des tempêtes; chaque jour d'invincibles bourrasques brisaient les forces de mon équipage, arrêtaient la cange et me contraignaient à demeurer au rivage. Mes matelots dépités, harassés, vaincus par la fatigue, maigrissaient et parlaient sans cesse du Kaire, qu'ils désiraient revoir. Quant à moi, je subissais ces retards avec une sorte de plaisir, car ils éloignaient l'instant du retour et me permettaient de visiter longuement les villes et les paysages des bords du Nil.

C'est ainsi que je pus voir *Girgeh* et ses deux grandes mosquées, qui peut-être n'existent plus maintenant. A chaque inondation nouvelle, le fleuve emporte un morceau de la ville; toute la partie riveraine, aujourd'hui saccagée, minée, croulante, ressemble à une cité prise d'assaut : les décombres, les poutres, les assises sont tombés pêle-mêle ; les galeries inférieures de la mosquée d'Ali-Bey oscillent, rongées dans les fondations; la ruine en est proche.

Pendant que j'étais assis dans un café ouvert sur le bazar et que je fumais un narguileh chargé d'excellent tombak, je vis passer un homme vêtu d'un si singulier accoutrement, que je me levai pour le suivre et l'examiner de près. Son costume était une longue robe composée de bandes de drap de diverses couleurs; de grosses lettres en or et en argent, ou brochées dans l'étoffe, brillaient sur toutes les parties de cet étrange vêtement. Pendant qu'il marchait devant moi, je l'épelais couramment et je lisais :

Constant Fouard frères. Elbeuf. — Cuir-laine.

Zéphyr supra; Nonnon et fils, à Sedan.

Médailles d'or aux expositions de 1834, 1839 et 1844; Bertèche, Chesnon et Comp., à Sedan.

Zéphyr supra electissima; velours. L. Cunin-Gridaine père et fils, à Sedan.

Const. Delalande; Elbeuf, *imperméable.*

Cet homme était un malheureux qu'un tailleur du Kaire avait généreusement habillé, en cousant les uns aux autres tous les chefs de ses pièces de drap épuisées. Le pauvre diable se pavanait là dedans et semblait fort heureux de reluire ainsi sur toutes les coutures.

Une autre fois je m'arrêtai à *El-Akhmin* (l'ancienne Chemnis), au moment où le crépuscule de la nuit assombrissait le ciel; je n'y vis rien qu'un linteau de calcaire blanc sur lequel je lus, en belles majuscules grecques, le nom de Ptolémée Philopator. Le lendemain, le vent me retint tout le jour près du village de *Saouhadji;* des ouvriers travaillaient en hâte à déblayer les canaux où l'inondation devait couler; ils agrandissaient le lit de larges bassins creusés dans la terre et destinés à former des étangs, ils rassuraient les talus des chaussées et consolidaient les arches des ponts qui traversent les rivières factices; enfin chacun faisait de son mieux pour bien recevoir le fleuve.

C'est là que, le 21 mai 1801, Mourad-Bey mourut de la peste ; il dort maintenant sous une coupole blanche annexée à la mosquée d'*el-Arif.* Entourée de murs crénelés, elle élève un minaret à galeries sculptées au milieu de l'opulente verdure des palmiers et des sycomores ; le tombeau la précède, orné d'un dôme surmonté d'un croissant et d'une porte composée de pierres alternativement blanches et noires ; des milans volent à l'entour et poursuivent les ramiers qui fuient à tire-d'aile.

Après Saouhadji, je vis *Kaou-el-Kebir*, où fut Antœopolis. A l'époque de l'expédition française, on y rencontrait les débris de trois colonnades, chacune de six colonnes qui avaient huit pieds de diamètre et soixante-deux pieds de hauteur. L'objet le plus remarquable de ces ruines était un petit temple monolithe taillé en pyramide quadrangulaire. Selon Ptolémée, la ville ne baignait pas dans le Nil. Peu à peu cependant, chaque année, le fleuve s'est rapproché, si bien qu'un jour il a tout emporté, les portiques, les temples et les colonnades. A cette heure, il n'y a plus rien, pas même une pierre de ces monuments d'autrefois, et je n'y ai trouvé qu'un groupe de palmiers ombrageant quelques masures de fellahs et des meules de paille gardées par des chiens hargneux.

Un matin, vers six heures et demie, ma cange s'arrêta devant un village misérable nommé *El-Cheguel Guil.* Des hommes vinrent avec des ânes ; quatre de mes matelots prirent leurs bâtons, Joseph réunit toutes les lanternes de la barque, mon domestique s'arma de son fusil, et nous partîmes tous pour aller visiter les fameuses excavations de *Samoun*, connues des voyageurs sous le nom de *Grottes des Crocodiles.*

Notre route, après avoir traversé des campagnes brûlées, nous fit passer près du village d'*El-Maabdeh*, abrité par des palmiers chargés de jeunes fruits, et nous mena jusqu'aux pieds d'une montagne haute, blanche et rugueuse. Un sentier s'avance hardiment par-dessus les rochers et surplombe le Nil, comme une étroite corniche. Dans le sud, à l'horizon, on aperçoit sous le soleil les minarets éclatants de *Syout* et de *Manfalout;* le fleuve sombre roule sous le vent qui l'agite, et reflète le ciel impitoyablement bleu. Sur un des versants de la montagne s'étend un petit champ rempli par des blocs de granit arrondis et luisants qui, de loin, ressemblent à des boulets de canon. Ce champ a sa légende.

Une fois, il y a bien longtemps, un cheikh de derviches qu'on nommait Hadji Abdoul-Aziz marchait péniblement sous le soleil et dans la poussière de ce sentier difficile. Une soif ardente desséchait ses lèvres, la fatigue courbait ses membres, la sueur mouillait son front. Près de là, un champ verdoyait plein d'appétissantes pastèques qu'un paysan entourait de paillassons pour les défendre contre la chaleur. Hadji Abdoul-Aziz s'arrêta.

« Ohé ! l'homme, cria-t-il, au nom de Dieu clément et miséricordieux, donne-moi un de tes melons d'eau en échange de mes prières.

— Je ne me soucie pas de tes prières, répondit le jardinier, qui était dur aux pauvres gens ; donne-moi quelques pièces de bonne monnaie, et je te céderai une de mes pastèques.

— Je suis un derviche mendiant, et je n'ai jamais possédé d'argent; mais j'ai soif, je suis fatigué, et je sens qu'un de ces fruits me fera grand bien.

— Passe ton chemin et descends jusqu'au Nil : là tu pourras boire à ton aise. »

Le derviche pria longtemps le jardinier; mais ce fut en vain, car ce méchant homme était sans pitié. Alors, levant les yeux et les mains vers le ciel, Hadji Abdoul-Aziz dit à haute voix :

« Seigneur, toi qui, au milieu des sables du désert, as fait jaillir la source Zem-zem pour abreuver Ismaël, le père des vrais croyants, souffriras-tu qu'une de tes créatures périsse ainsi de soif et de fatigue? »

A peine le derviche avait-il parlé qu'une rosée abondante descendit sur lui, le désaltéra et le rafraîchit jusque dans la moelle de ses os.

A la vue de ce miracle, le jardinier comprit qu'il avait devant lui un saint personnage aimé de Dieu; il arracha vite une pastèque et la lui offrit.

« Garde tes fruits, homme méchant, répondit Hadji Abdoul-Aziz; qu'ils deviennent aussi durs que ton cœur, et que ton champ soit aussi stérile que ton âme. »

Aussitôt les pastèques furent changées en blocs de granit, et le sable envahit le champ, qui depuis ne put jamais rien produire.

Une heure environ après avoir quitté ce lieu maudit et avoir toujours marché dans la direction du nord-est, j'arrivai à un plateau désert, sans limite, gris, chargé çà et là de quelques pierres de mica et marqué par le pied des hyènes et des chacals. Un trou suffisamment large pour donner passage à un homme, s'ouvre à côté d'un rocher; c'est l'entrée des grottes de Samoun.

Deux guides qui me précédaient depuis mon départ de Cheguel-Guil s'y laissèrent glisser; je fis comme eux, et nous nous trouvâmes dans une sorte de basse excavation où l'on était forcé de se tenir accroupi; c'était comme le vestibule des longs couloirs que nous avions à parcourir. Nous fîmes certains préparatifs; les guides ôtèrent leurs vêtements, dont ils ne gardèrent qu'un petit caleçon blanc; on alluma les bougies des lanternes et nous partîmes. Avant de se mettre en marche, Joseph secoua la tête et me dit :

« Savez-vous, signor, la route, elle est bien *cattive* (mauvaise); *je n'o décidre* pas (je ne désire pas) la faire deux fois dans une année.

Nous nous engageâmes dans un étroit corridor, bas, resserré, où il fallait ramper sur les genoux et sur les mains; les parois pleines de rugosités sont noirâtres, gluantes, et d'une couleur absolument pareille à celle des bâtons de sucre au chocolat. Toutes les pierres semblent suinter une liqueur visqueuse, qui colle aux mains comme des détritus liquides de bitume fondu et mal refroidi; lorsqu'on écorche cette surface, la pierre brille et paraît diamantée, ce doit être du quartz radié. Çà et là de petites baguettes de palmiers plantées dans le sol indiquent la bonne voie; des couloirs s'embranchent sur le corridor principal et s'enfoncent à des profondeurs que l'obscurité envahit, et que l'œil ne peut mesurer. Des stalactites pendent du plafond, des blocs informes s'élèvent sur cette route incommode; parfois, le passage se rétrécit, et alors on rampe sur le ventre et on avance par ondulations comme une couleuvre. Des débris de momies, des langes pulvérisés de vieillesse jonchent le sol, une poudre impalpable s'en détache et fait en même temps tousser la gorge et pleurer les yeux. Pendant ce pénible voyage, on comprend bien, dans toute sa valeur, cette vieille expression : les entrailles de la terre. A mesure qu'on avance, les ossements deviennent plus fréquents ; ils rompent bruyamment sous notre poids lorsque nous passons dessus. L'air est rare, la respiration gênée ouvre mal les poumons, les artères des tempes battent avec force, les oreilles bourdonnent, une sueur abondante découle du visage où se colle l'âcre poussière des momies soulevées par la marche. On continue cependant, heurtant la tête aux parois supérieures en même temps qu'on meurtrit ses genoux aux pierres du couloir, et que l'on froisse ses coudes aux murailles latérales. On arrive ainsi à une sorte de rotonde où l'on peut enfin se tenir debout et redresser ses membres lassés par cette pénible gymnastique de compression. Lorsqu'on relève les yeux on aperçoit un spectacle horrible.

Un cadavre encore couvert de sa peau est assis sur une roche arrondie ; il est hideux. Il étend ses bras comme un homme qui bâille en se réveillant ; sa tête, rejetée en arrière et convulsionnée par l'agonie, a courbé le cou maigre et desséché. Son nez pincé, ses yeux démesurément agrandis, son menton crispé par un effort surhumain, sa bouche tordue et entr'ouverte comme par un cri suprême, ses cheveux droits sur le crâne, tous ses traits contorsionnés par une épouvantable souffrance, lui donnent un aspect effroyable. Cela fait peur ; involontairement on pense à soi. Ses mains ratatinées s'enfoncent dans la chair ; le thorax est fendu ; on voit les poumons et la trachée-artère ; lorsqu'on lui frappe sur le ventre, il résonne sourdement comme un tambour crevé. Certes, cet homme était plein de vie lorsqu'il a été pris par la mort ; sans doute, il s'est perdu dans ces couloirs obscurs, sa lumière épuisée a fini par s'éteindre, il a en vain recherché sa route en poussant de grands cris que nul n'entendait ; la faim, la soif, la fatigue et la peur l'ont rendu presque fou ; il s'est assis sur cette pierre et il a hurlé de désespoir jusqu'à ce que la mort fût venue le délivrer. L'humidité chaude, les exhalaisons bitumineuses l'ont si bien pénétré, que maintenant sa peau noire, tannée, est impérissable comme celle d'une momie. Il y a huit ans que ce malheureux est là. C'était un homme du pays, à ce que m'ont raconté mes guides ; il s'était courageusement enfoncé dans ces profondeurs avec un Moghrebin qui cherchait des trésors. Le diable lui a tordu le cou.

« Et le Moghrebin ? demandai-je.

— Il a pu s'échapper, me répondit-on : car il savait des paroles magiques. »

Après avoir considéré quelque temps ces restes vraiment terribles, je repris ma route, me traînant et rampant jusqu'au chantier des momies. Elles sont là empilées les unes par-dessus les autres, sur une profondeur que l'on ignore, couchées dans leurs bandelettes, côte à côte, sans distinction ; on a économisé la place ; la montagne en est littéralement bourrée. Il n'y a pas là seulement que des momies humaines : j'y ai trouvé des momies de serpents, de crocodiles, de poissons, d'œufs d'oiseaux, d'animaux de toutes sortes, toutes embaumées et enveloppées de langes. Lorsqu'on est sur ce gisement de morts, les précautions ne sauraient être trop minutieuses; une flammèche tombée d'une bougie peut mettre instantanément le feu à ces débris desséchés et pleins de matières inflammables, et alors toute fuite serait impossible et même inutile. Il y a environ vingt ans, un Américain visita les grottes de Samoun en compagnie de son drogman et d'un guide. Quelque temps après qu'il y fut descendu, on entendit un grand bruit, puis une fumée noire s'échappa par l'ouverture. On ne revit jamais ni l'Américain, ni son drogman, ni son guide; l'incendie dura dix-huit mois et s'éteignit de lui-même; on fut plusieurs années sans oser s'aventurer encore dans ces dangereux souterrains.

J'avais défendu aux guides de sortir les bougies contenues dans les lanternes, et je dépeçais des momies, cherchant des scarabées dans leur ventre rempli de bitume, enlevant à l'une ses pieds dorés, à l'autre sa tête garnie de longs cheveux, à une troisième ses mains sèches et noires. Pendant ce travail, des chauves-souris volaient autour de moi. Cependant ma toux devenait fatigante, ma poitrine commençait à manquer d'air ; mes yeux, brûlés par la poussière du natron, pleuraient malgré moi; je me remis à ramper, à onduler à travers la route, et, au bout d'une demi-heure, j'apercevais le jour blanc et éclatant qui brillait à l'entrée du souterrain; je me hâtai et je respirai à toute poitrine. Cette course avait duré une heure et demie.

Où est la véritable entrée des grottes de Samoun? Doit-on la chercher vers le Nil ou vers le désert? Je ne sais. Un voyageur m'a affirmé l'avoir découverte; mais ce secret n'est point le mien, et je ne peux le divulguer. L'espèce de soupirail par lequel on pénètre aujourd'hui n'a été trouvé que par hasard, et le jour seulement où l'on aura rencontré la porte principale, on saura de quelle quantité prodigieuse de cadavres de toutes sortes la montagne est remplie.

Si les Italiens du seizième siècle avaient eu connaissance de cette nécropole immense, ils auraient battu des mains; car, à cette époque, ils vendaient fort cher, sous le nom de *mumia*, une poudre merveilleuse, élixir de longue vie, uniquement composée avec des momies pilées et réduites en poussière,

Quelques jours après cette pénible expédition, je devais encore visiter d'autres grottes ; au moins celles-là sont d'un accès facile, taillées dans une haute montagne où conduisent de larges pentes de sable. Ce sont les grottes de *Beni-Haçan*, autrefois *Spéos Artémidos*. Ce dernier nom prouve que les Grecs les avaient consacrées à Diane. Champollion le jeune, en leur donnant une célébrité que méritent leurs magnifiques peintures leur a rendu un fort mauvais service. En effet, chaque voyageur a voulu aller les admirer sur parole, et malheureusement le voyageur est éminemment destructeur de sa nature. Les Anglais, les Français, les Allemands, les Russes, les Américains, se sont abattus sur les tombes de Beni-Haçan comme sur un pays conquis, et les ont mises à sac, ou peu s'en faut.

Elles s'ouvrent en vue du Nil, en haut d'une montagne de calcaire nummulite, par un portique soutenu de colonnes taillées dans le rocher même, et dont la forme rappelle celle du dorique primitif. Cela est d'un effet à la fois simple et grandiose, effet qui est particulier à l'ancienne architecture égyptienne. Jamais elle n'a recherché l'ornementation exagérée de l'Inde, de la Grèce et de l'Italie; elle n'a jamais eu sa période corinthienne ou composite. Les sculptures et les peintures qui couvrent les parois des palais et des temples sont moins des ornements que des tables historiques. Autrefois, on écrivait à coups de ciseau l'histoire sur les murailles sacrées, comme maintenant on l'écrit dans les livres. Les *premier-Thèbes* sont à Karnac entaillés sur les colonnes en hiéroglyphes impérissables, et racontent les conquêtes de Sésostris comme, à cette heure les *premier-Paris* du *Moniteur* racontent nos victoires d'Algérie.

Les peintures décoratives des hypogées de Beni-Haçan sont de véritables gouaches, selon l'expression de Champollion, et, quoique fort dégradées aujourd'hui, elles offrent encore des restes curieux à étudier. Le docteur Leipsius, qui a longuement visité ces grottes pendant son séjour en Egypte, donne sur elles d'importants détails, que je vais citer textuellement ici :

« A Beni-Haçan, dit-il, j'ai fait copier une tombe complète; elle sera le spécimen du style grandiose de l'architecture et de l'art de la seconde époque florissante du vieil empire pendant la puissante douzième dynastie. Ces tombes seules peuvent prouver combien cette époque fut glorieuse pour l'Égypte. On peut voir également dans leurs riches représentations le pronostic de la catastrophe qui courba l'Égypte, pendant plusieurs siècles, sous le joug de ses ennemis du Nord. Ces tableaux nous montrent le degré d'avancement des arts de la paix, ainsi que le luxe raffiné des grands de cette époque. Dans les tableaux des jeux guerriers, nous trouvons souvent parmi les hommes au teint rouge ou brun foncé des races égyptiennes et méridionales, des gens de teint très-clair ayant, pour la plupart, un costume étranger, et généralement la barbe et les cheveux roux, avec les yeux bleus. Ils sont représentés quelquefois seuls, quelquefois par petits groupes. Ils paraissent aussi dans la suite des grands et sont évidemment d'origine septentrionale, probablement sémitique. Nous trouvons dans les monuments de cette époque des victoires sur les Éthiopiens et les nègres, ce qui nous fait rencontrer sans surprise des esclaves noirs. Nous n'apprenons rien au contraire des guerres contre les voisins du nord; mais il paraît que l'émigration du nord-est commençait déjà, et que beaucoup d'étrangers cherchaient un asile dans la fertile Égypte, en retour de services rendus. J'ai encore présente à l'esprit la scène remarquable peinte dans la tombe du parent royal Néhéra-si-Numholep, qui déroule sous les yeux l'émigration de Jacob et de sa famille de la manière la plus vive, de façon à établir un rapport entre le tableau et le fait, si réellement Jacob n'était venu bien plus tard, et si nous ne savions que de semblables arrivées de familles ne devaient pas être rares. Ce furent là cependant les précurseurs des Hyksos, et ils leur préparèrent le chemin sous plus d'un rapport. J'ai attentivement examiné tout ce tableau, qui a environ huit pieds de long sur un pied et demi de haut; il est bien conservé partout, quoique seulement peint. Le scribe royal Nefruhotep, qui conduit le groupe étranger en présence du haut fonctionnaire auquel appartient la tombe, lui présente une feuille de papyrus où la sixième année du roi Sesintesen II est mentionnée, année dans laquelle cette famille de trente-sept personnes arriva en Égypte. Leur chef et seigneur se nomme Absha. En eux, Champollion reconnut des Grecs quand il vint à Beni-Haçan; mais il ne savait pas alors l'extrême antiquité de ces hypogées. Wilkinson les prit pour des captifs ; mais cette idée disparaît lorsqu'on les voit avec des armes, des lyres, des femmes, des enfants, des ânes et des bagages. Ce sont des émigrés hyksos demandant à être reçus sur cette terre favorisée, dont plus tard leur postérité ouvrira peut-être les portes aux tribus victorieuses de leurs parents sémitiques. »

Spéos Artémidos fut le dernier vestige d'antiquité égyptienne que j'admirai avant mon retour au Kaire.

Je descendis encore à *Minieh* un jour de marché. Les Bédouins, les fellahs, les Arnautes, les femmes, les ânes, les chevaux se heurtaient dans les bazars ; les dromadaires, en passant, happaient les pampres répandus au-dessus d'un petit café près duquel je fumais en regardant le soleil qui se jouait à travers les larges feuilles d'une vigne vigoureuse. Les vignes sont rares à cette heure en Égypte, autrefois elles y étaient communes et fournissaient des crus célèbres. Dion reprochait aux Égyptiens d'être de grands buveurs ; ceux que leur pauvreté empêchait de boire du vin y suppléaient par une liqueur faite d'orge fermentée, une sorte de bière, sans doute, et Aristote déclare, sans hésiter, que ceux qui sont ivres de vin tombent en avant, tandis que ceux qui sont ivres de bière tombent en arrière ; mais Athénée prétend qu'on peut éviter ou combattre l'ivresse en mangeant des choux bouillis. Il y avait le vin maréotique, dont le plant avait été piqué par Mason, compagnon de Bacchus ; il y avait le vin tœniotique, qui, délayé dans l'eau, prenait la couleur du miel de l'Hymète ; il y avait le vin de Coptos, si léger qu'on le donnait aux fiévreux ; il y avait le vin de la ville de Plintine, où, selon Hellanicus, poussa la première vigne ; mais le meilleur, le plus aromatique, le plus doux aux lèvres, le plus gai et le plus généreux, était le vin du territoire d'Antylle, ville du Delta, dont les Pharaons d'Égypte et les rois de Perse abandonnaient le revenu à leurs femmes légitimes pour s'acheter des ceintures.

Les Égyptiens sont plus sages aujourd'hui ; ils ne cultivent plus la vigne et ne foulent plus en chantant les grappes mûres dans les cuviers débordants ; ils boivent l'eau de leur fleuve, supérieure à tous les vins du monde. Lorsqu'on y a goûté une fois, on ne peut s'en désaccoutumer ; aussi, quand Ptolémée Philadelphe maria sa fille Bérénice avec Antiochus, de Syrie, il eut soin de lui envoyer sans cesse de l'eau du Nil, car la reine nouvelle ne pouvait en boire d'autre.

Une autre fois, j'allai visiter *Fechn*, pendant que des hommes dansaient au son des darabouks, des grosses caisses, des flûtes et des crotales, sous des sycomores et des mimosas, devant le tombeau du cheikh Smerdé. Je restai deux jours devant Beni-Souef, dont un quartier tout entier était déjà devenu une ruine depuis mon dernier passage ; et enfin un matin, le 25 juin, après avoir passé la nuit au mouillage de *Dahchour*, j'aperçus les grandes pyramides de Giseh qui se découpaient sous le ciel bleu.

Nous longions en chantant la rive droite du Nil ; je reconnaissais les maisons, les palais, les mosquées, les tombeaux que j'avais déjà vus. Un coup de vent furieux nous força de nous arrêter devant un palais que les plantes grimpantes ont envahi et couvert d'un impénétrable vêtement de verdure.

Ce fut là qu'habita jadis Méhémet-Bey Defterdar, le gendre de Méhémet-Ali. C'était un homme incommode, dont son beau-père se débarrassa spirituellement à l'aide d'une tasse de café. Nul ne fut plus cruel que lui. Un soir, un de ses saïs se plaignit de n'avoir plus de souliers; il l'envoya chez un maréchal ferrant et le fit ferrer comme un cheval. Le palefrenier en mourut. Une autre fois, une femme accusa devant lui un de ses Arnautes d'avoir pris et bu un vase de lait. L'Arnaute nia le vol. Méhémet-Bey lui fit ouvrir le ventre pour mieux le convaincre de mensonge. Il était courageux néanmoins. Il avait deux lions enfermés dans son écurie derrière de fortes barrières en bois. Un jour, un enfant employé dans son palais excita les animaux à coups de pierre, si bien qu'ils brisèrent les barreaux d'un élan, dévorèrent le malheureux bambin et allèrent se coucher dans les jardins pour le digérer à l'ombre. Tous les esclaves se cachaient et faisaient un grand tumulte. Méhémet-Bey, lorsqu'il sut ce qui s'était passé, donna ordre de tuer les lions. Les Albanais chargèrent leurs longs fusils, s'embusquèrent derrière une muraille et ouvrirent, sur les animaux gorgés et presque endormis, un feu qui ne les atteignit pas. Impatienté de leur maladresse, Méhémet-Defterdar prit ses pistolets, marcha vers les lions, les tua tous deux l'un après l'autre, et revint continuer sa sieste, que ce vacarme avait interrompue.

La bourrasque cessa, mes matelots reprirent leurs avirons. Nous passâmes près du Vieux Kaire, à côté de l'île de Rodah; nous nous dirigeâmes sans encombre à travers les barques rassemblées, et vers midi, cent quarante et un jours après notre départ, nous arrivâmes à Boulaq.

Lorsque je rentrai au Kaire, les rues me parurent désertes; la chaleur en avait fait une solitude qu'animaient seulement quelques rares marchands accroupis dans les bazars. Il me fallut attendre le soir pour retrouver sur les places et par les promenades cette vie, cette activité, cette agitation, qui, pendant l'hiver, remuent la ville comme une fourmilière.

C'est ici, cher Théophile, que j'arrêterai mes lettres, car huit jours après mon retour au Kaire j'étais à Alexandrie, et bientôt à Beyrouth, où j'allais commencer mon voyage de *terre ferme.* Crois-moi, lorsque l'ennui de nos froids pays allanguira ton cœur, lorsque tu voudras entrer en communication directe avec la nature et boire amplement à la source des choses, traverse la Méditerranée, débarque sur la vieille terre d'Egypte, remonte et descends le Nil pacifique, admire ses ruines, enivre-toi de ses paysages, écoute les chants merveilleux qu'il murmure aux oreilles de ceux qui savent le comprendre, marche hardiment dans la solitude des déserts, tu te sentiras alors plus jeune, plus ardent, plus fécond, et tu amasseras dans ta mémoire un trésor de souvenirs qui ne s'épuiseront jamais.

FIN

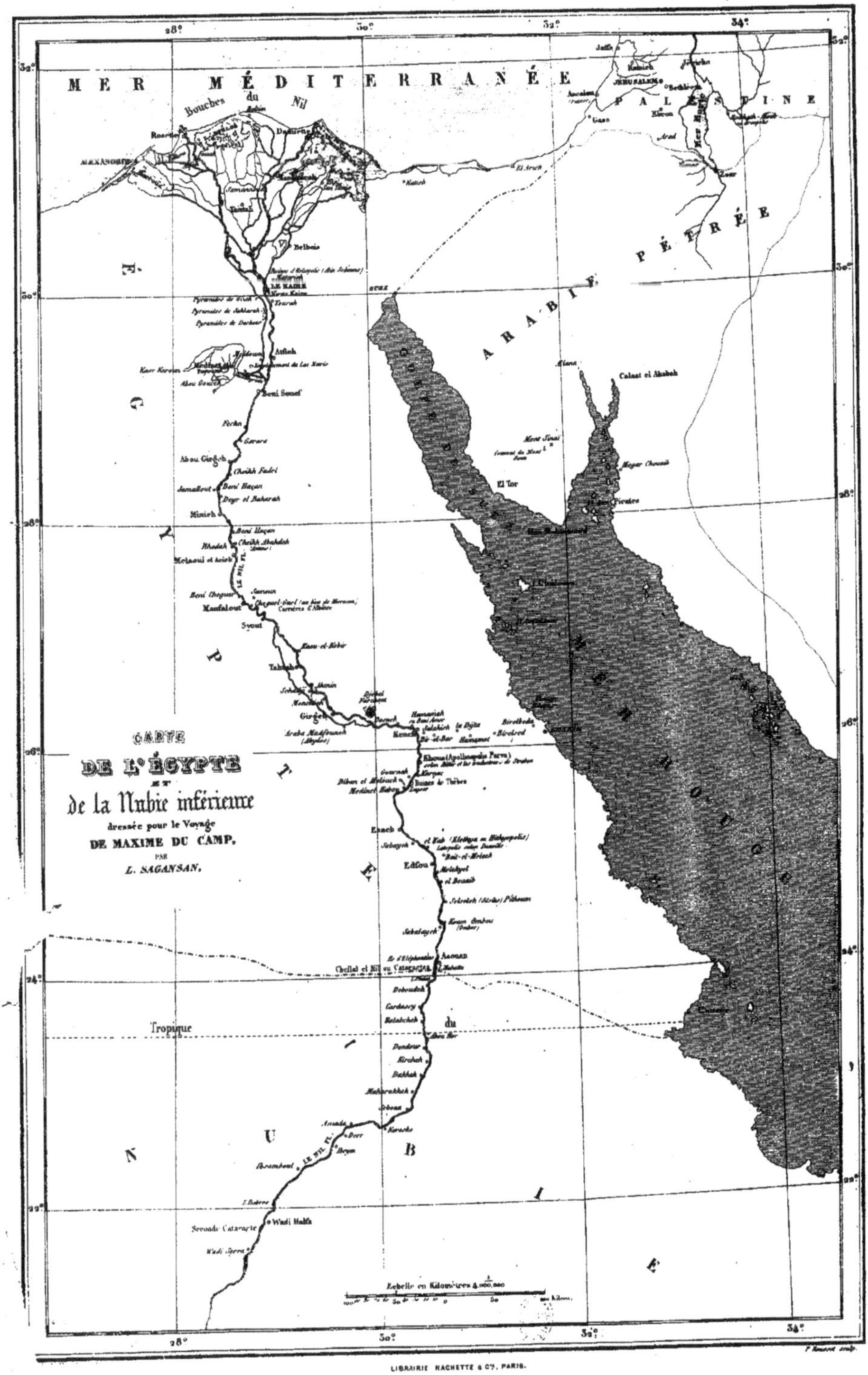

CARTE
DE L'ÉGYPTE
ET
de la Nubie inférieure
dressée pour le Voyage
DE MAXIME DU CAMP,
PAR
L. SAGANSAN.

LIBRAIRIE HACHETTE & Cie, PARIS.

TABLE DES MATIÈRES

CHAPITRE PREMIER

LE KAIRE ET LES PYRAMIDES

CHAPITRE II

LES RIVAGES DU NIL

CHAPITRE III

LA NUBIE INFÉRIEURE

CHAPITRE IV

LA HAUTE ÉGYPTE

CHAPITRE V

LE DÉSERT DE KOÇÉIR

FIN DE LA TABLE DES MATIÈRES

Coulommiers. — Typ. P. BRODARD et GALLOIS.

www.ingramcontent.com/pod-product-compliance
Lightning Source LLC
LaVergne TN
LVHW020617110826
845149LV00002B/503

9782012157323